Dr. phil. Walther-Gerd Fleck wurde 1926 in Faurndau, Kreis Göppingen, geboren. Vor dem Wehrdienst beschäftigte er sich mit alten Bauten, besonders mit Burgen und Schlössern. Nach der Kriegsgefangenschaft studierte er ab 1946 Architektur an der Technischen Hochschule in Stuttgart und später Kunstgeschichte, Archäologie und Vor- und Frühgeschichte an der Universität Tübingen. 1952 promovierte er mit einer Arbeit über Schloß Weikersheim, die hohenlohischen Renaissance-Schlösser und ihre Stellung in der zeitgenössischen Schloßbaukunst. 1953–1963 war er als angestellter Architekt in Ludwigsburg und Stuttgart tätig. Seit 1963 ist er freier Architekt und arbeitet an der Restaurierung zahlreicher Schlösser, Burgen, Ruinen und Bürgerhäuser sowie in Stadtsanierung und Dorfentwicklung mit.

Als weitere Titel liegen in der Knaur-Taschenbuchreihe *Reisen und Entdeckungen* vor:

Albrecht Graf von und zu Egloffstein: *»Burgen und Schlösser in Oberfranken«* (Band 4406)
Peter Hawel: *»Klöster«* (Band 3685)
Ludwig Hüttl: *»Schlösser«* (Band 3686)
Werner Meyer: *»Burgen«* (Band 3684)
Werner Meyer: *»Burgen und Schlösser in Bayerisch Schwaben«* (Band 4407)
Günter Stein: *»Burgen und Schlösser in der Pfalz«* (Band 4405)

Vollständige Taschenbuchausgabe
Droemersche Verlagsanstalt Th. Knaur Nachf. München
Lizenzausgabe mit freundlicher Genehmigung
des Verlages Weidlich, Frankfurt am Main

Karte auf den Seiten 4 und 5 von Walther-Gerd Fleck, Stuttgart
Umschlaggestaltung Klaus Förster
Umschlagabbildung Schloß Solitude, Stuttgart
Umschlagfoto Bildagentur Schuster
Gesamtherstellung Ebner Ulm
Printed in Germany · 1 · 9 · 383
ISBN 3-426-04404-8

1. Auflage

Burgen und Schlösser in Nordwürttemberg

Ein Handbuch mit 103 Abbildungen
von Walther-Gerd Fleck

Knaur

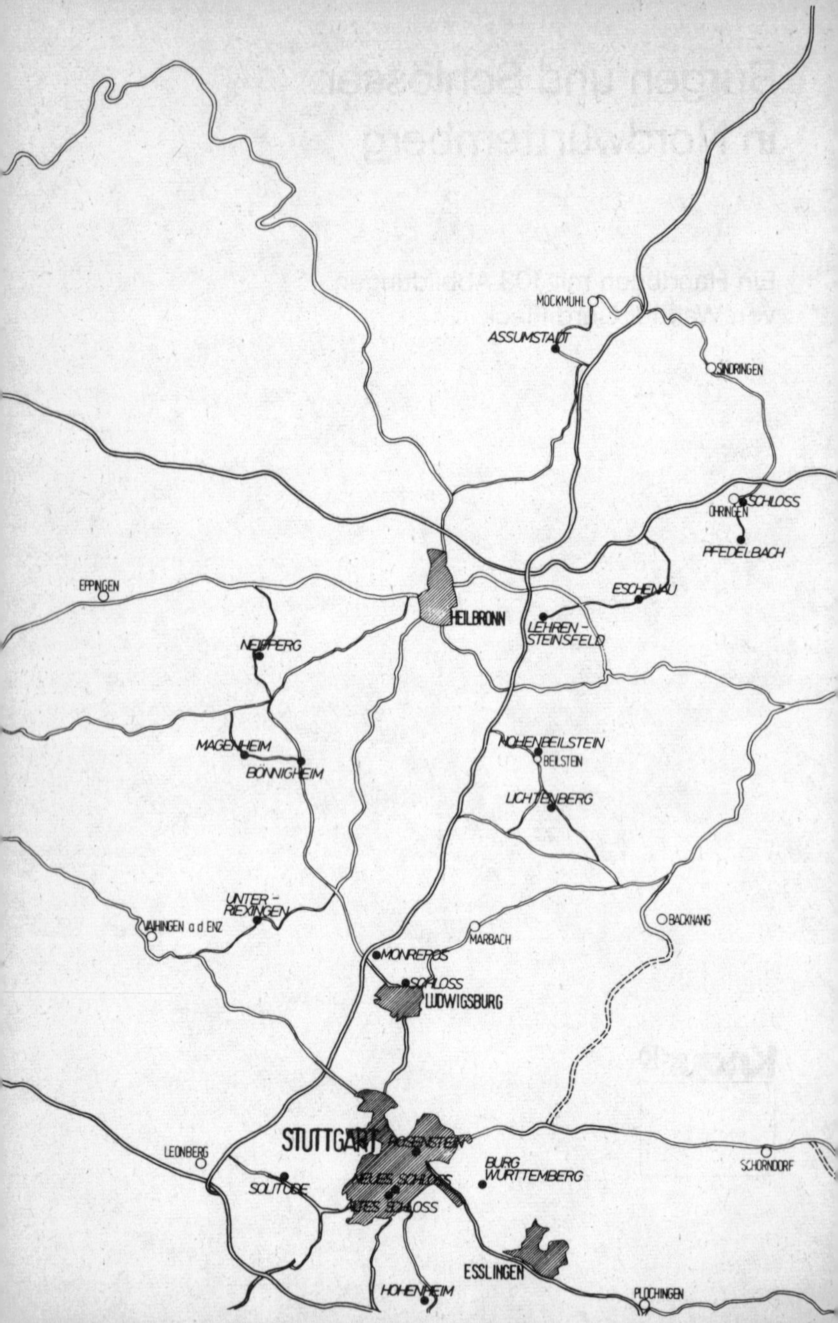
MOCKMÜHL
ASSUMSTADT
SINDRINGEN
SCHLOSS
ÖHRINGEN
PFEDELBACH
EPPINGEN
ESCHENAU
HEILBRONN
LEHREN-
STEINSFELD
NEIPPERG
HOHENBEILSTEIN
BEILSTEIN
MAGENHEIM
BÖNNIGHEIM
LICHTENBERG
UNTER-
RIEXINGEN
VAIHINGEN a.d. ENZ
BACKNANG
MARBACH
MONREPOS
SCHLOSS
LUDWIGSBURG
STUTTGART
ROSENSTEIN
LEONBERG
BURG
WÜRTTEMBERG
SCHORNDORF
SOLITUDE
NEUES SCHLOSS
ALTES SCHLOSS
ESSLINGEN
HOHENHEIM
PLOCHINGEN

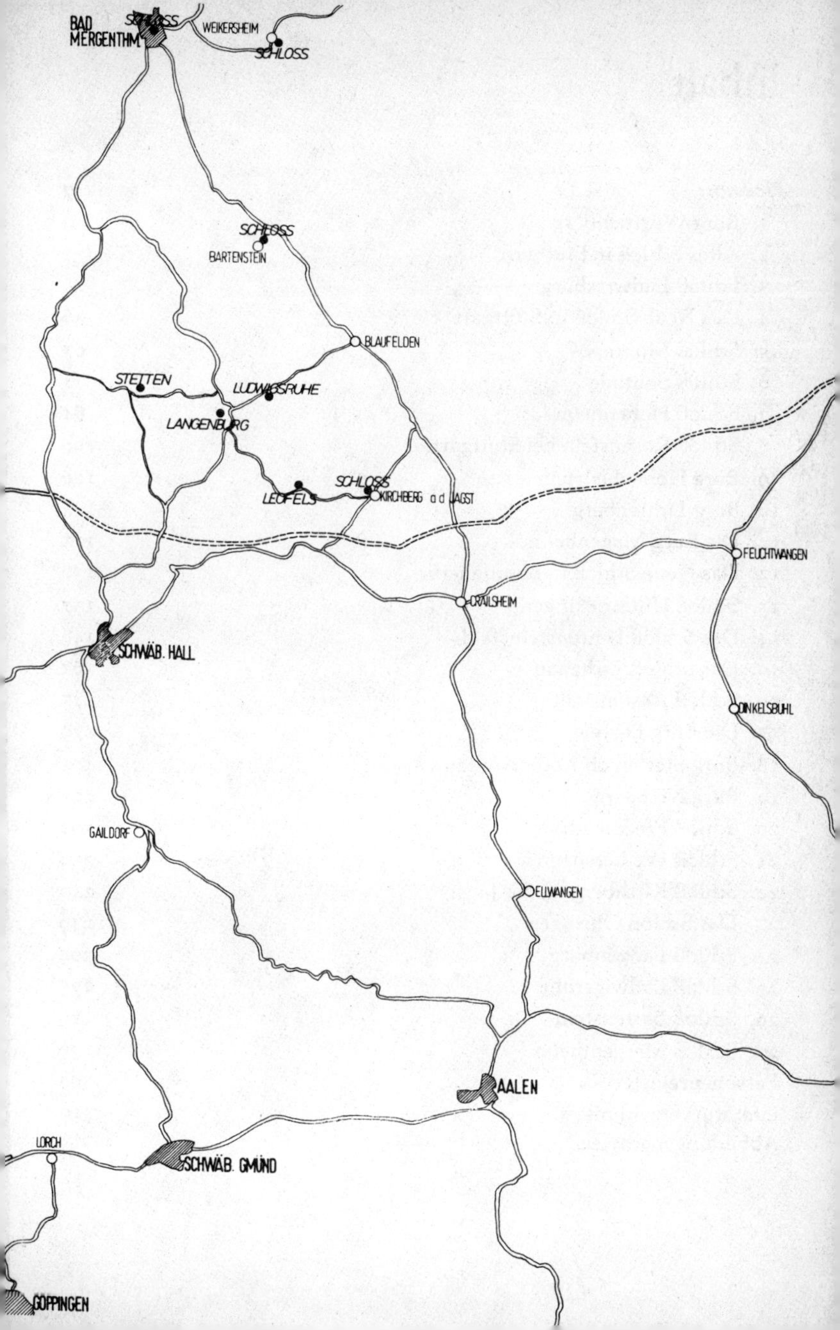

BAD MERGENTHM.
SCHLOSS
WEIKERSHEIM
SCHLOSS
SCHLOSS
BARTENSTEIN
BLAUFELDEN
STETTEN
LUDWIGSRUHE
LANGENBURG
SCHLOSS
LEOFELS
KIRCHBERG a.d. JAGST
FEUCHTWANGEN
CRAILSHEIM
SCHWÄB. HALL
DINKELSBUHL
GAILDORF
ELLWANGEN
AALEN
LORCH
SCHWÄB. GMÜND
GOPPINGEN

Inhalt

Vorwort

Auf deutschem Boden gehört der Südwesten zu den Gebieten mit den meisten Burgen und Schlössern, wesentlich bedingt durch die in früheren Zeiten sehr kleinteiligen territorialen Verhältnisse. Will man heute über diese Burgen und Schlösser schreiben, so fällt es schwer, sinnvolle landschaftliche Abgrenzungen vorzunehmen. Der Verlag Wolfgang Weidlich traf sicher eine günstige Wahl, wenn er das heutige Baden-Württemberg wieder in die ehemaligen Herrschaftsgebiete des Königreichs Württemberg und des Großherzogtums Baden trennte, da beide Bereiche in nahezu eineinhalb Jahrhunderten ihres Bestehens einigermaßen homogene Staatswesen wurden. Begrüßenswert und richtig ist es auch, daß der Verlag in seiner Reihe „Burgen und Schlösser" für Württemberg zwei Bände vorgesehen hat. Der erste hier vorliegende Band nimmt die Landeshauptstadt Stuttgart zum Ausgangspunkt, welche mit kurzen Unterbrechungen diese Funktion seit dem Mittelalter innehatte. Von hier geht die Betrachtung in den Norden und Nordosten des Landes, während der geplante zweite Band von Tübingen ausgehend die südlichen Landesteile behandeln wird.

Hier muß gesagt sein, daß die vorliegende Arbeit weder eine lexikalische Erfassung der Burgen und Schlösser des Landes bringt, noch deren Baugeschichte kontinuierlich aufzeigt. Vielmehr hat der Verlag dankenswerterweise dem Verfasser die reizvolle Aufgabe gestellt, die in ihrer Zahl vom Volumen des Bandes her begrenzten Objekte frei auszuwählen. Dieser Umstand bot um so mehr Anreiz, als der Verfasser in jahrzehntelanger intensiver Beschäftigung mit Schlössern und Burgen so viele Objekte genau studieren konnte, daß nicht der etwas ausgetretene Pfad des sogenannten „repräsentativen Querschnitts" gegangen werden mußte. Freilich ist versucht, die behandelte Landschaft mit wichtigen und typischen Beispielen zu dokumentieren und trotz der scheinbar losen Aneinanderreihung von einzelnen Kurzmonographien auch die übergreifenden Zusammenhänge anklingen zu lassen. Es ist eine Anzahl von Bauten eingeführt, die bisher kaum oder gar nicht bekannt waren, hingegen so gut wie andere den Verlauf der Schloßbaugeschichte in unserem Land zu veranschaulichen vermögen. Schließlich hat der Verfasser die ihm vom Verlag großzügig gebotene Gelegenheit genützt, vor allem solche Objekte zu behandeln, zu denen er neue Erkenntnisse beisteuern konnte,

weswegen das Hauptgewicht des Bandes wie der ganzen Reihe auf dem Text liegt. Die auf Grund des Handbuchformates teilweise etwas kleinen Abbildungen sollen einerseits das Gesagte veranschaulichen, andererseits den interessierten Leser zur eigenen Anschauung anregen. Daß eine Reihe von alten Abbildungen verwendet wurde, hat seinen Grund darin, daß einige Objekte durch Kriegszerstörungen so gelitten haben, daß ihre spezifischen Eigenschaften nur durch alte Bilder zu dokumentieren waren. Anderen Bauten ist in jüngerer Zeit ähnliches widerfahren, so daß auch hier neue Aufnahmen nicht zu gebrauchen waren. Dafür wird eine Reihe von Bildern präsentiert, die bisher noch nicht zu sehen waren.
Neben der Großzügigkeit des Verlages sei hier all den privaten Schloßbesitzern gedankt, welche erlaubten, ihre bislang weithin unbekannten Schlösser zu besprechen und Aufnahmen in ihren privaten Räumen zu machen. Zum Schluß sei dankbar erwähnt, daß die gemeinsame berufliche Arbeit mit meiner Frau und der dadurch gegebene ständige Gedankenaustausch wesentlichen Anteil am Gelingen dieses Bandes haben.

Die Bildlegenden zu den Abbildungen am Beginn der jeweiligen Kapitel stehen auf den Seiten 314 und 315.

Stuttgart, im April 1979 — Walther-Gerd Fleck

1 Die Burg Württemberg

Bei einer Betrachtung und Beschreibung der Burgen und Schlösser in Württemberg ist es sicher gerechtfertigt, zuerst die Bauten zu besprechen, die das Haus Württemberg selber errichtet hat. Hier wiederum steht am Anfang dasjenige Bauwerk, das dem Geschlecht und später auch dem ganzen Land den Namen gegeben hat, die Burg Württemberg, früher Wirtemberg oder Wirtenberc genannt. Obwohl von diesem Bau heute nichts mehr vorhanden ist, soll er hier am Anfang stehen.

Der erste bekannte Träger des Namens Württemberg ist ein Konrad von Wirtenberg, der bald nach 1080 in Urkunden auftritt. Wie die Historiker annehmen, bestand die vornehme Familie damals schon seit längerem, nahm aber in jener Zeit den Namen ihrer neuerbauten Burg auf dem Württemberg im Neckartal an. Diese liegt etwas oberhalb von Cannstatt, einer alten Römersiedlung, über dem Dorf Untertürkheim auf einem kegelförmigen Berg, der in seinem Rücken mit dem das Tal begleitenden Höhenzug, dem letzten Ausläufer des Schurwaldes zusammenhängt. Der Platz bietet eine weite Aussicht talauf- und talabwärts und auf den Eingang zum Remstal. Man überblickt von hier die Fernstraße, die schon seit der Römerzeit von Cannstatt mit seinem starken Kastell ausging. Auf dem Sattel hinter dem Burgberg entstand im 12. oder 13. Jahrhundert das Dorf Rotenberg. Heute gehört alles zum Stadtgebiet von Stuttgart.

Der seit 1080 bekannte Konrad von Wirtenberg stand in den Kämpfen zwischen Kaiser Heinrich IV. und dessen Gegnern auf der Seite des Papstes. Seine Nachkommen sind Anhänger des hohenstaufischen Kaiserhauses, und sie begleiten die Kaiser auf ihren Feldzügen in Deutschland, in Italien und im Heiligen Land.

Seit dem 12. Jahrhundert führen die Württemberger den Grafentitel und haben Besitzungen im Remstal, jenem fruchtbaren Tal des östlichen Nebenflusses des Neckars, der zwischen den Herzogtümern Schwaben und Franken lag. Hier gelang es ihnen, den Thronstreit zwischen Philipp von Schwaben und dem Welfen Otto auszunützen und das Reichsgut im mittleren und unteren Remstal von der Schorndorfer Gegend bis herab nach Waiblingen, in Cannstatt und neckarabwärts um Marbach an sich zu bringen. Hinzu kamen die Zollrechte an den schon erwähnten Reichsstraßen in Cannstatt, welche dem Haus beträchtliche Einnahmen brachten. Das war zu Ende des 12. Jahrhunderts.

In dieser „Hausmachtpolitik" dürfte die geographisch sehr günstig gelegene Burg Württemberg eine wichtige Rolle gespielt haben. Sie muß um 1080 entstanden sein, als der genannte Konrad erstmals den Namen von Württemberg führt, denn eine lateinische Inschrift auf der Burg besagte, daß am 7. Februar 1083 Bischof Adalbert von Worms die Burgkapelle zu Ehren des hl. Nikolaus weihte. Der Inschriftstein war auf der Burg zuletzt sekundär über einer Stalltüre eingemauert und überputzt. Erst in den letzten Jahren des 18. Jahrhunderts, als nach einem heftigen Sturm die Dächer der Burg lädiert waren und da und dort loser Putz abgefallen war, entdeckte Oberamtmann Seyffer aus Cannstatt den Stein, ließ ihn vollends freilegen und übersetzen. Wurde aber eine Burgkapelle geweiht, so mußte auch eine Burg vorhanden sein. Mit dieser Entstehung am Ende des 11. Jahrhunderts gehört die Burg Württemberg zu den ältesten steinernen Höhenburgen, die im Lande errichtet wurden. Für das hohe Alter des Bauwerks spricht auch die Lage auf einem Bergkegel, denn diese Bergform war, soweit in dem zur Auswahl zur Verfügung stehenden Territorium vorhanden, die beliebteste, da sie ohne Gräben nur mit Ringmauern wirkungsvoll zu befestigen war.

Der Württemberg zeigt denn auch diese einfachste und frühe Form der Burg mit einer der Bergform folgenden Ringmauer, an die von innen die verschiedenen Gebäude angebaut sind, und zwei später darum gelegten, ebenfalls dem Gelände folgenden Zwingermauern. Da die Burg in späterer Zeit keine strategisch wichtige Rolle mehr spielte, behielt sie dieses Aussehen bis in den Anfang des 19. Jahrhunderts.

Der Bischof Adalbert von Worms, der 1083 die Schloßkapelle auf dem Württemberg weihte, war damals im Asyl im Kloster Hirsau im Schwarzwald, da er, wie auch Konrad von Württemberg auf der Seite des Papstes Gregor VII. stand und von König Heinrich IV. 1078 verhaftet worden war, jedoch fliehen konnte und in Hirsau Schutz suchte. Die Burg gehörte zum Bistum Konstanz. Der Bischof Otto aber war vom Papst gebannt und abgesetzt worden. So hatte Konrad von Württemberg keine Schwierigkeit, den ihm nahestehenden Adalbert von Worms auf die Burg zu holen.

Wie lange die Burg der Hauptwohnsitz des Geschlechts war, ist nicht bekannt. Schon um die Mitte des 12. Jahrhunderts und im 13. Jahrhundert erscheinen Ministerialen, gräfliche Dienstmannen auf der Burg. Da die Grafen selber, wie schon erwähnt, häufig im Dienste des Kaisers unterwegs waren, wird eine solche ständige Vertretung und Verwaltung durch verläßliche Untergebene nötig gewesen sein. Mit dem Niedergang des Hohenstaufengeschlechts hatten die Württemberger Gelegenheit, ihr Territorium spürbar zu erweitern und damit ihre Macht zu vergrößern. Graf Ulrich I. „mit dem Daumen", auch „der Stifter" genannt, spielt hier eine große Rolle († 1265). Ihm gelang es auch, durch die Heirat mit Mathilde, der Tochter des Markgrafen Hermann V. von Baden, der in der Gegend beachtlichen Besitz hatte, Stuttgart an sich zu bringen.

Damit wird das dort befindliche Stadtschloß der größeren Bequemlichkeit und der größeren Ausdehnungsmöglichkeiten wegen den Vorzug vor dem Bergschloß erhalten haben. Doch werden in den letzten Jahrzehnten des 13. Jahrhunderts immer wieder Urkunden auf der Burg Württemberg ausgestellt und vornehme Gäste dort beherbergt. Am 1. Januar 1294 ließ Graf Eberhard I., der Erlauchte († 1325) unter dem Beisein vornehmer Gäste, darunter der Gemahlin des Königs Adolf von Nassau, Imagina, seine Tochter, in der Burgkapelle taufen.

Nachdem Stuttgart Hauptsitz der Grafen von Württemberg und Landeshauptstadt geworden war, gehört der Württemberg als wichtiges Glied in eine Reihe von Burgen zum Schutz um Stuttgart her; Württemberg, Remseck, Asperg, Kaltental. Eine Belagerung der Burg erfolgte 1311, da Eberhard in die Reichsacht gefallen war. Ein großes Heer unter dem Kaiserlichen Landvogt Konrad von Weinsberg rückte an. Der Graf machte am 22. Mai mit seiner starken Mannschaft einen Ausfall, das Belagerungsheer floh, und die Württemberger nahmen deren Lager ein. Da sie aber über der Plünderung dieses Lagers die weitere Verfolgung des Feindes vergaßen, kehrte dieser unversehens zurück und fügte den Württem-

2 *Hof mit dem Palas und „Langem Bau" nach Westen, August Seyffer 1819*

bergern schwere Verluste zu. Die Burg wurde „bis auf den Grund" zerstört. Die Baugeschichte der Burgen insgemein lehrt, daß man mit den häufig genannten „gründlichen Zerstörungen" sehr vorsichtig sein muß, denn meistens handelt es sich um starke Übertreibungen der Sieger, und die also zerstörten Burgen sind schon kurz danach wieder verteidigungsbereit. So war auch der Württemberg 1316 wiederhergestellt. Von da an lebten die Grafen von Württemberg ständig in Stuttgart, und die Burg war von Vögten bewohnt und verwaltet.

Das blieb über lange Zeit unverändert. Unter dem Grafen Eberhard V. im Bart wurde 1495 die Grafschaft Württemberg zum Herzogtum erhoben. Da sich das württembergische Territorium inzwischen erheblich vergrößert hatte, war der strategische Wert der Stammburg Württemberg weiter zurückgegangen und sie bewahrte ihre hochmittelalterliche Bauform, ohne die durch die Entwicklung der Feuerwaffen anderwärts vollzogene Weiterentwicklung der Festungstechnik mitzumachen. Im Jahr 1519, als dem des Landes vertriebenen Herzog Ulrich der Versuch der Wiedereroberung mißlang, wurde der Württemberg von den Esslingern verbrannt. Doch allzu schlimm schienen auch diesmal die Zerstörungen nicht gewesen zu sein. Als Ulrich 1534 in die Herrschaft zurückkehrte, wurde auch der Württemberg wieder aufgebaut. Da die Kosten mit 1800 fl. gegenüber anderen Bauvorhaben gering waren, wird es sich nur um eine Wiederherstellung des lädierten vormaligen Zustandes gehandelt haben. Bis in den Anfang des 19. Jahrhunderts hinein blieb die Burg unverändert und von Vögten verwaltet. Herzog Friedrich, der durch Napoleon Kurfürst und dann König von Württemberg wurde, ließ die Burg wieder herrichten und feierte dort verschiedentlich seinen Geburtstag, wohl um an die Tradition der namengebenden Stammburg anzuknüpfen. Sein Sohn und Regierungsnachfolger König Wilhelm I. ließ 1819 die Burg abbrechen. Er hatte sich 1816, im Todesjahr seines Vaters, mit der Großfürstin Katharina Paulowna von Rußland, Witwe des Prinzen Peter von Holstein-Oldenburg vermählt. Mit ihr zusammen plante er das „Landhaus auf dem Kahlenstein", über dem Neckar, gegenüber von Cannstatt, das heutige Schloß Rosenstein. Von dort hat man den Württemberg genau vor sich, und Königin Katharina soll, in Vorahnung ihres frühen, am 9. Januar 1819 erfolgten Todes, den Wunsch geäußert haben, auf dem Württemberg ihre letzte Ruhestätte zu finden. Diesen Wunsch zu erfüllen, war dem König ein wichtiges Anliegen und — für uns heute unverständlich — kamen er und die zur Planung zugezogenen Architekten nicht auf den Gedanken, innerhalb der völlig erhaltenen Burg eine würdige Ruhestätte zu schaffen, vielmehr ging man ohne Alternativen vom Abbruch der Burg und dem Neubau einer Grabkapelle aus. Diese wurde 1820–1824 nach den Plänen des Hofbaumeisters Giovanni Salucci errichtet. Zwar ist dieser Bau ein eindrucksvolles Monument des Klassizismus im Lande, doch bleibt trotzdem das Bedauern über die Opferung der Stammburg Württemberg.

Diese hatte eine unregelmäßig — polygonale Ringmauer, nach Norden zum Berg hin mit einer langen, geraden Mauer, einer Art von Schildmauer. Sie war in ihrer ganzen Länge mit dem sogenannten „Langen Bau" besetzt, durch den die Torfahrt in den Schloßhof führte. Gegenüber, gegen Nordwesten an die Ringmauer angebaut, befand sich das Haupthaus, der Palas. Ein Zwischenbau verband ihn mit dem Langen Bau. Gegen Süden und Südwesten war der Hof leer. Beide Gebäude waren lediglich zweigeschossig. Zum Obergeschoß des Langen Baues führte eine Wendeltreppe, zu dem des Palas eine gedeckte Außentreppe, an die Ringmauer angelehnt. Der Lange Bau enthielt im Erdgeschoß Stallungen und Wirtschaftsräume, im Obergeschoß Dienerschaftswohnungen, während das Hauptgebäude im Erdgeschoß einen saalartigen Raum, die Dürnitz besaß, sowie einen Nebenraum und darüber vier ineinandergehende Zimmer.

Um diese innere Burg legte sich eine zweite polygonale Ringmauer, deren Zwinger ohne Bebauung war. Man betrat sie durch den tonnenüberwölbten Torweg der sog. „alten Bastei", eines kaum über die Ringmauer herausragenden Torbaues. In etwas weiterem Abstand umzog ein dritter, ebenfalls polygonal der Bergform folgender Mauerring die Burg. Er hatte, nach der Ansicht Merians um 1616, wie auch der zweite Bering, einen Zinnenkranz. Das äußere Tor war ein niederer Turm mit Zeltdach und Gußerker über dem Tor. Zu Anfang des 19. Jahrhunderts war er nurmehr fragmentarisch erhalten.

Eine Brücke, zuletzt in Stein, ehemals wohl eine Zugbrücke, führte über einen hier vorgelegten Graben in die Burg. In diesem äußeren Zwinger befanden sich einige Wirtschaftsgebäude und das Jägerhaus. Die drei Eingänge waren alle nach der schon aus frühgeschichtlicher Zeit stammenden Regel angelegt, daß ein möglicher Eindringling immer seine ungedeckte rechte Seite den Verteidigungsmauern zukehrte. Da die Burg offensichtlich niemals einen Bergfried oder flankierende Ringmauertürme besaß, war sie zweifellos ein Bau, der sich seit seiner frühen Entstehung ohne nennenswerte Veränderung bis in den Anfang des 19. Jahrhunderts erhalten hatte, während die Mehrzahl anderer Burgen entweder früh zerstört oder ständig verändert und modernisiert wurden. So wäre der Württemberg heute trotz seines bescheidenen Äußeren zweifellos ein wichtiges und interessantes Objekt der Burgenforschung. Übrig blieben uns nur alte Pläne, Abbildungen und Beschreibungen und der noch immer beeindruckende Rundblick, den man von der Grabkapelle aus auf die heutige Großstadtlandschaft hat.

2 Das Alte Schloß in Stuttgart

Graf Ulrich I., „der Stifter" († 1265) hatte durch seine Heirat mit Mathilde, der Tochter des Markgrafen Hermann V. von Baden, Stuttgart an sich gebracht. Lag die Stadt auch abseits der alten Fernstraßen des Neckartals, die dem Hause Württemberg beträchtliche Zolleinnahmen brachten, so hatte sie zwei wichtige Dinge: Einmal eine beachtliche Wasserburg und zum anderen ein Gestüt mit sehr großen Weideflächen, die sich bis an den Neckar nach Cannstatt hinzogen und die noch heute an den Flächen erkennbar sind, die dem Fiskus gehören. Ein solches großes Gestüt aber war im Mittelalter das, was heute die Kraftfahrzeug- und Rüstungsindustrie bedeutet, und so war dieser Erwerb von großer Wichtigkeit für die Grafen von Württemberg. Eben jener Ulrich I. dürfte seinen Wohnsitz von der Burg Württemberg nach Stuttgart verlegt haben.

Das von ihm in Beutelsbach im Remstal gegründete Stift mit dem Erbbegräbnis wird von seinem Sohn Eberhard I., dem Erlauchten († 1325), nach Stuttgart verlegt. In unmittelbarer Nähe der Burg entsteht die Stiftskirche, die Hauptkirche des Landes.
Als die Wasserburg Stuttgart württembergisch wurde, hatte sie schon eine fast 300jährige Geschichte hinter sich. Um die Mitte des 10. Jahrhunderts entstand unter Liutolf, Herzog von Schwaben, das Gestüt, das dieser wahrscheinlich schon von seinem Vater Otto übernommen hatte, und eine „Motte", eine auf einem künstlich aufgeschütteten Hügel errichtete Burg, die wohl als Kern einen Wohnturm hatte. Durch jüngere Grabungen im Schloßhof, unmittelbar vor dem Türnitzbau, wo noch in großer Tiefe nicht mehr genau definierbare Mauerzüge gefunden wurden, wird die These von dieser „Motte" allerdings erschüttert. Vielmehr wird man schon im 10. Jahrhundert eine „normale" Wasserburg annehmen müssen, was die Wichtigkeit des Platzes nur noch betont. Aus diesem wehrhaften Teil des Stutgartens wurde dann reichlich ein Jahrhundert später, zu Ende des 11. Jahrhunderts, eine Steinburg, deren Entstehung mit den Herren von Calw, einem mächtigen Geschlecht und deren Verwandten, den Herren von Stuttgart zusammenhängt. Diese Burg muß sehr bald eine beachtliche Größe erreicht haben, da sie unter Markgraf Hermann V. von Baden, unter dem die im Anschluß an die Burg entstandene Siedlung zur Stadt wurde, bereits jene Flächen umfaßt haben muß, die auch später noch den Grundbestand des „Alten Schlosses" ausmachten. Von eben jenem Hermann V. von Baden übernahm um die Mitte des 13. Jahrhunderts, in der Blütezeit des staufischen Reiches, Graf Ulrich I. „mit dem Daumen" Burg und Stadt Stuttgart samt dem Stutgarten. Die „Motte" des 10. Jahrhunderts war damals bereits von massiven Gebäuden umbaut, und die Burg der Stauferzeit dürfte kaum kleiner gewesen sein als das heutige Schloß. Mit Sicherheit war der heutige Türnitzbau, der Südostflügel schon ein großes Haus, das von einem Wehrgang umzogen war und das einen Vorhof mit Wirtschaftsgebäuden nach Nordwesten hatte. Das ganze war von einem Wassergraben umgeben und weiter nach Westen, auf dem Areal des heutigen Schillerplatzes schloß sich ein Vorhof mit Wirtschafts- und Verwaltungsgebäuden an. Alles in allem eine große mittelalterliche Burg, die ein wichtiger Sitz der Grafen von Württemberg war. In den Jahren zwischen 1330 und 1340 war dieses große Haus, der sogenannte Türnitzbau, anstelle älterer Vorgängerbauten neu errichtet worden mit einem großen gewölbten Keller mit einer mittleren Pfeilerreihe und im Erdgeschoß mit einer gro-

4 *Türnitzbau von Osten*

ßen Halle, der „Türnitz", die dem Bau den bis heute gebräuchlichen Namen gegeben hat. Eine Türnitz, auch „Hofstube" genannt, war ein Raum, in dem sich das engere Gefolge aufhielt. Über die oberen Geschosse ist aus mittelalterlicher Zeit nichts bekannt. Sie waren wahrscheinlich in Fachwerk und enthielten die Wohnräume der gräflichen Familie. Ein Wehrgang, der genauso wie Teile des Erdgeschosses noch heute einigermaßen erhalten ist, umlief den stattlichen Bau. Er bildete gleichzeitig den Schutz für die Stadt Stuttgart an ihrer talwärts gewandten Nordseite, von wo ein Angriff am ehesten möglich war. So ist es auch zu erklären, daß (nach Fleischhauer unter Herzog Ulrich zwischen 1534 und 1540, nach Wein unter Herzog Christoph ab 1558) in der ersten Hälfte des 16. Jahrhunderts, als der Wehrcharakter offenbar noch immer maßgebend war, an der am meisten gefährdeten Nordostecke vor die abgeschrägte Gebäudeecke ein dreiviertelrunder Turm vorgebaut wurde. Bald danach allerdings, unter der Regierung des Herzogs Christoph (1550–1568) scheint der Wehrcharakter des Baues zurückzutreten und der Schloßcharakter rückt in den Vordergrund. Herzog Christoph verwandelte während seiner Regierungszeit die Burg Stuttgart in einen Palast der Renaissance-

zeit, wie er nördlich der Alpen bald nach der Mitte des 16. Jahrhunderts seinesgleichen suchte.
Von 1553–1560 wurde zunächst der vorhandene Hauptbau, die „Türnitz" in ihren oberen Stockwerken völlig erneuert, mit Erkern versehen und erhielt nach Osten gegen den Graben hin den Archivanbau. Der Baumeister war Aberlin Tretsch, ein Mann, der von beträchtlicher Bedeutung für die süddeutsche Renaissance werden sollte. Ab 1560 errichtete er an der dem Hof zugekehrten Westseite des Türnitzbaus eine Reittreppe, ein großes Treppenhaus mit zwei geraden, wiederkehrenden Läufen, mit Kreuzrippengewölben eingewölbt, die in Rampenform anstelle der Stufen nur steinerne Wülste hatte und auf denen man zu Pferde die oberen Stockwerke erreichen konnte. Geradläufige, zweiläufige Treppen mit massiver Mittelmauer und mit Gewölben überdeckt traten in der italienischen Renaissance schon seit dem 15. Jahrhundert an die Stelle der zuvor üblichen Wendeltreppen oder der geradläufigen Außentreppen. Die besonders seit der Mitte des 16. Jahrhunderts sich stark entwickelnde deutsche Renaissance, die ihre Anregungen teils aus Italien, teils aus Frankreich bezog, beschäftigte sich nun neben den weiterhin gebräuchlichen Wendeltreppen ebenfalls mit geradläufigen Treppen. Herzog Christoph hatte eine solche im Bischofsschloß von Dillingen an der Donau kennengelernt (entstanden zwischen 1543 und 1546). Dorthin sandte er einen Mitarbeiter seines Hofbaumeisters Aberlin Tretsch, den Steinmetzen Blasius Berwart, um das Baugefüge dieser Treppe zu studieren. Die danach in Stuttgart entstandene übte ihrerseits Einfluß auf den Schloßbau der weiteren Umgebung aus.
Aus dieser Erneuerung und Modernisierung des bestehenden Hauptbaus erwuchs offenbar der Plan zur Errichtung eines daran anschließenden großzügigen und wohl auch großartigen Neubaues. Die Gebäude des westlich an die Türnitz anschließenden Hofes wurden restlos abgebrochen und durch eine einheitlich geplante Anlage ersetzt, die als Idealbild eine regelmäßige Vierflügelanlage vor Augen hatte. Aus wirtschaftlichen Gründen mußte die eben erst erneuerte Türnitz einen dieser vier Flügel abgeben. Die anderen drei aber entstanden nach einem offensichtlich einheitlichen Plan um den seither wohl unregelmäßig umbauten Hof her, und wie es scheint, einen vorhandenen Zwinger mitbenutzend, da sie nach Norden und Süden über die Fluchten der Türnitz vortreten. Mit fast gleicher Gebäudetiefe und drei einheitlich hohen Geschossen bilden sie einen rechteckigen Hof, in dessen Mitte die Reittreppe vorspringt, die damit in den Neubau integriert wird. Beide neugebildeten Hofecken sind mit

Wendeltreppen besetzt und offene, massiv überwölbte Galerien umziehen die drei Seiten des neu entstandenen Palasthofes, der damit — wenn auch in etwas provinzieller Form — einiges von der Größe italienischer Innenhöfe ausstrahlt.

Im Äußeren bewahrte das Renaissanceschloß des Herzogs Christoph von Württemberg — wie alle deutschen und zumeist auch französischen Renaissanceschlösser — wenigstens für das Auge seinen wehrhaften Charakter. Der wassergefüllte Graben umgab weiterhin den Bau und der Zugang führte über eine Schlagbrücke. Die Außenfronten sind aus Quadermauerwerk, streng und ohne jede Gliederung oder Architekturform. Lediglich die gleichmäßigen Reihen der gedoppelten Fenster bestimmen den Bau, der von einem kräftigen Traufgesims gedeckt wird. Erst in der Dachzone beginnt die Gliederung mit auf dem Gesims aufsetzenden, von Walmen gedeckten Dachhäusern, an den Ecken zweiachsig, in den Mitten einachsig. Als Haupt- und Schaufront ist klar und eindeutig die gegen die Vorburg, den heutigen Schillerplatz gekehrte Eingangsseite hervorgehoben. Hier zeigt sich der Bau mit zwei gleichen, mächtigen dreigegliederten Häusern, verbunden durch einen um ein Stockwerk niedrigeren Einschnitt, durch welchen das Tor führt und auf dessen flacher, mit einer Balustrade gefaßter Altane sich die Musik zum Empfang hoher Gäste plazieren konnte. Alles in allem ein imposanter Bau, wie er bis dahin in Süddeutschland noch nirgends entstanden war, Durch die den Hof umziehenden Galerien war eine bequeme und ausreichende Kommunikation zwischen den einzelnen Räumen für Herrschaft und Bedienstete gegeben. Gegen Ende des Jahrhunderts entstanden dann daraus bei anderen Schlössern die bei schlechter Witterung günstiger zu benutzenden geschlossenen Korridore. Über die Disposition des „Alten Schlosses“ in der beschriebenen Form ist zwar nichts weiter bekannt, doch war es offensichtlich so, daß die Haupt- und Festräume sich in den eben erst erneuerten, durch die Reittreppe repräsentativ erschlossenen Türnitzbau befanden. In seinem großen Keller, durch einen Kellerhalsvorbau vom Hof zu erreichen, lagerte der erforderliche Wein in großen Mengen, und im anschließenden Nordflügel des Neubaus war zu ebener Erde die Hofküche untergebracht, die talabwärts in den Graben zwei mächtige Schlote vorschob. Im Süden, ebenfalls an die Türnitz anschließend, war durch zwei Geschosse durchgehend die Hofkapelle angeordnet. Der Westflügel mit dem Eingang enthielt im Erdgeschoß verschiedene Diensträume, und die Obergeschosse aller drei neuen Flügel beherbergten eine große Zahl von Wohnquartieren, die nach dem Brauch der Zeit aus Stube und Kammer, zuweilen auch aus Vorkammer, Stube und Kammer bestanden. Dabei war es so, daß die Stube (von lateinisch Stufa = Ofen) der heizbare Wohnraum war, die unheizbare Kammer der Schlafraum. Auch der Vorraum, die Vorkammer, war unheizbar. So bot das Alte Schloß in Stuttgart einem für die Zeit der zweiten Hälfte des 16. Jahrhunderts großen Hofstaat ein würdiges und repräsentatives Unterkommen.

Einen auffallend großen Teil des Grundrisses nimmt die Hofkapelle (oder Schloßkirche, wie sie noch heute heißt) ein. Das ist insofern verständlich, als sich Württemberg schon verhältnismäßig früh der Reformation angeschlossen hatte und der neue, evangelische Gottesdienst forderte, daß die ganze Gemeinde vollzählig am Gottesdienst teilzunehmen hatte und damit natürlich auch bei der Länge der geistlichen Handlungen einen Sitzplatz beanspruchen konnte. So fand im Erdgeschoß das weitere Hofgefolge Platz, auf der Empore versammelte sich, um den Monarchen geschart, die Spitze der Hierarchie. Insoweit wurde hier nichts Neues geschaffen. Diese Anordnung, wenn auch ohne festes Gestühl, geht in den Palastkapellen bis in die ersten Jahrhunderte der Entwicklung des christ-

5 *Arkadenhof vor der Zerstörung*

lichen Kirchenbaus zurück. Was die Stuttgarter Schloßkapelle als Neues bringt und womit sie ein Prototyp für zahlreiche Folgebauten wurde, ist die Quersaalform. Ein betont langrechteckiger Raum hat seine zentrierende Mitte nicht wie im mittelalterlichen Kirchenbau dort, wo die Längsachse auf eine Schmalwand trifft, sondern in der Mitte einer Längswand. Diese Mitte ist durch einen als halbachteckigen Turm vortretendes Chörlein markiert, unter dessen Triumphbogen der Altar steht. Die Kanzel, welche im evangelischen Gottesdienst eine stärkere Rolle spielt als bisher, ist an der Leibung dieses Chörleins angeordnet. So ist die versammelte Gemeinde nicht längs auf den Altarraum ausgerichtet, sondern quer in Hufeisenform um die liturgische Mitte angeordnet. Die Längsempore gegenüber dem Altar war nur schmal. Auf den breiten Seitenemporen war östlich bei der Türnitz Orgel- und Kirchenmusik, westlich die Herzogsloge untergebracht. Daraus muß man wohl schließen, daß Herzog Christoph seine Privaträume im 1. Obergeschoß des neuen Westflügels gegen den Vorhof hatte. Der Kirchenraum, der in seiner Gesamtkonzeption eine neue und richtungweisende Form brachte, war von einem in Stuck ausgeführten Netzrippengewölbe überdeckt. Diese altertümelnde Architektur ist bei den frühen evangelischen Kirchen des öfteren zu beobachten. Sie entspringt einem wohl indifferent vorhandenen Gefühl, daß diese spätgotische Form ein gewisser Ausdruck des sakralen „an sich" sei (aus den fast gleichen Empfindungen heraus hat die Gegenreformation in Süddeutschland die sogenannte „Echtergotik", nach Julius Echter von Mespelbrunn, Fürstbischof von Würzburg, benannt, hervorgebracht). Ähnlich zu werten ist die Verwendung der griechischen Säulenordnungen mit geradem Architrav bei gewölbten römischen Tempelbauten und noch bei frühchristlichen Kirchen. Auch hier hat sich eine Architekturform als Formel für das „Sakrale" über verschiedene kultische Wandlungen hinweg erhalten.

Am 11. 12. 1562 wird die Schloßkapelle eingeweiht. Erst 4 Jahre später, 1566 erhält sie das genannte Gewölbe. Thematisch waren der Altar mit seinen zwölf Relieftafeln, das apostolische Glaubensbekenntnis betreffend, und die Kanzel mit der Verklärung Christi und den vier Evangelisten streng in den evangelischen Ritus eingebunden. Das etwas später eingezogene, im Grunde konservative Gewölbe bringt allerdings in seinem mittleren Schlußstein das Wappen des Hauses Württemberg. Hier dominiert die weltliche Macht.

Wenige Jahre nach der Fertigstellung seines so großzügig und großartig konzipierten Renaissanceschlosses starb Herzog Christoph 1568. Sein

Sohn und Nachfolger Ludwig, der ein politisch konsolidiertes und wirtschaftlich gefestigtes Herzogtum übernahm, dehnte seine Ansprüche an seine fürstliche Residenz noch weiter aus. Schon sein Vater Christoph hatte talabwärts nach Norden, jenseits des Schloßgrabens einen „Lustgarten" anlegen lassen mit allerhand exotischen Gewächsen und errichtete dazu 1553 ein Lusthaus, einen rechteckigen Steinbau mit vier Eckerkern und einem Treppenturm in der Mitte, der einige Zimmer und einen Saal enthielt und der damit das Raumprogramm des Schlosses erweiterte und in den Garten hinein fortsetzte. Herzog Ludwig führte diese Gedanken in einer bisher nie gekannten Großartigkeit und damit in einer dem Schloßbau seines Vaters adäquaten Weise fort mit der Errichtung des „Neuen Lusthauses" ab 1583. Der Architekt war Georg Beer, ein Schüler Aberlin Tretschs. Fleischhauer sagt: „Mit dem Bau des großen Lusthauses entstand nun ein Bauwerk von überragendem künstlerischem Rang, das noch lange als wahres Wunderwerk bestaunt wurde." Es soll die für die damalige Zeit ungeheure Summe von drei Tonnen Gold oder 340 000 fl. gekostet haben.

Ein großer, rechteckiger Bau, der im Erdgeschoß einen überwölbten und von Säulen getragenen Grottensaal und darüber in einem dominierenden, von großen Fenstern erhellten Obergeschoß den Hauptsaal von 57,60 m Länge und 20,30 m Breite enthielt, war umzogen von einer Altane auf säulengetragenen Arkaden. Diese Altane wiederum war an ihren Ecken mit zweistöckigen Rundtürmen besetzt, die unter dem kräftigen Hauptgesims des Saalbaues blieben und diesen nicht berührten.

An den Mitten beider Längsachsen führten zweiseitige, von Arkaden getragenen Zwerchhäusern gedeckte Freitreppen zur Altane empor und von dort in den Saal. Ein mächtiges, steiles Satteldach bedeckte den Bau, dessen beide Giebel gegenüber der sonst strengen und zurückhaltenden Gliederung reich dekoriert und mit Architekturformen versehen waren. Die Längsseiten wurden durch die erwähnten Zwerchhäuser gegliedert. So zeigt sich auch hier, wie am Alten Schloß selbst und anderen wichtigen Bauten der deutschen Renaissance, daß die strenge Disziplin der Baugliederung erst in der Dachzone aufgelockert und bereichert wird.

Die Grottenhalle im Erdgeschoß hatte Wasserbecken und Brunnenspiele, der beherrschende Saal im Obergeschoß eine flache, in das als Hängewerk ausgebildete Dach eingreifende Tonne. Wände und gewölbte Decke waren aufs reichste verziert und das ganze Gebäude innen und außen mit einem teils plastischen, teils gemalten künstlerischen Programm versehen, das hier darzulegen zu weit führen würde, und das von der Erschaffung der Welt bis hin zum Stammbaum des Hauses Württemberg und der Familie des Erbauers nahezu alles enthielt, was damals im Herzogtum Württemberg die Menschen bewegte. Noch zu Anfang des 18. Jahrhunderts galt diesem epochalen Bau die volle Bewunderung der Zeitgenossen. Damit wurde der ohnehin bedeutende Bau des Alten Schlosses in Stuttgart in seiner Bedeutung auf die internationale Ebene gehoben, und die „Stuttgarter Bauschule der Renaissancezeit" hat mindestens auf ihre nähere Umgebung einen nicht zu unterschätzenden Einfluß ausgeübt.

Über die Ausstattung des Alten Schlosses in Stuttgart ist nicht allzu viel bekannt. Die große, zweischiffige Türnitz im Erdgeschoß des alten Haupt-

6 Reittreppe vor der Zerstörung

7 *Schloßkirche um 1910*

baues hat bis zum Brand im Dezember 1931 im wesentlichen die gotischen Formen ihrer Entstehungszeit im frühen 14. Jahrhundert bewahrt. Nach der Überlieferung wurden hier täglich an 200–300 Tischen hunderte von Dienern und Gästen verköstigt, was eine große und leistungsfähige Küche voraussetzt. Darüber befanden sich nach Fleischhauer die „uhralten" Zimmer des Fürstengemachs mit Schnitzereien und Marmelstein verziert. Auch die Glas- und die Silberkammer waren hier, Räume, in denen der reiche Vorrat an silbernen, goldenen und gläsernen Gefäßen und Geschirren aufbewahrt und ausgestellt wurde. In den Flügeln des Neubaus befanden sich zahlreiche „Gemächer", d. h. Wohnappartements. Ferner gab es die von drei Säulen getragene Ritterstube oder Tafelstube und über der großen Hofküche im Nordflügel gegen den Garten zu den Tanzsaal. Auch befanden sich mehrere Bäder im Erdgeschoß des Hauses. Dasjenige des Herzogs Christoph selber bestand aus einem Wasserbad, einem Schwitzbad, einem Umkleideraum und dem Heizraum zur Erwärmung des Wassers und zum Heizen der Baderäume, Einrichtungen also, die alte Tradition fortführten, die danach dann außer Gebrauch kamen und erst in jüngerer Zeit wieder auflebten (auch in den damals neu gebauten Amts- und Pfarrhäusern und in jedem besseren Bürgerhaus gab es in der Renaissancezeit Badestuben). Die Räume des Schlosses waren je nach Wichtigkeit teils getäfelt und mit Schnitzereien und Einlegearbeit versehen, teils ausgemalt. Erhalten hat sich von dieser Ausstattung nichts. Auch von dem teilweise recht kostbaren Mobiliar wissen wir nur aus spärlichen und zufälligen urkundlichen Nachrichten. Bekannt ist ferner, daß eine Reihe von Räumen mit gewirkten Wandteppichen mit bildlichen Darstellungen geschmückt waren (Gobelins).
An prunkvollen und reich und von zahlreichen Künstlern ausgeschmückten Festen fehlte es nicht im Stuttgarter Residenzschloß. Insbesondere Hochzeiten wurden tagelang und mit großem dekorativem Aufwand gefeiert, aber auch Taufen und andere Anlässe gaben Grund zu prunkvollen Festen. Bei den Festmahlzeiten wurden Prunkbufetts mit den kostbarsten Geschirren aufgebaut. Die „Ritterspiele" mit Aufzügen, Ringelstechen und Rennen spielten eine wichtige Rolle. Bei den sogenannten „Inventionsaufzügen" wirkten selbst die hohen Herrschaften in allerhand Vermummungen mit. Auch die Musik spielte bei diesen Hoffesten bereits im 16. Jahrhundert eine große Rolle. Ferner gab es Feuerwerke, Schießen und Jagden, und so sieht man, wie ein Schloß vom Range der Stuttgarter Renaissanceresidenz neben seinem Arkadenhof und den Innenräumen auch die Umgebung mit Vorhof, Lustgarten, Lusthaus, Turnierplatz

und Schießbahn brauchte, damit sich der Hofhalt voll entfalten und darstellen konnte.
Noch einmal wurde der Schloßbereich durch einen bedeutenden Bau erweitert, als der Neffe des Herzogs Christoph und Regierungsnachfolger Herzog Ludwigs, der Herzog Friedrich I. im Jahre 1599 den Grundstein zum „Neuen Bau" legte, einem prächtigen, viergeschossigen Bau mit turmartigen Eckerkern, erkerartiger Mittenbetonung, reicher Architekturgliederung nach den Säulenordnungen und einem großen Walmdach, der südlich vom Schloß, am Rande der Stadt erstellt wurde. Er enthielt im Erdgeschoß einen säulengetragenen, gewölbten Marstall und darüber, ebenfalls von säulengetragenen Gewölben überdeckt, einen zweigeschossigen Saal mit umlaufender Galerie. Im obersten Geschoß fand die Kunstkammer Platz, eine Sammlung von Kunstgegenständen, Raritäten und Kuriositäten. So waren die Repräsentationsmöglichkeiten des Hofs nochmals erweitert, von der Zurschaustellung edler Pferde über einen Festsaal mittlerer Größe (größer als der Tanzsaal im Schloß und kleiner als der Saal im neuen Lusthaus) bis zur Kunstsammlung des Hauses.
Daß dem Schloßbau im Jahre 1572 an der Südwestecke als Widerlager gegen Setzungen ein die Großartigkeit der Architektur störender Turm vorgesetzt wurde und der Türnitzbau noch 1687 durch einen Rundturm an seiner Südostecke ergänzt wurde, sind Dinge, die zwar das heutige Bild des Schlosses mitprägen, von den künstlerischen Ideen her aber unerheblich sind. Dank seiner großzügigen Konzeption konnte das Schloß lange als Residenz der württembergischen Herzöge dienen. Als es im 30jährigen Krieg geplündert wurde und 1638 nach der Rückkehr des Herzogs Eberhard III. erst wieder bewohnbar gemacht werden mußte, war es schon ein dreiviertel Jahrhundert in Benutzung. Herzog Eberhard Ludwig (1693–1733) ließ die Räume des Schlosses durch Stukkateure der Wessobrunner Schule, die damals zu den führenden Künstlern zählten, von 1697–1706 neu ausschmücken, doch konnte an der baulichen Substanz und der Raumaufteilung nichts geändert werden, und so blieb der Bau für die neuen barocken Auffassungen veraltet. Residenzschloß blieb er, bis Herzog Eberhard Ludwig in den ersten Jahren des 18. Jahrhunderts Stuttgart den Rücken kehrte und sich in seiner neuen Gründung Ludwigsburg niederließ. Der Bau hatte seine Schuldigkeit getan. Er konnte den gewandelten Ansprüchen nicht mehr gerecht werden. So führte er lange Zeit ein untergeordnetes Dasein. Dem seit 1744 neben ihm entstehenden neuen Residenzschloß diente er als Schloßnebengebäude. Insbesondere war seine große Küche wichtig. Auch die Schloßkirche wurde

— im 19. Jahrhundert für den königlichen Hof — als solche benutzt, allerdings in neugotischer Gestalt, die sie 1865 erhielt, da ihre originale Renaissanceausstattung zu Anfang des 19. Jahrhunderts weitgehend zerstört worden war. Gegen Ende des 19. Jahrhunderts wurde die königliche Altertümersammlung im Schloß untergebracht, aus der später das Württembergische Landesmuseum hervorging. Der im Dezember 1931 ausgebrannte Türnitzbau wurde in den folgenden Jahren wieder aufgebaut, jedoch im Zweiten Weltkrieg fiel er zusammen mit weiten Teilen des Schlosses wiederum den Flammen zum Opfer. Nur die Schloßkirche überstand die Kriegszerstörungen. Heute ist der Bau nach langjähriger Bauzeit völlig wiedererstanden und beherbergt weiterhin das Württembergische Landesmuseum. Besonders vom Schillerplatz und der Planie her vermittelt er wieder ein eindrucksvolles Bild des architektonischen Wollens des Herzogs Christoph und seines Baumeisters Aberlin Tretsch.

3 Schloß Ludwigsburg

Der vorhin genannte Herzog Eberhard Ludwig kam mit 16 Jahren 1693 zur Regierung. Da sein Vormund und Oheim, Herzogadministrator Friedrich-Karl von Württemberg-Winnental, 1692 in französische Gefangenschaft geraten war, wurde er vom Kaiser für volljährig erklärt. Sein Vater Herzog Wilhelm Ludwig war nach nur 3jähriger Regierungszeit im Geburtsjahr des Sohnes 1677 gestorben. Durch den 30jährigen Krieg war in Stuttgart das fröhliche, festereiche und für die Renaissancezeit aufwendige Hofleben zu Ende. Sparsamkeit, Biederkeit, ja bisweilen Dürftigkeit gaben den Ton an. Der junge Herzog versuchte allmählich, das barocke Hofleben mit Prachtentfaltung, Festen, Theater und Musik einzuführen. Dies gelang jedoch nur langsam, da sich zwar das Land vom Tiefstand des 30jährigen Kriegs wieder soweit erholt hatte, auch Stuttgart mit 13 000 Einwohnern mehr Menschen beherbergte als je zuvor, doch jener wirtschaftliche Wohlstand der zweiten Hälfte des 16. Jahrhunderts und des Beginns des 17. Jahrhunderts war noch nicht wieder erreicht. Auch hatte der zweite Eroberungskrieg Ludwigs XIV. von Frankreich dem Land starken Schaden zugefügt. Der Herzog selber war seit 1694 mit Truppen längere Zeit bei der vom Markgrafen Wilhelm Ludwig von Baden-Baden, dem „Türkenlouis", geführten Reichsarmee. So auch ab 1702 im spanischen Erbfolgekrieg als kaiserlicher Feldmarschalleutnant. Auf Reisen hatte Eberhard Ludwig die Höfe von England, Holland und Frankreich kennengelernt, sowie auch den seines Feldherrn im nahen Rastatt, der dort aufwendigen Hof hielt. Die Vermählung Eberhard Ludwigs mit einer Nichte des Türkenlouis, der Markgräfin Johanna Elisabeth von Baden-Durlach, brachte dem Stuttgarter Hof vollends Glanz und Prachtentfaltung, so daß die vorhandenen Baulichkeiten nicht mehr hinreichen wollten.

Da der junge Herzog auch ein leidenschaftlicher Jäger war, stiftete er 1702 den Hubertus- oder großen Jagdorden. Auch ließ er das 1693 von den Franzosen eingeäscherte Jagdhaus auf dem Erlachhof bei Eglosheim wieder aufbauen, einer Gegend unweit nördlich von Stuttgart, wo er gern und häufig jagte. Dieser Erlachhof wurde denn auch der Ausgangspunkt für die große Neuschöpfung Eberhard Ludwigs, Schloß und Stadt Ludwigsburg. Allerdings war es nicht so, daß der Herzog irgendwann den Entschluß gefaßt hätte, hier eine nach ihm benannte Residenz zu errichten, vielmehr entstand die Anlage schrittweise und zunächst unter bescheidenen Aspekten. So beauftragte er 1703 den Architekten Philipp Joseph Jenisch, einen 32jährigen Mann, den er selbst hatte ausbilden lassen, mit dem Entwurf zu einem „rechten Jagdlusthaus zu Erlachhof". Dieser Entwurf sagte dem Herzog auch zu, und bereits am 6. Mai 1704 wurde der Grundstein gelegt. Daß aus diesem Jagdschloß in den nächsten zwei Jahrzehnten eines der größten Barockschlösser Deutschlands entstehen würde, ahnten alle Beteiligten nicht. Aus dem bescheidenen Erlachhof sollte ein Jagdsitz werden, den der Herzog am 11. Mai 1705 „Ludwigsburg" taufte.

Mit diesem bescheiden begonnenen Schloßbauwesen scheint die Lust des Herzogs am Bauen erst recht erwacht zu sein. Da der Architekt Jenisch zunächst als evangelischer Theologe ausgebildet war und dann über Mathematik und Physik zur Architektur kam, war er offenbar nicht der geeignete Mann, auf die immer neuen Ideen des Herzogs beweglich genug zu reagieren. So wurde er auf die Stelle eines Landbaumeisters versetzt und damit ausgeschaltet. An seine Stelle trat der 35jährige Ingenieur-Hauptmann Johann Friedrich Nette, der bereits in Kriegsdiensten für den Herzog tätig gewesen war. Er wurde am 9. Mai 1707 zum Oberbaudirektor ernannt. Er dürfte es gewesen sein, der den Herzog Eberhard Ludwig und seinen Berater und Jugendfreund, den „weltmännischen und kultivierten" Oberhofmarschall Georg Friedrich von Forstner von der Notwendigkeit eines großen Schloßneubaues überzeugte, was angesichts der fehlenden zeitgemäßen Baulichkeiten sicher nicht schwerfiel.

Da die Liaison des 30jährigen Herzogs mit dem aus Mecklenburg stammenden Fräulein Wilhelmine von Grävenitz, der späteren Frau des Landhofmeisters Graf Würben, welche 25 Jahre lang seine Mätresse blieb, mit der Ernennung Nettes 1707 und den größer werdenden Schloßbauplänen zusammenfiel und die Grävenitz bei dem pietistisch engherzigen und aus dieser Strenge heraus dem barocken Hofwesen abholden Volk sehr verhaßt war, entstand das sich über Jahrhunderte haltende Gerücht, Ludwigsburg habe der Herzog nur gebaut, weil die Grävenitz dies wollte. Eine solche kurzsichtige Meinung konnte sich nur auf pietistisch-engstirnigem Boden so lange halten. In Wirklichkeit war es so, daß Eberhard Ludwig als Reichsfürst den Rahmen einer repräsentablen Residenz brauchte, nicht nur um entsprechend prächtig Hof zu halten, sondern auch, um die politischen Ansprüche des Herzogtums Württemberg seiner Größe und Bedeutung entsprechend den anderen deutschen Staaten gegenüber geltend machen zu können. Seine Regierungsvorgänger hatten in dieser Hinsicht gar nichts getan.

Zu dem von Jenisch am Rand des nach Norden einigermaßen steil abfallenden Plateaus geplanten und begonnenen Bau traten nun nach Süden zwei Flügelbauten, damit ein dem Geschmack der Zeit entsprechendes Hufeisen bildend. Sie wurden mit dem Hauptbau durch Galerien verbunden. Sollte der dreigeschossige, flachgedeckte und von einer Figurenbalustrade bekrönte Hauptbau vornehmlich die Wohn- und Repräsentationsräume des Herzogs enthalten, so wurden im rechten Flügel (rechts und links ist der Gepflogenheit der Zeit folgend nach dem Blick aus dem Hauptbau in den Hof orientiert), ein Festsaal und im linken die Wohnung des Erbprinzen und weitere Wohnräume geplant. Um die beiden Flügelbauten erstellen zu können, mußten wenig zuvor erbaute Teile des Erlachhofes wieder abgebrochen werden.

Im Oktober 1714 trat Nette eine Reise nach Paris an. Der Mittelbau und der rechte Flügel waren im Ausbau begriffen, der linke Flügel im Rohbau vollendet, die Verbindungsgalerien begonnen. Da starb er am 9. Dezember 1714 auf der Rückreise in Nancy. Zurück blieb ein unfertiger Bau, gegenüber den ersten Anfängen nach einem großzügigen mehrfach erweiterten Plan errichtet. So gehen auch die beiden Eckpavillons der Nordfront auf Nettes Planung zurück. Erstellt war bei seinem Tode allerdings erst einer. Die terrassierte, mit Treppen und Grotten versehene Gartenanlage am Nordhang vor der Hauptfront war teil-

9 Nordseite, Friedrich Müller um 1810, links vom alten Corps de Logis Spielpavillon, rechts Jagdpavillon und Ordenskapelle

weise vollendet, und auch der Lustgarten mit den Orangerien, südlich dem Ehrenhof vorgelegt, war großenteils vollendet. Zur Ausstattung der Räumlichkeiten des nunmehr zur Residenz aufgerückten Schlosses — seit 1709 wohnte der Herzog sehr zum Unmut der Stuttgarter ständig in Ludwigsburg — hatte Nette eine Reihe bedeutender Künstler gewonnen. 1709 holte er aus Prag die Stukkateure Giovanni Donato Frisoni und Tomaso Soldati, beide aus Oberitalien stammend. Ebenfalls aus Prag kamen die Maler Johann Jakob Stevens von Steinfels und Lucca Antonio Colomba, ein Mann, der von Hof zu Hof reiste und seine großartigen, dekorativen Fresken malte. Auch Vergolder, Schreiner, Schmiede und andere Handwerker waren engagiert, und für die bewegliche Einrichtung waren Tapisserien, Porzellane, Fayencen, Gemälde und Möbel teils schon beschafft, teils bestellt.
Nach einer Planung Nettes wurde ab 1709 auch die Neuanlegung der Stadt Ludwigsburg betrieben, denn eine Residenz konnte nicht isoliert stehen. Sie brauchte als Hintergrund und Resonanzboden eine entsprechend respektable Stadt. Bei Nettes Tod war sie allerdings noch in ganz bescheidenen Anfängen.
Um die Nachfolge Nettes gab es monatelange Kämpfe zwischen der Baudeputation, dem Herzog und einer Reihe von Kandidaten. Als Sie-

ger ging nach dem Willen Eberhard Ludwigs der Stukkateur Giovanni Donato Frisoni hervor. Am 18. März 1715 wurde er zum Nachfolger bestellt und erhielt am 7. November des gleichen Jahres den Titel Architekt.

Daß ein Stukkateur zum planenden Architekten wurde, ist für die Zeit keine Seltenheit. Die Baudeputation hätte allerdings lieber die Wiedereinsetzung des nüchternen und sparsamen Jenisch gesehen, als die Bestallung des phantasievollen und beweglichen Italieners, von dem zu befürchten war, daß er den immer weitergehenden Plänen des Herzogs willig folgte, ja sie beflügelte. Zunächst widmete sich der neu bestallte „Architectus" der Fertigstellung der angefangenen Teile. Der Mittelteil oder das „Corps de Logis" und der westliche „rechte Flügel", nach seinem dem Jagdorden zugeordneten Saal der Ordensbau genannt, waren benutzbar. Der „linke Flügel", nach seiner repräsentativen, von Riesen getragenen Treppe der Riesenbau genannt, sowie die vom Corps de Logis ausgehenden Galerien und der Jagd- und der Spielpavillon wurden nunmehr vollendet. Trotzdem zeigte sich, daß die verfügbaren Räume für den Hofhalt bei weitem nicht ausreichten, und so trat ein, was die Baudeputation befürchtet hatte. Noch im Jahr 1715 entstanden große Erweiterungspläne, die an die Gedankengänge Nettes anknüpften, jedoch eine wesentlich vergrößerte und großzügigere Anlage vorsahen. Die hufeisenförmige Ehrenhofanlage sollte anstelle der von Nette vorgesehenen kleineren Kavaliersbauten durch große Flügelbauten mit vorgelegten Kopfbauten vertieft und durch Seitenhöfe verbreitert werden. Eine Kapelle und ein Theater sowie ein Redoutensaal und Stallungen sollten das Programm vervollständigen. Damit wäre zwar eine Vielzahl von Räumen für die vielschichtigen Bedürfnisse des Hofstaates gewonnen worden, das Hauptproblem des Baues aber war nicht gelöst: Das zum Corps de Logis avancierte ursprüngliche Jagdschloß mit seiner kunstlosen inneren Disposition war weiterhin nicht in der Lage, für Wohnen und Repräsentation des Herzogs und seiner engsten Umgebung, sowie für die Beherbergung fürstlicher Gäste den entsprechenden Rahmen abzugeben.

Errichtet wurden nach diesem Plan die beiden Kavaliersbauten sowie hinter den Gelenken anschließend, mit welchen sie am Ordens- und Riesenbau angeschlossen waren, im Osten die Hofkapelle mit einer Gruft und als Pendant die Ordenskapelle, die nach dem Frisonischen Plan als kleines Theater vorgesehen war. Zur Ausführung der Gebäude konnte Frisoni erreichen, daß sein Vetter Paolo Retti, der zuvor in Wien

10 *Innenhof nach Norden mit dem alten Corps de Logis. Links Ordens-, rechts Riesenbau*

tätig gewesen war, als Entrepreneur (Generalunternehmer) gewonnen wurde. Bis 1722 zogen sich die Arbeiten hin. Der Erweiterungsplan Frisonis war damit noch immer in den Anfängen. So entstand — was unausweichlich war — 1721 eine neue Planung, die nun konsequent dem Übel abzuhelfen suchte. Auf die weitläufigen Seitenbauten und Nebenhöfe des Projekts von 1715 wurde verzichtet. Dafür sollte das Corps de Logis auf eine gewaltige Ausdehnung gebracht werden. Vom bestehenden Bau wäre nur die Zimmerflucht an der Hofseite geblieben. Nach Norden sollte eine Enfilade von weitläufigen Räumen samt einem zum Hang hin vortretenden großen Treppenhaus vorgelegt werden. Zwei kräftige Eckpavillons sollten die großangelegte Fassade begrenzen. Daß die vorhandenen, reich ausgestatteten Galerien, sowie der Jagd- und der Spielpavillon ganz oder teilweise ihres Lichtes beraubt worden wären durch die vorgelagerte Erweiterung, nahm man in Kauf. Selbst dem Ordens- und Riesenbau sollten an ihren Außenseiten Verbindungsgänge zu den Kapellen und den Kavaliersbauten vorgelegt werden, die den von dort belichteten Räumen einiges an Wert genommen hätten. Den Auftakt zum Ehrenhof sollten — quergelegt — ein großer Festsaal und ein Theater bilden. Dieser Plan sieht eine völlige Abkehr von dem seither sowohl von Nette als auch von Frisoni angewandten lokkeren Pavillonsystem zu einer streng geschlossenen Dreiflügelanlage vor. Das Pavillonsystem entsprach damals einerseits dem neuesten französischen Geschmack, bot sich aber andererseits auch als praktikabelste Methode an, ohne ursprünglichen Gesamtplan, das Jagdschloß zur Residenz zu erweitern. Der neue, an österreichischen Vorbildern orientierte Plan Frisonis verlangte erhebliche Eingriffe in die bestehende Bausubstanz und dies noch an der empfindlichsten Stelle, der Wohnung des Herzogs im Corps de Logis. Hierin ist sicher ein wesentlicher Grund zu sehen, warum das vom Herzog akzeptierte und am 26. April 1723 an Paolo Retti für fast 300 000 fl. — eine horrende Summe — verakkordierte Projekt nicht zur Durchführung kam. Weitere Gründe waren das Zaudern der Baudeputation, die es auf der einen Seite nicht wagte, dem Herzog zu widersprechen, andererseits aber dem Volk gegenüber ein solches Projekt nicht vertreten wollte, sowie die leere Kasse des Kirchenrates. Es mutet fast wie ein Treppenwitz an, daß das ganze Schloßprojekt von Anbeginn vom Kirchenrat bezahlt werden mußte, da er der Eigentümer von Grund und Boden des Erlachhofes war.

Im Januar 1724 wurden die trotz der finanziellen Schwierigkeiten angelaufenen vorbereitenden Arbeiten vom Herzog gestoppt, denn völlig neue, besser zu realisierende Überlegungen waren aufgetaucht. Frisoni will schon 1721 den völligen Neubau eines der Öffnung des Ehrenhofes gegenüberliegenden Corps de Logis vorgeschlagen haben. Auf dieser Basis entstand nun eine Reihe von nur teilweise erhaltenen Entwürfen, die einen großen Neubau gegenüber dem Alten Corps de Logis vorsahen, der den Geländeabsatz zum höherliegenden Südgarten geschickt dahin ausnutzte, daß die Bel Etage die Höhe der vorhandenen Bauten aufnahm, zum Hof also erstes Obergeschoß war, zum Südgarten sich aber ebenerdig öffnete, was wiederum neuestem französischem Geschmack entsprach. Die Entwürfe wuchsen in so große Dimensionen, daß die von Paolo Retti gefertigten Kostenanschläge die astronomische Summe von 600 000 fl. erreichten. Schließlich kristallisierte sich ein Entwurf heraus, der am 25. Dezember 1725 an Retti verakkordiert wurde mit 465 000 fl., der zwar auf einen realisierbaren Rahmen zurückgestutzt war und doch noch immer den Umfang eines völlig selbständigen Schlosses hatte. Das nunmehr sogenannte Neue Corps de Logis wurde soweit von den bestehenden Bauten abgerückt, daß der Hof nahezu die doppelte Tiefe erhielt. Zwei Galerien verbanden es mit den Kavaliersbauten. Da es weit in der Breite auslud, entstanden nach beiden Seiten flache Ehrenhöfe mit Hilfe eines Theaters und eines Festinbaus als Pendants zu den Eckpavillons des neuen Hauptbaues.

Damit war ein Grundprinzip barocker Schloßbaukunst, der Ehrenhof, der an seiner offenen Seite eine Achse entsendet, die die Umgebung des Schlosses erfaßt und in Bezug zu diesem setzt, mißachtet. Dies war im vorliegenden Fall allerdings im Bereich des Möglichen, da die Hauptachse des Schlosses ohnehin keine weiterreichenden Beziehungen hatte. Bei der Stadtneugründung war es nicht gelungen, einen wirklich spür- und erlebbaren Bezug zum Schloß herzustellen. Der Neubau scheint alsbald nach dem Akkord anfangs 1726 in Angriff genommen worden zu sein, denn 1727 war der große Bau bereits unter Dach. Im gleichen Jahr wurde Frisoni zum Obristlieutenant befördert. Ab 1731/32 war der Innenausbau in vollem Gange. Als Herzog Eberhard Ludwig von Württemberg am 31. Oktober 1733 unerwartet starb, war seine große Residenzschöpfung, die ihn 30 seines 56 Jahre währenden Lebens begleitet und beschäftigt hatte, zwar im Äußeren soweit vollendet, im Inneren aber, vor allem im Neuen Corps de Logis, noch nicht benutzbar. Schon 1731 war sein einziger Sohn, der Erbprinz Friedrich Ludwig, im Alter von 33 Jahren als erster in der Gruft der Schloßkapelle beigesetzt worden. So gehört Eberhard Ludwig zu jenen Monarchen und Bauherren des Barock, die große Dinge planten und in die Tat umsetzten, ohne selber je ihre Planungen voll nutzen und genießen zu können. Vielleicht war ihnen sogar das Planen und das Erleben des Werdens mehr Genüge als das gemächliche Nutzen des fertigen Werkes.

Nachdem Herzog Eberhard Ludwig ohne Erben verstorben war, trat die Regierungsnachfolge sein Vetter, der Sohn seines Oheims und Vormundes, an als Herzog Carl Alexander von Württemberg. Er war ein Freund und langjähriger Waffengefährte des Prinzen Eugen von Savoyen in den Türkenkämpfen. 1712 hatte er seinen Übertritt zur katholischen Kirche vollzogen. Nach den im westfälischen Frieden festgelegten Bestimmungen durfte er die seit 1524 in seinem Lande herrschende evangelische Konfession nicht antasten. Seine Bestrebungen, sich gegen den Widerstand der Landschaft und des Landes durchzusetzen und der katholischen Kirche gleiche Rechte im Lande zu verschaffen, wurden dadurch gegenstandslos, daß er kaum vier Jahre nach seinem Regierungsantritt am 12. März 1737 jäh einem Herzschlag erlag (53jährig). Für das Residenzschloß in Ludwigsburg hat er nichts Nennenswertes unternommen, da sein Interesse mehr dem Festungsbau galt und er seinen Hofhalt, der, als er Statthalter in Serbien war, sehr groß angelegt war, nach den finanziellen Möglichkeiten zu richten verstand. Er hinterließ drei Söhne, Carl Eugen, Ludwig Eugen und Friedrich Eugen, alle nach seinem Freund Eugen von Savoyen benannt. Der älteste, Carl, war bei seinem Tode neun Jahre alt. Wie sein Onkel Eberhard Ludwig wurde er mit 16 Jahren 1744 für volljährig erklärt und übernahm die Regierung. Auch für ihn war das Alte Schloß in Stuttgart keine diskutable Residenz, und so bewohnte er Ludwigsburg solange, bis er sich moderne Baulichkeiten errichtet hatte, denn für ihn war der Neubau seines Oheims schon wieder altmodisch geworden. Auch zeigte der junge Herzog Carl Eugen mehr und mehr die Neigung, sich wenigstens zeitweilig vom offiziellen Hofleben zurückzuziehen. So ließ er sich im Attikageschoß des neuen Corps de Logis, in Räumen also, die ursprünglich für Bedienstete bestimmt waren, ein Appartement einrichten. 1757/58 wurde es von dem damaligen Hofbaumeister Pierre Louis Philippe de La Guêpière entworfen und eingerichtet. Ansonsten geschah im Schloß Ludwigsburg nichts mehr bis zur napoleonischen Zeit, als der Neffe Carl Eugens, der Herzog Friedrich II., durch den Reichsdeputationshauptschluß 1803 die Kurwürde und schließlich 1805 die Königskrone erlangte. Er ließ von 1797 bis 1804 durch seinen Hofbaumeister Nikolaus Thouret die Fürstenappartements und den Marmorsaal auf

11 Gartenseite des Neuen Corps de Logis

der Südseite des neuen Corps de Logis nach dem neuesten Geschmack einrichten. Damit allerdings waren die Arbeiten am Schloß ein für allemal beendet. Die Nachfolger des Königs Friedrich wohnten zeitweilig hier, ohne etwas zu verändern. Damit ist der größte Teil der Räume in dem Zustand verblieben, in dem sie Herzog Eberhard Ludwig einrichten ließ. Entsprechend dem Baufortschritt ist auch eine stilistische Fortentwicklung der Dekorationen festzustellen.

In der Bel Etage des Fürstenbaus oder des Alten Corps de Logis, wo sich zunächst die Appartements des Herzogs und der Herzogin befanden — das Fräulein von Grävenitz hatte das ihrige im Erdgeschoß — hat sich das Spiegelkabinett als ein besonders reich in den Formen des frühen Bandelwerks ausgestatteter Raum erhalten. In den Wänden und der Decke sind zwischen reicher Ornamentik Spiegel in den verschiedensten Formen eingelassen, welche reizvolle Scheindurchblicke und Spiegelungen ergeben. Selbst im Fußboden waren ursprünglich Stahlspiegel eingelassen, so daß die feste Begrenzung des Raumes nach allen Seiten aufgelöst war. Öffnet man in den Räumen an der Hofseite des Fürstenbaus die Türen, so entsteht eine Enfilade, ein in der Zeit sehr beliebter Effekt, der die Räume ineinanderfließen läßt und einerseits eine Großräumigkeit erzeugt, andererseits mit den beidseitigen Ausblicken aus den ebenfalls achsial angeordneten Fenstern sinnreiche Beziehungen zur umgebenden Landschaft herstellt. Trotzdem ist es so, daß der Fürstenbau mangels Neben- und Diensträumen und fehlender Kommunikationsgänge für die Ansprüche der Zeit sehr unhandlich und mangelhaft war. Die beiden Galerien, welche die Verbindung zu den Pavillons und den Flügelbauten vermitteln, sind nur von den fürstlichen Appartements aus betretbar, was zweifellos ein großes Hindernis war. Auch die reichen Stuckdekorationen dieser Galerien mit eingefügten Spiegeln, von Frisoni entworfen, von Diego Carlone ausgeführt, machen dies nicht wett. Bei der östlichen Galerie verstand es Frisoni, Carlone schlecht zu machen und für die Stukkierung dafür seinen Vetter Riccardo Retti anzubringen. Colomba malte das Deckenbild, beide Spiegelgalerien mit dem reichen Stuck und den zahlreichen vollplastischen, lebensgroßen Figuren sind prächtige barocke Räume. Der Westliche Pavillon enthält die Marmorsaletta, einen in italienischer Art sehr reich in Stuckmarmor und Scagliola ausgestatteten Raum mit den Emblemen des Jagdordens versehen, wonach er den Namen Jagdpavillon hat. Es schließen sich drei erlesen ausgestattete Kabinette an, das indianische Lackkabinett, das Boiserienkabinett und das Marmorkabinett. Insgesamt konnte der Pavillon nur der Repräsentation im kleineren Rahmen dienen. Anders sein Pendant, der Spielpavillon. Er war für die leichte und ungezwungene Unterhaltung bei den verschiedensten Karten- und Brettspielen gedacht. Ein runder, mit einer ausgemalten Kuppel überdeckter Mittelsaal für eine größere Spielerrunde hat kreuzförmige Tür- und Fensternischen und ist begleitet von vier Kabinetten in den Zwickeln des quadratischen Grundrisses, in welchen man in kleiner Runde spielen konnte. Zum Hauptraum sind die Kabinette durch hohe Glastüren abgetrennt, so daß der von Diego Carlone elegant stukkierte Raum sich nach allen Seiten unbegrenzt zu erweitern scheint. Colomba malte in der Kuppel allerhand leichte Phantasiearchitekturen. An den Wänden der Kabinette sind Delfter Kacheln gemalt, zum Teil mit Callot'schen Figuren, wie sie im Spiegelkabinett des Herzogs in Ton gebrannt in die Wanddekoration eingefügt waren.

Der Saal im Ordensbau war lange Zeit der größte Raum im Schloß. Erst der Festinsaal, der aber nie so wertvoll dekoriert war, übertraf ihn an Größe. Der Ordenssaal ist ein ganz im Sinne des Hochbarock mit einer korinthischen Ordnung, mit Musikgalerie und einem über den Attikafenstern in die flache Wölbung aufsteigenden illusionistischen Deckengemälde dekorierter Raum. Das Bild stammt von dem Schwager Frisonis, Pietro Scotti. Frisoni verstand es nicht nur, seine Stellung zum eigenen finanziellen Vorteil auszunützen, er ließ auch nach und nach seine ganze, zweifellos begabte Verwandtschaft an diesem Segen teilhaben.

Im gegenüberliegenden Riesenbau ist die Treppe bemerkenswert. Insbesondere im deutschen Schloßbau des Barock spielte das Stiegenhaus, bedingt durch das sehr differenzierte Empfangsritual des deutschen Hofzeremoniells, eine besonders wichtige Rolle. Die einfache Treppe im alten Corps de Logis konnte diesen Zweck nicht erfüllen, und es entstand die in fünf mehrfach gebrochenen Läufen, von Riesen getragen nach oben steigende Treppe. Ein besonders interessanter Raum ist die hinter dem Riesenbau und dem anschließenden Kavaliersbau versteckt liegende Hofkapelle. Das Herzogtum Württemberg war verhältnismäßig früh der Reformation beigetreten und hatte in der Schloßkapelle des Stuttgarter Alten Schlosses und einer Reihe nachfolgender Bauten einen recht beachtlichen Beitrag zur Entwicklung des evangelischen Predigtraumes geleistet. Die Ludwigsburger Kapelle stellt sich vom Raumtypus her einigermaßen in diese Entwicklungsreihe. Ihr

Grundriß ist mit den drei ovalen Konchen zwar ein typisch barocker Zentralraum, der aber durchaus den genannten Bedürfnissen entspricht. Er ist auch konsequent dahin verarbeitet, daß die beiden seitlichen Konchen und das Eingangsfeld Emporen enthalten. In der Chorapsis hat Frisoni einen Kanzelaltar vorgesehen, jene vom Protestantismus entwikkelte Konsequenz, die Kanzel über dem Altar anzuordnen und damit beide liturgischen Teile gleichwertig zu behandeln. Hier folgte der katholische Italiener zweifellos ganz präzisen Angaben des evangelischen Herzogs, dem der Gottesdienst trotz aller ihm nachgesagten Untugenden ein wichtiges Anliegen war und der ihn fest in das Hofzeremoniell einband. Soweit zeigt sich hier eine folgerichtige Entwicklung. Völlig neu ist die barocke Pracht, mit der der Kirchenraum ausgestattet wurde. In den Renaissancekirchenbauten des Hofs findet sich eine zwar gediegene, aber recht zurückhaltende und lehrhafte Ausstattung.

Die Gemeindekirchen von Renaissance und Barock waren in der Regel puritanisch einfach. So setzte sich Herzog Eberhard Ludwig mit seiner reich und prächtig ausgestatteten Kirche in Widerspruch zum Konsistorium und Synodus. Daß er gar noch den Altardienst gegenüber dem Kanzeldienst aufwertete — um dem Zeremoniell mehr Gewicht zu geben — vertiefte diesen Widerspruch.

Beim Bau der Kapelle hatte es ein längeres Hin und Her gegeben, welcher Baumeister wohl in der Lage sei, die Kapelle massiv einzuwölben. Frisoni selbst hatte ja keine diesbezüglichen Erfahrungen. Die Wahl fiel auf Paolo Retti, der die Gewölbe dann auch zustandebrachte. In der großen Mittelkuppel malte 1720 Carlo Carlone, der Bruder des Stukkateurs Diego, die Verehrung der Heiligen Dreieinigkeit. In den vier Halbkuppeln gab Colomba 1719–1723 die Themen der ehernen Schlange, der Darstellung im Tempel, des 12jährigen Jesus im Tempel und der Austreibung der Händler. Im Fürstenstand über dem Eingang malte Livio Retti, der Bruder des Riccardo, die Verheißung an Abraham. Thematisch folgen die Gemälde den protestantischen theologischen Auffassungen. Bei dem Reichtum und auch der Inbrunst der Durchführung spürt man, daß den Malern, die alle Katholiken waren, die strenge, gedanklich bestimmte protestantische Geisteshaltung fremd war. Dem Wunsch des Herzogs nach Prachtentfaltung kam dies entgegen. In seinem Testament hatte Eberhard Ludwig 1732 festgesetzt, daß die Kapelle stets dem evangelischen Gottesdienst erhalten bleiben müsse. Sein katholischer Neffe Carl Eugen hielt sich jedoch nicht daran und ließ die Kapelle 1746, zwei Jahre nach seinem Regierungsantritt, für den katholischen Gottesdienst einrichten, originellerweise von dem evangelischen Architekten Johann Christoph David Leger.

Das Gegenstück zur Hofkapelle, die nachmalige Ordenskapelle, war ursprünglich als „Ritter-Ovalsaal" ausgebaut und mit marmorierten Pilastern, einem alle Gewölbeteile zusammenfassenden illusionistischen Deckenbild Colombas, sowie weiteren Bildern von Livio Retti reich dekoriert. Die Stukkierung besorgten Carlo Retti und Diego Carlone. Der Saal diente dem Zeremoniell des großen Jagdordens. Die unter Karl Eugen ebenfalls durch Leger 1746–1748 erfolgte Einrichtung zur evangelischen Hofkapelle räumte mit der Pracht gründlich auf. Als dann 1798 unter Herzog Friedrich II. die eigentliche Kapelle wieder evangelische Hofkapelle wurde, wußte man mit der sogenannten Ordenskapelle nichts Rechtes mehr anzufangen.

In den beiden im Inneren sehr einfach gehaltenen Kavaliersbauten gab es, ihrer Bestimmung entsprechend, Einzelzimmer und kleinere Appartements an einem Mittelflur angeordnet, der gleichzeitig die Verbindung zu den neueren Schloßteilen bildete. So waren mit seitlichen Stichgalerien hier die zusammen mit dem Neuen Corps de Logis errichteten Bauten, der Festinsaal und das Theater angehängt. Der Festinsaal war ein riesiger, glatt verputzter Raum mit umlaufender säulengetragener Galerie und illusionistischer Ausmalung durch Baroffio. Im übrigen wurde er je nach Festlichkeit mit wechselnden beweglichen Dekorationen versehen. Offensichtlich wurde darin zuweilen auch Theater gespielt. Er war also ein variabel verwendbarer Raum. Ähnliches scheint für das gegenüberliegende Theater gegolten zu haben. Die ganze Zeit über bestanden neben dem Schloß zunächst ein, dann zwei Theatergebäude, in leichter Bauweise rasch errichtet, in welchen die zahlreichen Opern- und Komödienaufführungen und Ballette stattfanden. Auch das neu errichtete Theater im Schloß scheint (wie ähnliche zeitgenössische Beispiele) recht einfach in seiner Grundausstattung gewesen zu sein. Es wurde je nach Aufführung und Anlaß wechselnd dekoriert. Erst unter König Friedrich versah Hofbaumeister Thouret den Zuschauerraum und das Proszenium mit einer festlichen klassizistischen Ausstattung, die noch vorhanden ist. Die Bühne mit ihren ausgefeilten barocken Technikeinrichtungen und Dekorationen blieb unverändert erhalten.

Entgegen der ursprünglichen Absicht Frisonis, die beiden Verbindungsgalerien zum Neuen Corps de Logis ganz einfach und in Weiß zu halten, ließ sie der Herzog reich ausstatten. So malte Scotti in der west-

12 *Schloß Ludwigsburg, Altes Corps de Logis von Norden*

lichen Galerie ein über die ganzen 20 m Länge sich hinziehendes Dekkenbild, dessen Thema dem Sagenkreis um den Trojanischen Krieg entnommen ist, während Carlo Carlone sein Bild in der östlichen Galerie in mehrere Teile gliederte. Es ist eine Allegorie auf die Blüte der Künste und Wissenschaften unter Eberhard Ludwig. In beiden Galerien besorgten Riccardo Retti die Stukkierung und A. Corbellini die Marmorierung. Leider wurden die feinen, in den Formen des Rokoko ausgeführten Retti'schen Stukkaturen später von dem Klassizisten Thouret entfernt. Die westliche Galerie ist die Bildergalerie, die östliche dic Ahnengalerie. Das neue Corps de Logis, das durch sie an den Altbau angeschlossen ist und das nach Westen mit der Galerie und dem Festinbau zusammen einen Cour d'honneur bildet, der als einziger eine, wenn auch lockere Beziehung zwischen Schloß und Stadt schafft, ist eigentlich ein selbständig lebensfähiger Schloßbau von respektabler Größe. In seiner Grundrißdisposition sind alle die Wünsche nach Commoditée im Sinne der französischen Architektur erfüllt, die das Alte Corps de Logis vermissen ließ und die durch noch so viele Erweiterungsbauten nicht zu gewinnen waren. Geschickt an die Geländeschwelle zum höhergelegenen Südgarten geschoben ist es so, daß ebenerdig zum Hof eine Unterfahrt unter den Balkon, ein offenes Vestibül und Arkadengänge mit den anschließenden, symmetrisch angeordneten Treppenhäusern dem Empfangszeremoniell dienen. Die verbleibenden Wirtschafts- und Diensträume sowie Nebentreppen treten diskret in den Hintergrund. Auch eine Küche und Backstube befindet sich hier, während die große Hofküche in einem eigenen Gebäude westlich des Schlosses untergebracht war.

Die Bel Etage, zu erreichen über die beiden dreiläufigen Treppen, ist auf gleicher Höhe mit dem Hauptgeschoß der übrigen Gebäude, an der südlichen Langseite und an den beiden Schmalseiten aber kann man eben in den Garten hinaustreten. Beide Treppenhäuser enden im Hauptgeschoß, sind aber nach oben zur Attika durchbrochen, so daß man den Durchblick zu den dort umlaufenden Galerien hat. Zu den lichten Gängen an der Hofseite sind sie geöffnet. Auch hier zeigt sich der starke französische Einfluß, daß die Treppen nicht jene alles beherrschende Stellung haben, wie häufig im deutschen Barock. Die Gänge stellen eine repräsentative Verbindung her zwischen den Treppen, dem Gardesaal in der Mitte, den Verbindungsgalerien und den Zugängen zu den Privaträumen an den Enden des Baues. Der offizielle Zugang führt über den in Weiß gehaltenen Gardesaal mit reichen Stukkaturen

13 *Ordenssaal*

von Diego Carlone zum Marmorsaal, dem Hauptsaal des Baues, der im Oval nach Süden vorwölbt und zwei Geschosse hoch ist. Seine heutige Ausstattung in recht strengen, ja etwas nüchternen klassizistischen Formen stammt von Thouret. Unter Frisoni war der Raum wesentlich reicher ausgestattet gewesen. Es schließen sich beidseitig und symmetrisch die herzoglichen Appartements an, nach Westen das des Herzogs, das mit dem Vorzimmer beginnt. Es folgen das Audienzzimmer oder Chambre du Dais, so genannt nach dem Baldachin aus rotem Genueser Samt, und die Chambre de Conseil, ein Beratungszimmer. Danach folgte das Schlafzimmer mit einem Alkoven für das Bett. Dieser Raum, in dem das Levér stattfand, war zusammen mit dem Audienzzimmer in das Hofzeremoniell einbezogen. Nach ihm folgte das Kabinett, das heißt der Wohnraum des Herzogs, und anschließend im Eckpavillon das ebenfalls aus fünf Räumen bestehende Appartement der durch ihre Heirat mit dem Grafen von Würben mit dem Titel Landhofmeisterin beleg-

14 *Schlafzimmer der Königin Mathilde im Neuen Corps de Logis*

ten Grävenitz. Allerdings hat sie die Räume nicht mehr bezogen. Entsprechend sollten die Räume des östlichen Appartements für den Erbprinzen genutzt werden. Der größte Teil der Ausstattung aus der Zeit Eberhard Ludwigs, soweit sie überhaupt vollendet war, verschwand bei der Modernisierung unter Herzog und nachher König Friedrich. Er und seine Gemahlin, die Königin Mathilde, benutzten jeweils ein ganzes, aus zehn Zimmern und zwei Vorräumen bestehendes Appartement für sich, wobei die offiziellen Räume in der Hauptflucht, die Privatgemächer mit je einem Ausgang zu einem Privatgarten in den Pavillons lagen. Die Ausstattungen gehören zu den sehr guten Leistungen des Empire. Nikolaus von Thouret war ein Architekt, der sich auch um die qualitativ und formal gute Herstellung von Möbeln und Ausstattungsstücken in landeseigenen Werkstätten sehr bemühte, weswegen man von einem Stuttgarter oder Württembergischen Empire oder Klassizismus sprechen kann.

Zwischen den Räumen der Appartements und den Fluren der Hofseite ist nun eine Zone von Räumen eingeschoben, anschließend an die Treppenhäuser, welche, betrachtet man den Grundriß, zunächst verwirrend erscheinen, bei näherer Betrachtung sich aber in ein sinnvoll ausgeklügeltes System von Nebentreppen, Dienstzimmern, Kleiderkammern und Bedienungsgängen auflöst. Damit war erreicht, daß ein reibungsloser Service möglich war, ohne daß die Bedienten den großen Gang einerseits oder die Appartements andererseits zu durchschreiten brauchten. Die Wege der Herrschaften und der Bedienten waren damit völlig getrennt. Daß diese Dienstzone nur vom hofseitigen Gang bzw. von Lichtschächten in den Pavillons spärliches Licht erhielt, war nach damaligem Begriff kein Nachteil.

An den beiden Hauptschauseiten des Schlosses läßt sich deutlich die zeitliche Distanz ablesen, in der sie entstanden sind. Die Nordseite ganz im Sinne des Hochbarock mit dem stark dominierenden, blockartig vortretenden Alten Corps de Logis auf einer terrassierten Substruktion und über inzwischen wieder angelegten, ebenfalls terrassierten Gärten, begleitet von den locker angegliederten Pavillons und über dem flachen Dach bekrönt von einem 1719 aufgesetzten, die Mitte und die Höhenentwicklung stark betonenden Aufbau mit gebrochenem Dach und Laterne. Die Südseite im Hintergrund des ebenen Gartens breit hingelagert, mit nur flachem Relief der Fassade und dezent betonter Mitte, mehr an ein Sommerschloß gemahnend. Auch der Eingang über die seitlichen Höfe, die mit trophäengekrönten Pfeilern und reichen Grillagen geschlossen sind, zeigt einen vornehm zurückhaltenden Charakter, wogegen im Innenhof am stärksten zum Ausdruck kommt, aus wie vielen Bauteilen das Schloß besteht. Er wirkt fast wie ein diszipliniert bebauter Architekturplatz und nicht wie der Hof eines Schlosses. Einzig von der dominanten Nordfront geht eine längere Bezugsachse aus, in den zu ihren Füßen liegenden Wald hinein, wo auf einer einst von beschnittenen Baumwänden gebildeten Lichtung die „Favorita" steht, ein Lusthaus, das Frisoni 1715 plante und das 1717–1719 ausgeführt wurde. Über mehrfach gebrochene Freitreppen erreicht man einen Saal, an dem in Pavillons die Kabinette anschließen. Der stark gegliederte, lockere Bau, von vier Türmchen bekrönt, setzt sich heiter gegen den Ernst seines Bezugspunktes, des Fürstenbaues, ab.

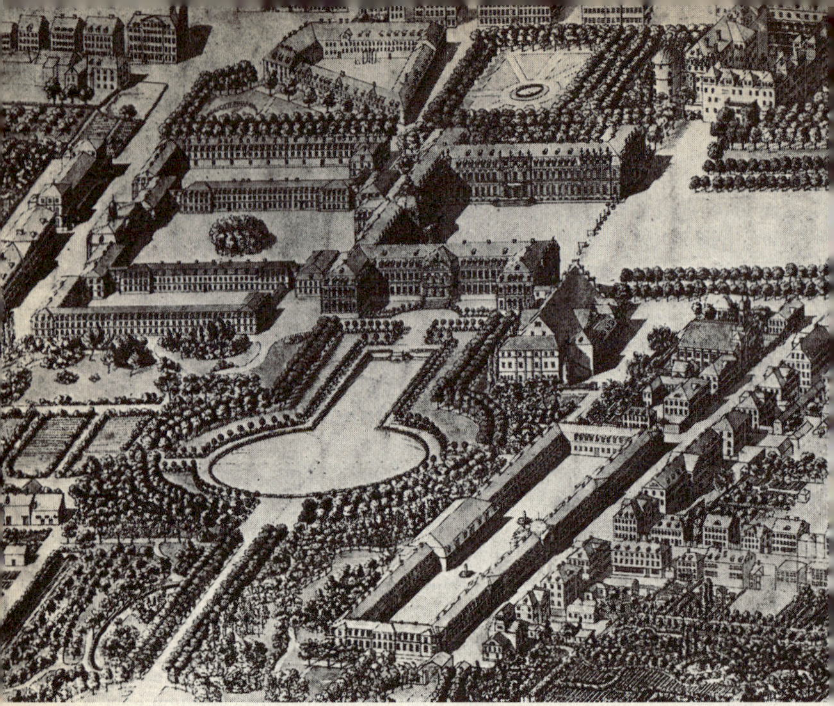

4 Neues Schloß in Stuttgart

Herzog Carl Eugen von Württemberg, der Neffe des Herzogs Eberhard Ludwig, des Erbauers des Schlosses Ludwigsburg und Sohn des Herzogs Carl Alexander, war neun Jahre alt, als sein Vater nach nur vierjähriger Regierung 1737 plötzlich starb. Von 1741 an wurde er zusammen mit seinen Brüdern am Hofe seines Oheims, des Königs Friedrich II. von Preußen, erzogen. Um die Regentschaft zu beenden, wurde er 1744 mit 16 Jahren für volljährig erklärt und übernahm die Regierung des Herzogtums Württemberg. Die „Landschaft" (ein Regierungsgremium) und die Stadt Stuttgart sahen darin die einmalige Gelegenheit, Stuttgart wieder in seine vollen Rechte als Residenzstadt einzusetzen, nachdem Herzog Eberhard Ludwig seit 1709 in dem von ihm geschaffenen Ludwigsburg residiert hatte. Ihre Zustimmung zur Volljährigkeitserklärung verbanden sie mit dem Versprechen, das ihnen der junge Herzog geben mußte, Hofhalt und Regierung wieder nach Stuttgart zu verlegen. Dieser seinerseits erklärte, unmöglich im Alten Schlosse residieren zu können. Da nach seinen Begriffen auch Ludwigsburg längst unmodern war, so verlangte er ein neues Schloß. Hierzu wiederum sagte ihm die Stadt Stuttgart ein Geschenk von 30 000 fl. zu.

Zu Anfang des Jahres 1744 verlobte sich Carl Eugen in Erlangen mit Friederike von Bayreuth, einer Nichte Friedrichs des Großen, und hielt am 10. März feierlichen Einzug in Stuttgart. Am 8. April wurde die Abmachung mit Stadt und Landschaft getroffen, und unmittelbar danach kommt bereits der für die Planung des neuen Schloßbaus ausersehene Architekt nach Stuttgart. Alles muß demnach von längerer Hand vorbereitet gewesen sein. Der Architekt ist Leopoldo Matteo Retti, ein Neffe von Donato Giovanni Frisoni, dem Baumeister des Schlosses Ludwigsburg und der jüngste der von diesem dorthin geholten Brüder Retti (Paolo Baumeister, Riccardo und Mathias Stukkateure, Livio Maler). Er erlernte bei seinem Onkel und seinem Bruder die Baukunst und wurde 1726 mit 22 Jahren Baumeister und Ingenieurleutnant in württembergischen Diensten. Zum 1. Februar 1731 erhielt er am Hofe des Markgrafen Carl Wilhelm Friedrich in Ansbach die Stelle eines Ingenieur-Captains und trat 1732 die Nachfolge des Obristbaudirektors Carl Friedrich von Zocha an. Als er 1744 auf Wunsch des Herzogs Carl Eugen vom Markgrafen nach Stuttgart beurlaubt wurde, hatte er einerseits fast 20jährige Berufserfahrung, gehörte aber andererseits zur jüngeren, modernen Architektengeneration. Ihm fiel die seltene und große Aufgabe zu, einen neuen Fürstensitz zu planen. Nach der Ankunft Rettis in Stuttgart im Juni 1744 begann eine rege Planungstätigkeit, welche sich zunächst mit dem möglichen Baugelände und der Stellung des Schlosses in städtebaulicher Hinsicht beschäftigte, sehr bald jedoch auch an die Grundrißplanung und die Gestaltung der Baukörper heranging. Die Standortwahl fiel auf den „Tiergarten", jenen an das alte Schloß anschließenden Teil des in der Renaissancezeit angelegten Lustgartens, und hier wiederum kristallisierte sich als städtebaulich am günstigsten die Lage des neuen Schlosses so heraus, daß seine Hauptachse etwa Ost–West parallel zum Alten Schloß verlief und sich nahezu rechtwinklig mit der „Siechenstraße", der heutigen Königstraße, schnitt, einer breiten Straße auf dem Wall zwischen Innenstadt und Hospitalvorstadt, die wenig zuvor am Lustgarten vorbei verlängert worden war. So entstand eine entwicklungs- und ausbaufähige Anbindung des Neubaus an die bestehende Stadt, die sich bis heute bewährt hat. Außerdem war es möglich, in diskreter Weise die vorhandenen, dem Hof gehörenden Gebäude, das Alte Schloß mit der großen Hofküche, die Kanzlei, den Prinzenbau, das Neue Lusthaus und die wenige Jahre vorher an der Neckarstraße erbaute, noch nicht bezogene Reiterkaserne als Hofnebengebäude der Neuplanung einzugliedern. Da die verschiedenen in Entwürfen erhaltenen, auf Veranlassung der sparsamen „Landschaft" unternommenen Versuche, das Alte Schloß umzubauen und zu erweitern, keine befriedigenden Ergebnisse brachten, konnte mit der Einbeziehung dieser Bauten der Landschaft und dem Geheimen Rat wenigstens ein gewisser Trost beschert werden. Bis zum 19. Februar 1745, also dreiviertel Jahre, blieb Retti in Stuttgart und arbeitete zweifellos in engster Zusammenarbeit mit dem Herzog eine Fülle von Entwürfen aus, die alle noch erhalten sind und interessante Einblicke in das Werden eines Residenzschlosses gewähren, deren Besprechung hier aber zu weit führen würde. Eine Entscheidung, die der Herzog nicht allein treffen konnte, fiel nicht.

Als Retti ein Jahr später, Anfang 1746, wieder nach Stuttgart kam, war der Herzog fest entschlossen, eine Entscheidung herbeizuführen. Mit Retti muß während dessen Abwesenheit eine Verständigung erfolgt sein, denn er bringt von Ansbach seinen Dessinateur Paul Amadé Biarelle und den Ansbachischen Bauverwalter Heerbrand zu seiner Unterstützung mit. Er legte eine Reihe von sieben Projekten vor, zeichnerisch alle gleich aufgemacht und alle signiert: „F. (ecit) Major Retty d. (e) d (ato) 24. April 1746." Dabei ist die „Nro. 3", der Vorentwurf für das Ausführungsobjekt, so aufgemacht, daß ihn jeder vernünftige Betrachter vor den anderen auswählen mußte. Am 6. Mai fiel denn auch die Entscheidung zugunsten dieses Vorschlags und damit im Sinne des Herzogs und seines Architekten. Das ausgewählte Projekt wurde sofort weiter durchgearbeitet, und im Juni 1746 liegt dann der baureife Plan vor, nachdem die Ausführung im wesentlichen erfolgte und den Retti 1751 bei Lucas in Paris in Kupfer stechen ließ.

Das Projekt zeigt ein Ehrenhofschloß, wie es die Zeit fast bindend forderte, mit einem kräftig betonten Mittelpavillon des Corps de Logis und einem nach rückwärts gegen den Hof der dort befindlichen Kaserne vortretenden Treppenhaus. Die beiden Flügel haben kräftig vorspringende Eckpavillons und ebenfalls betonte Mitten. So entsteht ein Hufeisen mit straffen Hoffronten und recht plastisch gegliederten Außen-

16 Ehrenhof nach dem Wiederaufbau

fronten. Dieser Cour d'honneur ist durch ein in geschwungenen Linien geführtes Gitter leicht abgeschlossen und setzt sich in der Hauptsache fort bis zur heutigen Königstraße als Vorhof, der durch zwei auseinandertretende, leicht an das Schloß anbindende eingeschossige Galerieflügel gebildet ist, in denen beidseitig zwei Pavillons hervortreten, auf der „rechten Seite" als Stirnbauten vor dem zu einem Festinsaal umzubauenden Neuen Lusthaus und vorne bei der Straße als Opernhaus; gegenüber als Zugang zu den dahinterliegenden Kanzleien und beim Schloß als Wache und Zugang zur Hofküche im Alten Schloß. Auch dieser Vorhof sollte durch ein Gitter gegen die Straße geschlossen werden. Jenseits der querverlaufenden Straße sollte die Hauptachse als breite Allee mit entsprechender Bebauung weitergeführt werden. Da an der Außenseite des Corps de Logis, wo nach geltender Regel der Garten sich ausdehnen sollte, der Kasernenhof war, so wurde der Garten am rechten Flügel angeschlossen. Die der Stadt zugewandte Außenseite des linken Flügels fand nach der damaligen baulichen Situation keine Achsenbeziehung zur Stadt (weshalb bei der Planung auch der von Balthasar Neumann später noch einmal aufgegriffene Versuch, den Hof gegen die Stadt zu öffnen und damit den Garten in der Achse des Corps de Logis zu haben, als untauglich verworfen worden war). Talabwärts am Rande der dicht bebauten Stadt, in Bezug zu dieser und

den bestehenden Hofgebäuden sollte so eine große, einheitlich geplante Schloßanlage entstehen, mit weiten Entfaltungsmöglichkeiten für den Hofgarten die Talaue abwärts.
Am 23. Juni 1746 genehmigte Herzog Carl Eugen die Ausführung des vorliegenden Projekts. Schon am 10. Mai war eine Residenzbaudeputation gebildet worden, und am 6. September konnte am Gartenflügel die feierliche Grundsteinlegung erfolgen. Mit diesem Flügel begannen die Arbeiten. Als nächstes kam das Corps de Logis und zuletzt der Stadtflügel. Da Leopoldo Retti nach wie vor in Ansbach bestallt war, hatte die Bauleitung der württembergische Oberbaudirektor von Leger. Zwischen beiden Architekten gab es mancherlei Differenzen, wohl vorwiegend dadurch bedingt, daß Leger selber gerne das Projekt entworfen hätte und Retti darum gram war. So ließ Leger allerhand Änderungen eigenmächtig vornehmen, bis er im Juni 1748 durch den Herzog von der Bauleitung dispensiert wurde. Retti siedelte nach Stuttgart über, da er in Ansbach für längere Zeit abkömmlich war. Bis zum Herbst 1750 waren dann Gartenflügel und Corps de Logis unter Dach. Während an diesem Teil im Inneren weitergearbeitet wurde, begann man mit dem Stadtflügel, dessen Kellergeschoß im Sommer 1751 fertig war. Am 18. September dieses Jahres starb Retti völlig überraschend, und der Residenzbau erlitt dadurch eine erste Unterbrechung. Der Herzog mußte sich nach einem adäquaten und im wesentlichen gleichgesinnten Nachfolger umsehen, den er in Paris in dem Architekten Pierre Louis Philippe de La Guêpière fand. Am 13. April 1752 wurde er, der elf

17 *Gartenseite nach dem Wiederaufbau*

Jahre jünger war als Retti, mit damals 37 Jahren bestallt. Die Übernahme des Stuttgarter Schloßbauwesens war sein erster realer Bauauftrag. Zuvor hatte er sich nur mit theoretischen Planungen befaßt. So ist es verständlich, daß er nicht nur die durch Retti vorgegebene Planung weiterführte, sondern nach Gelegenheiten suchte, eigene Gedanken und Überlegungen anzubringen. Zwar war auch Retti im Sinne der französischen Architektur geschult und vertrat diese Richtung, die gegenüber dem deutschen und österreichischen Hochbarock durch klassizistische Tendenzen geprägt war, doch war La Guêpière, der direkt von der Quelle kam, wiederum moderner als Retti. Er brachte den „goût grec" mit, einen verfeinerten Klassizismus, der sich besonders strenger Maßstäbe bediente.

Der Baufortschritt unter La Guêpière war — sicher nicht durch seine Schuld — nicht sehr zügig. Erst im Laufe des Jahres 1756 kam der Stadtflügel unter Dach. Auch wurden in diesem Jahr die 1748–1752 von Domenico Feretti gearbeiteten Figuren auf den Dachbalustraden versetzt. 1758 war der Portikus im Hof vor dem Mittelbau fertig. Bis Anfang 1753 waren im Gartenflügel und Corps de Logis die Gipser- und Schreinerarbeiten soweit fertiggestellt, daß Freskenmaler, Stukkateure, Marmorierer und Kunstschreiner an die Arbeit gehen konnten. Im Jahr 1756 wohnte der Herzog zum ersten Mal im Schloß, und zwar in den für die Herzogin bestimmten Räumen. Von ihr hatte er sich im gleichen Jahr getrennt, und sie war nach Bayreuth zurückgekehrt.

Bis 1757 waren die Bel Etage und die Attika zwischen der Mitte des Gartenflügels und derjenigen des Corps de Logis bewohnbar. An der Ausstattung der Repräsentationsräume wurde gearbeitet. In der Attika, dem niedrigeren Geschoß über der hohen Bel Etage, hatte sich der Herzog ein Winterappartement „pour les petits jours de cour", für die weniger mit offiziellem Zeremoniell belastete Winterzeit einrichten lassen. Ein ähnliches Appartement ließ er fast gleichzeitig im Schloß Ludwigsburg einrichten. Das große Zeremoniell mit seiner Prachtentfaltung war ihm weit weniger angelegen als seinem Oheim Eberhard Ludwig, und er liebte es, sich ungezwungen zurückzuziehen. Bis 1761/62 waren auch die Repräsentationsräume und das Haupttreppenhaus im Corps de Logis sowie der Rittersaal oder Weiße Saal am Kopfende des Stadtflügels fertig und benutzbar. Alles in allem keine sehr ermutigende Bilanz, die 18 Jahre nach Baubeginn ein Schloß zeigt, das nur erst eine begrenzte Zahl benutzbarer Räume enthielt. Vom Vorhof und vom Garten war noch keine Spur vorhanden. Im allgemeinen wird dieser schleppende Baufortschritt auf den chronischen Geldmangel zurückgeführt. Dies ist aber zweifellos nur eine der Ursachen. Hätte der Herzog die rasche Fertigstellung des Schlosses wirklich ernstlich gewollt, so hätte er zweifellos Mittel und Wege dazu gefunden. Zunächst, bei seinem Regierungsantritt, war es ihm ein echtes Bedürfnis, eine moderne und standesgemäße Residenz zu haben. Recht bald aber gewannen offenbar andere Neigungen die Oberhand, die weg vom offiziellen Hofhalt und mehr in das private, unverbindliche Leben führten, so daß der Residenzbau mehr zur repräsentativen Pflichtübung wurde. Was den Herzog immer interessierte und woran er tätigen Anteil nahm, das war die Gestaltung und künstlerische Durchbildung seiner Bauten.

Ob Carl Eugen nach Erreichung einer gewissen Bewohn- und Benutzbarkeit seiner Residenz 1762 ernstlich die Absicht hatte, hier seinen Wohnsitz zu nehmen oder nicht, läßt sich nicht mehr sagen, da am 13. November 1762 im Mansardenstock des hinteren Pavillons des Gartenflügels durch Unvorsichtigkeit von Handwerkern ein Brand ausbrach, welcher das ganze Dach dieses Flügels bis hin zur Mittelkuppel im Corps de Logis einäscherte und die darunter befindlichen Räume der Bel Etage so in Mitleidenschaft zog, daß sie unbrauchbar waren. Damit war der Residenzbau um Jahre zurückgeworfen und ein Wohnen darin unmöglich. Vor dem Brand waren im Stadtflügel im Anschluß an den Weißen Saal Arbeiten im Gange, eine Anzahl normaler Zimmer in größere Repräsentationsräume umzuwandeln. So war zwischen diesem und dem Mittelsaal des Stadtflügels die Spiegelgalerie entstanden, die 1763 vollendet wurde. Anknüpfend an diese, einer verstärkten Repräsentation dienenden Änderungen gingen der Herzog und La Guêpière alsbald an Wiederaufbauprojekte, die verstärkt in diese Richtung zielten. Aus einer Anzahl von Varianten kristallisierten sich entsprechende Pläne heraus, denen aber ein recht trauriger Erfolg beschieden war. Einerseits waren die Geldmittel knapp wie zumeist, andererseits gab es Differenzen mit den Ständen, und schließlich beschäftigte den Herzog ein neues Projekt, die Solitude, der sein ganzes Interesse galt und für die alle verfügbaren Mittel verwendet wurden. Da La Guêpière dort nicht erwünscht war, ließ er sich von Mai bis Oktober 1764 nach Paris beurlauben. Auch nach seiner Rückkehr stagnierten die Arbeiten am Neuen Schloß. 1767 wurden seine Bezüge rigoros gekürzt, so daß er die einzig mögliche Konsequenz zog und um seine Entlassung bat, die ihm zum 9. Januar 1768 auch — in allen Ehren und unter Beförderung zum Obristen und Zubilligung einer Pension — gewährt

18 Corps de Logis vor der Zerstörung

wurde. Fünf Jahre danach starb er 57jährig in Paris. Das Residenzbauwesen aber lag nach dem Brand zwölf Jahre lang still. Dann wurde 1775 der Architekt Hauptmann Reinhard Ferdinand Heinrich Fischer, ein natürlicher Sohn des Herzogs Carl Eugen und Schüler von La Guêpière, mit der Weiterführung beauftragt.

Man versuchte, dem widerspenstigen Objekt zunächst auf die einfachste Art beizukommen, indem man die Fertigstellung des unfertig stehengebliebenen Stadtflügels und des stadtseitigen Teils des Corps de Logis betrieb, die Brandschäden also noch liegenließ. Anstelle des verbrannten Winterappartements, das dem Herzog sehr angelegen war, tauchte der Plan für ein entsprechendes Appartement in der unversehrten Attika links des Mittelbaues auf, der offenbar auch ausgeführt wurde. Insgesamt waren der linke Teil des Corps de Logis und der Stadtflügel allerdings erst 1788 — 13 Jahre nach dem Wiederbeginn der Arbeiten — benutzbar. Also auch jetzt ging der Ausbau nicht rascher voran. Parallel dazu erfolgte die Wiederherstellung der durch Brand stark beschädigten Teile. 1783–1784 wurde der rechte Teil des Corps de Logis im Rohbau wieder hergestellt und 1784–1789 der Gar-

19 Haupttreppenhaus vor der Zerstörung

tenflügel. Seit 1785 wurde der Ausbau im Corps de Logis und seit 1791 der im Gartenflügel betrieben. Inzwischen dauerte der Schloßbau fast ein halbes Jahrhundert. Als Herzog Carl Eugen am 24. Oktober 1793, 65jährig, starb, waren diese Ausbauarbeiten noch in den Anfängen. Sein Tod erfolgte 49 Jahre nach seinem Regierungsantritt und 47 Jahre nach der Grundsteinlegung zum neuen Residenzbau. Zwar war das Schloß ohne die Vorhofbauten zum zweiten Mal in seinem Äußeren fertiggestellt, im Inneren aber bestanden weiterhin erhebliche Lücken. In seiner fast 50jährigen Regierungszeit konnte der Herzog das von ihm mit soviel Liebe geplante Schloß nie in vollem Umfang bewohnen und benutzten. Wie schon oben gesagt, ist daran nicht allein die ständige Geldknappheit schuld, vielmehr fand er größeren Gefallen an dem ungezwungeneren Leben auf seinen abgelegenen und inoffiziellen Sitzen Solitude, Grafeneck und Hohenheim. Das daraus resultierende Desinteresse am Residenzbau vermochten seine Baumeister La Guêpière und R. F. H. Fischer nicht zu durchbrechen. Retti starb, ehe diese Stimmung des Herzogs Platz griff, La Guêpière resignierte, und der weniger phantasievolle als bienenfleißige Fischer war anderweitig genügend beansprucht, als daß er den schleppenden Residenzbau als Belastung empfunden hätte.

Aus seinen zahlreich erhaltenen Planungen für die Umgebung des Schlosses geht hervor, daß weiterhin die Verwirklichung des Retti'schen Gesamtplanes mit dem großen Vorhof und dem Garten beabsichtigt war. Fischer bereichert diese Absichten um zwei geschickt gelöste städtebaulich wichtige Anschlußpunkte. Das ist einerseits die Anbindung des Stadtflügels durch einen runden Platz an die Gassen der Altstadt und andererseits die Verbindung von Vorhof, heutiger Königstraße, und der sich zur Seestraße hin ausdehnenden Stadt durch ein Gelenk aus halbkreisförmigen Zirkelbauten. Doch auch dies alles blieb auf dem Papier. Zwar blieb Fischer unter der Regierung der beiden Brüder Carl Eugens, der Herzöge Ludwig Eugen und Friedrich Eugen, im Amt, doch geschah nichts Nennenswertes in dieser insgesamt nur vier Jahre währenden Zeit. Mit der Thronbesteigung durch den Herzog Friedrich II., den Neffen Carl Eugens, im Jahre 1797 endete seine Tätigkeit als Hofbaumeister. Er mußte seinem Schüler Nikolaus Friedrich von Thouret weichen und sich auf das Landbauwesen zurückziehen. Wieder mußte der vom jüngeren Regenten als veraltet empfundene Architekt dem jüngeren und moderneren weichen.

Thouret, der neue Hofbaumeister, 30 Jahre alt, hatte Paris und Rom bereist und vertrat den Klassizismus strenger Prägung, der sich besonders unter Napoleon rasch zum sogenannten Empire entwickelte. Der Aufstieg Napoleons brachte auch für das Herzogtum Württemberg stürmische Veränderungen. Im Anschluß an den Reichsdeputationshauptschluß (25. 2. 1803) erhielt Herzog Friedrich II. die Kurwürde, und nach dem Frieden von Preßburg (26. 12. 1805) wurde Württemberg Königreich. Nach seinem Regierungsantritt bewohnte Herzog

Friedrich die noch unter Fischer vollendeten Räume im linken Teil des Corps de Logis und im Stadtflügel. Erst der für den 18. Januar 1806 vorgesehene Besuch Napoleons gab den Anstoß, die Arbeiten im noch immer unausgebauten Gartenflügel wieder aufzunehmen. In wenigen Wochen — von Anfang Dezember 1805 an — mußte Thouret die Räume der Bel Etage vom Marmorsaal bis zur Mitte des Gartenflügels fertigstellen. Die Raumflucht diente dem Kaiserpaar als Logis.

Ein weiterer Anstoß kam durch den Besuch des Königs Jerôme von Westfalen (21. 11. 1807) und seiner Frau Katharina, einer Tochter aus Friedrichs erster Ehe. Vom 10. Oktober 1807 an mußte Thouret — wieder in wenigen Wochen — die restlichen Räume der Bel Etage des Gartenflügels bewohnbar machen. Auch der Garten wird nun seit 1807, also 61 Jahre nach der Grundsteinlegung, nach Thourets Residenzbauplan in Angriff genommen. Der Vorhof ist darin nicht mehr enthalten.

Da König Friedrich meist in den von Thouret für ihn neu gestalteten Räumen im neuen Corps de Logis des Ludwigsburger Schlosses wohnte, bedurfte es solcher Impulse, um die weiterhin schleppend vorangehenden Ausbauarbeiten voranzutreiben. Ein letzter solcher Impuls erfolgte 1814, als nach dem Sturz Napoleons der Besuch des russischen Zaren erwartet wurde. Jedoch nicht alles, was damals in Aussicht genommen wurde, konnte Thouret vollenden. 1816 starb König Friedrich, und es ging Thouret wie seinem Vorgänger. König Wilhelm dispensierte den damals 49jährigen vom Residenzbauwesen, um seinerseits einen jüngeren Architekten zu wählen. Immerhin war nunmehr das Schloß in vollem Umfang benutzbar, und es war ein Hofgarten entstanden, wenn auch als englischer Landschaftsgarten und damit völlig anders, als ihn sich der erste Planer Leopoldo Retti vorgestellt hatte. Lediglich anstelle des aufgegebenen Vorhofes war noch die halbrunde Baumpflanzung — ein Provisorium — vorhanden, die 1782 zum Besuch des russischen Großfürsten in Eile entstanden war.

König Wilhelm hatte nunmehr seinen ständigen Wohnsitz im Neuen Schloß in Stuttgart. Die unter seiner Regierung vorgenommenen Arbeiten waren nur Änderungen einzelner Räume und deren Anpassung an den neuen Zeitgeschmack. Als Nachfolger Thourets wählte er den allerdings nur wenig jüngeren Italiener Giovanni Salucci, der selbst jedoch an anderen Projekten eingesetzt war, und die wenigen Räume, die während seiner Zeit neu gestaltet wurden, führte sein Mitarbeiter Ferdinand Gabriel in seinem Sinne aus. Den fein und grazil durchgebildeten Einzelheiten ist schon das Ende des Klassizismus anzumerken.

20 *Marmorsaal vor der Zerstörung*

Und so hält, noch ehe der begabte Klassizist Salucci 1840 seine Tätigkeit in Württemberg beendet, ein historisierender Eklektizismus seinen Einzug. Im linken Teil des Corps de Logis entstehen im Erdgeschoß Räume in diesem Sinne mit einem Zyklus von Fresken zur württembergischen Geschichte, gemalt von Joseph Anton Gegenbauer aus Wangen im Allgäu. Diese erfreuten sich allenthalben einer großen Beliebtheit, wohl mehr wegen der prächtigen und dramatischen Verherrlichung der Landesgeschichte, als ihrer künstlerischen Qualitäten wegen.
Die Hofbaumeisterstelle erhält nun der zeitweilige Mitarbeiter Saluccis, Johann Michael Knapp, damals schon 49 Jahre alt. Er läßt weitere Räume im Sinne des Historismus umgestalten. Vor allem verfälscht er zwei noch von La Guêpière stammende Räume, das Vestibule im Corps de Logis und die sogenannte Eiserne Treppe im Stadtflügel. Durch harte Fassungen mit Gold nahm er den Räumen ihren ursprünglichen edlen Charakter. Das Treppenhaus im Stadtflügel hatte unter La Guê-

21 *Spiegelgalerie vor der Zerstörung*

pière nur eine provisorische Holztreppe erhalten, die nun durch eine gußeiserne Stiege ersetzt wurde, die ganz zu dem „gußeisernen" Charakter paßte, den Knapp seinen Räumen gab. Er bestimmte auch die endgültige Gestaltung des Schloßplatzes, wie nun das Gelände des Vorhofes hieß.
Unter Aufgabe der Fortführung der Hauptsache des Schlosses hatte Thouret in seinem Residenzbauplan vorgesehen, jenseits der Königstraße, dem Schloß gegenüber ein Theater zu erstellen. Immerhin hätten dann beidseits dieses freistehenden Baues noch Straßen die Verbindung zu den neuen Stadtteilen herstellen können. Knapp plante an dieser Stelle den langen Riegel des Königsbaues mit Kolonnaden, die kulissenartig eine betonte Schließung des Platzes brachten. So bröckeln allmählich die barocken Grundideen eines absolutistischen Fürstensitzes ab, und das Residenzschloß wird zum Wohnhaus des Mon-

22 *Stuttgart, Neues Schloß, Haupttreppenhaus nach dem Wiederaufbau*

archen, der innerhalb der inzwischen entstandenen konstitutionellen Monarchie nicht mehr jene absolute und repräsentative Stellung einnimmt wie der Fürst des 18. Jahrhunderts.

Der Nachfolger des 1856 verstorbenen Knapp wurde Joseph von Egle. Er setzt die historisierenden und bürgerlichen Tendenzen fort. So verdarb er den von La Guêpière im strengen „gout grec" konzipierten Weißen Saal durch reichliche Vergoldungen und durch Deckenbilder von der Hand Gegenbauers. Der Kronprinz Karl, dem König Wilhelm 1846–1850 in Verlängerung des Königsbaues, am Ende der Planie, durch den Hofkammerbaumeister von Gaab einen stattlichen Palast errichten ließ, wohnte mit seiner Gemahlin Olga trotzdem meist im Schloß und zwar im Stadtflügel, zwischen der eisernen Treppe und dem Corps de Logis, wobei die Räume des Kronprinzen im Erdgeschoß und diejenigen der Kronprinzessin in der Bel Etage lagen.

Als Karl 1864 nach dem Tod seines Vaters die Regierung antrat, ließ er für sich und die Königin Olga den vorderen Teil des Gartenflügels neu einrichten. Diesen Bauteil hatte Thouret 1807 in Eile eingerichtet, so daß der Neuausstattung keine wertvollen Dekorationen geopfert wurden. Im Erdgeschoß entstand unter Egles Leitung für den König eine Suite von pompösen Räumen im Stile der eklektizistischen Gründerzeit, während die Räume der Königin in der Bel Etage darüber in einem Neurokoko dekoriert waren, das einer gewissen Grazie nicht entbehrte. Der Mittelsaal zum Garten, der „Sommerspeisesaal", wurde zum großen Gesellschaftsraum der königlichen Gemächer. Anstelle des auf Konsolen vorkragenden Balkons gegen den Garten errichtete von Egle eine weit vortretende Altane, die einen bequemen Aufenthalt im Freien vor dem Saal ermöglichte, jedoch der Gartenfront einiges von ihrer Eleganz nahm.

Die Königin Olga scheint die Sonne und den Aufenthalt im Freien geliebt zu haben. Ihr bevorzugtes Zimmer war das an der gegen den Hof am Schloßplatz gelegenen Südwestecke des Flügels, das sie ihr „Sonnenzimmer" nannte. Auch mußte von Egle an der Nordwestseite des Flügels gegen den Garten zu einen „Wintergarten" anbauen, von dem aus man von den königlichen Gemächern über eine Treppe in eine ebenerdige Halle und von dort in den Garten gelangte. Eine Zierde war der kastenförmige Anbau für das Schloß nicht. Den Schloßgarten, den König Friedrich seit 1807 hatte anlegen lassen, der mit einem vom Schloß zu einem ovalen See führenden Kanal auf dieses Bezug nahm und sich ansonsten als englischer Landschaftspark kilometerlang auf dem Gelände des frühmittelalterlichen Stutgartens das ganze Nesenbachtal hinab bis zum Neckar bei Berg hinzog, war jedermann frei zugänglich. Um nun den königlichen Herrschaften einen ungestörten Privatgarten zu schaffen, entstand jetzt der ganz mit nach außen geschlossenen Wandelgängen umzogene Rosengarten. Begünstigt wurde dies dadurch, daß man 1865 zur Schaffung einer Talquerverbindung den Kanal zugeschüttet und den Schloßgarten durch die „Schloßgartenstraße" zerschnitten hatte. So wurde alles immer mehr bürgerlich. Die Nordseite des Schloßplatzes war — dort wo einst die Vorhofgalerie sein sollte — mit Bürgerhäusern bebaut. Diese Tendenzen gingen dann

23 *Weißer Saal vor der Zerstörung*

soweit, daß König Wilhelm II., der Regierungsnachfolger und Neffe des Königs Karl, das Schloß zwar mit Warmluftheizungen und elektrischem Licht ausstatten ließ, es aber nur noch bei offiziellen Anlässen benutzte. Seine Wohnung behielt er im sogenannten Wilhelmspalais an der Neckarstraße, hinter dem Schloß und an der Planie dem Kronprinzenpalais gegenüberliegend. Diesen Bau ließ König Wilhelm I., nach dem er auch den Namen hat, 1835–1839 durch Giovanni Salucci für die damals noch minderjährigen Prinzessinnen Marie und Sophie als Doppelwohnhaus errichten. Da aber noch vor seiner Fertigstellung die Prinzessin Sophie Königin der Niederlande wurde, so wohnte einige Zeit die Prinzessin Marie, vermählte Gräfin Neipperg allein dort, bis der Bau durch Erbschaft an den Prinzen Wilhelm, nachmaligen König Wilhelm II. fiel. So endet die Geschichte eines mit großen Ideen und Erwartungen begonnenen Residenzbaus recht glanzlos. Ein prächtiges Hofleben und rauschende Feste hat der Bau nie gesehen. Die Hofbälle, die unter den Königen Karl und Wilhelm II. jährlich veranstaltet wurden, waren mehr Pflichtübungen als große Feste. Nach dem Ende des Ersten Weltkriegs und damit der Monarchie wurde der Bau dem württembergischen Landesmuseum unterstellt, und die Räume konnten besichtigt werden. Nach schweren Zerstörungen zu Ende des Zweiten Weltkrieges und einem langen Ringen zwischen Abbruch und Wiederaufbau erstand der Bau neu. Im Corps de Logis konnten die wichtigsten Räume in alter Form wieder hergestellt werden. Sie dienen der Landesregierung als Repräsentationsräume und sind zur Besichtigung frei. In den Flügeln haben Kultus- und Finanzministerium Einzug gehalten. Damit ist dieser wichtige Bau dem Stadtbild und dem Stadtgefüge erhalten geblieben.

5 Schloß Monrepos

Das am Rande des großen, zum Schloß Ludwigsburg gehörigen Landschaftsbezirks gelegene Schloß Monrepos ist eine Schöpfung des Herzogs Carl Eugen von Württemberg und seines damaligen Hofbaumeisters Pierre Louis Phillipe de La Guêpière. Schon seit dem 16. Jahrhundert bestand in dem beliebten Jagdgebiet um Eglosheim ein künstlich aufgestauter See für die Wasserjagd. Als unter dem Herzog Eberhard Ludwig zu Anfang des 18. Jahrhunderts aus dem nahegelegenen Erlachhof die große Schloßanlage Ludwigsburg entstand, rückte auch der See bei Eglosheim in den Interessenkreis. Neben dem bereits vorhandenen „Seehaus" für die Boote entstand ein Jagdpavillon, der an das Achsensystem angebunden wurde, das vom Schloß ausstrahlte und mit Wegen und Alleen die Umgebung auf dieses bezog. Vom nördlichen sogenannten alten Corps de Logis des Schlosses Ludwigsburg führt eine Achse zum Schlößchen Favorite. Dieses dient als Gelenk für den Strahl, der den Eglosheimer See tangiert und damit das „Seehaus" in den Schloßbezirk einband. Als Herzog Carl Eugen 1744 mit 16 Jahren frühzeitig zur Regierung gelangte, beschäftigte ihn der Neubau einer Residenz in

Stuttgart, der 1746 begonnen, zunächst auch rasch voranschritt. Der Herzog residierte derweilen in Ludwigsburg. 1751 starb überraschend sein Architekt Leopoldo Retti, und im folgenden Jahr trat La Guêpière an seine Stelle. Doch bald wandte sich der Herzog anderen Dingen zu. Er war dem strengen Hofzeremoniell und seinen repräsentativen Verpflichtungen abhold, liebte es, zu reisen, auf die Jagd zu gehen und mit einem kleineren Kreis in ungezwungener Umgebung zu leben. So hatte er das von Herzog Christoph erbaute Renaissance-Jagdschloß Grafeneck bei Münsingen so erweitern lassen, daß er sich zur Jagdsaison dort längere Zeit mit einem begrenzten Gefolge aufhalten konnte. So geriet der Residenzbau in den Hintergrund. 1756 trennte er sich von seiner Gemahlin, die nach Bayreuth zurückkehrte, und hatte nun zumeist die Sängerin und Schauspielerin Demoiselle Bonafini um sich, mit der er sich offensichtlich sehr gut verstand und die auf sein reges, stets unternehmendes, zuweilen fast unstetes Wesen einzugehen vermochte. Auf solchem Hintergrund wird man den Entschluß des Herzogs sehen müssen, sich durch La Guêpière anstelle des bescheidenen Seehauses ein Lustschloß bauen zu lassen. Ein solches war — nach dem Verständnis der Zeit — dazu gedacht, den Monarchen mit einer begrenzten, ausgewählten Gesellschaft vorübergehend aufzunehmen. Seine Lage war zweckmäßig am Rande des Residenzbezirks, da man so aufwendige Nebengebäude ersparte und die Versorgung von der Zentrale aus erfolgen konnte. Einige Stallungen genügten. Diese Anforderungen erfüllte die Lage am Eglosheimer See sehr günstig, und so entstand Anfang 1760 das Projekt, das noch im gleichen Jahr in Angriff genommen wurde. Daß Bauleitung und Finanzierung dem Residenzbauamt auferlegt, die Mittel also dort abgezogen wurden, zeigt das geringe Interesse des Herzogs am Residenzbau. Die Arbeiten am neuen „Seehaus" — wie das Projekt genannt wurde — schritten zügig voran. Schon im November 1761 wurde das Richtfest gefeiert, und Ende 1762 war das Schloß im Äußeren fertig, so daß seit Anfang 1763 an der Innenausstattung gearbeitet wurde.

La Guêpière hatte einen Bau entworfen, der weitgehend die in der zeitgenössischen französischen Architektur für eine Maison de plaisance geltenden Regeln und Forderungen erfüllte. Der unregelmäßig geformte See wurde stark vergrößert, mit Wällen und Alleen rechteckig gefaßt, so daß er eine Größe von 340×680 m hatte. Hierzu wurde auch der Wasserspiegel angehoben. In den See, den die von der Favorite herkommende Achse tangierte, wurde eine Terrasse künstlich vorgeschoben, in deren Mitte, etwas abgerückt vom Wasser, das Schloß thronte, beidseits begleitet von Pomeranzengärten, die mit hohen Mauern umgeben waren und deren Parterres so von Stützenreihen umzogen waren, daß sie im Winter mit vorgefertigten Dächern abgedeckt und sogar beheizt werden konnten. Das Schloß stand auf einem etwas überhöhten Sockel über dem Wasserspiegel und so abgerückt, daß es sich nicht im Wasser spiegelte und bis zu seinem Fußpunkt nur aus der Entfernung zu überblicken war. Der See ersetzte hier das große Parterre und war nicht unlösbarer Bestandteil des Entwurfs. Aus dem eingeschossigen Bau trat an der See-(sprich Garten-)seite der Mittelsalon mit kräftiger Rundung hervor, durch korinthische Dreiviertelsäulen entsprechend betont. Über einer Attika wölbte sich die Kuppel, die ursprünglich mit getriebenen und vergoldeten Spangen belegt war. Die vierachsigen Flügel sind streng und einfach behandelt. Sie tragen steile Mansarddächer mit runden Gauben. An der Landseite, wo die im Viertelkreis vortretenden Flügel einen Hof andeuten, wurde von der Allee her ein repräsentativer Zugang geschaffen mit breiten Auffahrtsrampen für den Herzog und einer mittleren Treppenanlage für die Kavaliers. Nach den Schmalseiten gegen die Pomeranzengärten zu schwingen in Viertelkreisen Risalite aus.

Die innere Disposition eines Lustschlosses erforderte vom Architekten mehr Geschick und Können als die einer Residenz, mußten doch auf kleinstem Raum alle wichtigen Teile für einen wenn auch kleinen Hofhalt vorhanden sein. Dies ist La Guêpière im Seehaus voll geglückt. Von der Landseite, wo sich jenseits der Allee noch der ältere „Seegarten" befand, betrat man das Vestibule, das nach außen durch korinthische Doppelsäulen und eine Attika markiert ist. In der Mittelachse folgt der ovale, gegen den See vortretende Hauptraum, der Salon à manger, dem an der Seeseite einerseits die große Salle de Compagnie und andererseits das Cabinet de conversation angeschlossen sind, also die Gesellschaftsräume. Anschließend an das große Gesellschaftszimmer folgen im (vom Eingang her gesehen) linken Flügel ein Boudoir, das Cabinet d'affaires und ein Vorzimmer, während auf der anderen Seite noch an der Ecke der Seeseite das Schlafzimmer des Herzogs angeordnet ist. Im Seitenrisalit folgt das Toilettenzimmer und an der Hofseite ein weiteres Schlafzimmer, sowie eine Garderobe. Die beiden Schlafzimmer sind so angeordnet, daß ihre jeweils an der Zimmerrückseite befindlichen Alkoven zusammenstoßen und keine Trennwand haben, so daß beide Betten unmittelbar nebeneinander stehen. Die

Haupttreppe liegt rechts neben dem Vestibule, vor den Schlafgemächern. Gegenüber ist eine versteckte Diensttreppe. Um genügend Raum für das Gefolge zu gewinnen, sind die Räume in den Seitenrisaliten und an der Landseite niedriger gehalten. So entsteht hier ein Mezzanin mit quadratischen Fenstern über den Hauptfenstern. Anstelle dieser hat die Seeseite Figurennischen. Weiterer Raum ist dann im Mansardengeschoß vorhanden. Die kleinen Mezzanin- und Mansardenzimmer sind erstaunlich geglückte und anheimelnde Räume. Da die Obergeschosse der Flügel getrennt sind durch das Eingreifen des Mittelsaals und des Vestibules in die Attika, legte La Guêpière zwischen der Oberzone beider Räume einen schmalen Verbindungsgang an. Damit konnte der Service von einem Teil des Baues zum anderen gelangen, ohne die Bel Etage zu kreuzen. In dieser selbst sind degagierte Gänge zum diskreten Service und zum ungesehenen Beheizen der Öfen vorhanden. Im Untergeschoß waren Wirtschafts- und Küchenräume angeordnet. So war alles vorhanden, was eine kleine Hofgesellschaft benötigte.

Das Seehaus war als Jagdhaus gedacht, wie aus den Themen der begonnenen Dekorationen hervorgeht. Eine Diana mit Bogen und Jagdhund bekrönte die Plattform der Kuppel. Schon 1764 kamen die erst ein Jahr zuvor begonnenen Ausbauarbeiten ins Stocken, und 1765 wurde der Bau endgültig stillgelegt. Der Eglosheimer Seeknecht Bolay wurde zur Bewachung des leerstehenden Baues angestellt. Gründe für die so rasche Einstellung des Bauwesens gibt es mehrere. Die chronische Geldknappheit spielte immer eine nicht unbedeutende Rolle. Außerdem scheint das Einvernehmen zwischen dem Herzog und seinem Hofbaumeister in jener Zeit nicht das beste gewesen zu sein. (La Guêpière läßt sich 1764 für längere Zeit nach Paris beurlauben.) Der Hauptgrund ist aber zweifellos der, daß im Herbst 1763 der Herzog den Plan für ein neues Unternehmen, die Solitude, gefaßt hatte, das nach seinen eigenen Ideen entstehen sollte und seine ganze Aufmerksamkeit und alle verfügbaren Mittel beanspruchte. Selbst Baumaterialien wurden von den Baustellen in Stuttgart und dem Seehaus abgezogen. So versank letzteres in einen Dornröschenschlaf.

Erst 36 Jahre später zog wieder Leben in den halbfertigen Bau ein. Herzog Friedrich II., der nachmalige Kurfürst und dann König von Württemberg, interessierte sich für das Lusthaus. Seit seinem Regierungsantritt 1797 wohnte er teils im Schloß Ludwigsburg, teils im ebenfalls halbfertigen Neuen Schloß in Stuttgart, dessen Innenausbau er nach und nach vollenden ließ. Er zeichnet sich gegenüber seinen Vorgängern

25 *Mittelsalon*

und Nachfahren dadurch aus, daß er im Schloßbau nichts Neues begann, sondern Vorhandenes verwertete und Angefangenes vollenden ließ. Er beauftragte seinen Hofbaumeister Nikolaus Friedrich von Thouret mit der Fertigstellung des Baues. Da dieser durch seine Errichtung auf der in den See hinein aufgeschütteten Terrasse durch aufsteigende Feuchtigkeit gelitten hatte und da außerdem die neue Zeit mit der noch völlig barock konzipierten Anlage wenig anzufangen wußte, war es nicht allein mit der inneren Vollendung getan. Den schon zuvor wegen Anlegen der Landstraße nach Bietigheim um fast ein Drittel seiner Länge gekürzten See ließ Thouret kurzerhand leerlaufen und legte einen neuen an mit nur etwa der halben Wasserfläche und in „natür-

lichen Formen", also dem englischen Landschaftsgarten entsprechend. Außerdem tiefte er den neuen See in den alten Seeboden ein. Damit war der Wasserspiegel so weit abgesenkt, daß das Untergeschoß und die Grundmauern des Schlosses oberhalb des Wasserspiegels lagen und austrocknen konnten.
Dadurch erfuhr allerdings die Seeseite eine grundlegende Veränderung, denn einmal war der neue See schmäler als der alte, so daß das Schloß nicht mehr in diesen vorgeschoben war, zum anderen lag das Hauptgeschoß nun reichlich ein Stockwerk über dem Seespiegel. Thouret legte dem freigewordenen Untergeschoß eine Altane auf Arkaden vor, die er auch um die Flügel herum zu führen gezwungen war, wodurch das Eingeschossige der ersten Konzeption nur noch von der Landseite her zu spüren ist. So sehr man diese grundlegende Veränderung der La Guêpière'schen Konzeption bedauern muß, so wird man sagen müssen, daß der Bau nur durch diese Eingriffe überhaupt erhalten blieb. In dem neuen See entstanden mehrere künstlich aufgeschüttete Inseln. Auf der einen befindet sich ein Amortempel, auf einer anderen eine gotische Kapelle, beides Bauwerke, die noch unter Carl Eugen im sogenannten Englischen Dörfle in Hohenheim entstanden waren. So hielt die Romantik Einzug in Monrepos, wie Friedrich das Seehaus nun benannte, nach einem Landhaus, das er als Generalgouverneur von Finnland bewohnt hatte. Zwei Offiziantenhäuser beidseits des Schlosses an der Allee und eine Meierei, die die Alleeachse auffängt, ergänzen das neue Programm.

Bei der Innenausstattung blieb das erhalten, was schon unter La Guêpière entstanden war. Fast unverändert zeigt das Vestibule seine Raumvorstellung, und im Mittelsaal sind die Stukkaturen der Kuppel und das Deckenbild von Nicolas Guibal von 1763 voll erhalten. Die Wandflächen unter dem Hauptgesims waren leer geblieben. Thouret fügte sich mit korinthischen Pilasterpaaren und einem Guirlandenfries gut in das Vorhandene ein. Schließlich waren noch die Decken der beiden Räume neben dem Mittelsaal vorhanden. Ansonsten hatte Thouret freie Hand. Er stattete die Räume in jenem strengen, disziplinierten Empire aus, das — da er alles, auch Mobiliar und Zubehör, entwarf — so sehr seine Handschrift trägt, daß man mit gewissem Recht von einem „Stuttgarter Empire" spricht. Die ursprüngliche Raumnutzung wurde z. T. verändert. So gab das Schlafzimmer des Herzogs einen Gesellschaftsraum ab, aus der zugehörigen Garderobe wurde eine Bibliothek und aus dem zweiten Schlafzimmer ein Ruheraum. Der Gedanke, hier

26 Seeseite. Der Wasserspiegel lag ursprünglich etwa auf Höhe der Arkadenscheitel

übernachten zu wollen, war aufgegeben. Thourets Ausstattungen fügen sich dem von La Guêpière angeschlagenen Ton des „Goût des Grècs et des Romains" fast nahtlos ein, so daß man im Inneren von Vollendung und nicht von Veränderung sprechen kann.
Friedrich scheint sich gerne hier aufgehalten zu haben, und so ließ er 1804 einen Festinbau in „ägyptischem Geschmack" errichten mit drei Sälen und einigen Zimmern zum Aufenthalt der fürstlichen Familie. Der Bau stand gegenüber der Landseite des Schlosses am Ende des alten Seegartens. Doch reichte dies nicht aus. 1808, bereits als König,

ließ er das von Carl Eugen in Grafeneck errichtete Theater hierher versetzen. Achsial hinter dem Festinbau gelegen, war es mit diesem durch einen Gang verbunden. Es war möglich, die Rückwand zu entfernen, so daß die Landschaft in die Szenerie einbezogen werden konnte. Höhepunkt dieses Theaters war die Aufführung der Oper „Die Eroberung von Mexico" von Spontini in Gegenwart des Kaisers Franz von Österreich und des Zaren Alexander von Rußland, wo in Kampfszenen mehrere hundert Reiter mitwirkten. Doch mit dem Tode König Friedrichs sank Monrepos wieder in seine Vergessenheit zurück. König Wilhelm I. ließ 1818/19 Festinbau und Theater, wohl ihrer hohen Reparaturanfälligkeit wegen, abbrechen. Als Anziehungspunkte übrig blieben der romantische See mit seinen Ruderbooten — anstelle der original venezianischen Gondeln aus Carl Eugens Zeit — und die Meierei mit einer gut frequentierten Gastwirtschaft (inzwischen zum Schloßhotel geworden). Das Schloß Monrepos ist eines der wenigen Schlösser, die 1918 nicht an den Fiskus fielen, sondern im Besitz des württembergischen Herzogshauses verblieben.

6 Schloß Solitude

Bei einer Herbstjagd im Jahre 1763 in dem waldreichen und durch Jagdschneisen erschlossenen Jagdgelände oberhalb von Gerlingen und Weilimdorf, zwischen Stuttgart und Ludwigsburg gelegen, faßte Herzog Carl Eugen den Entschluß, an einer Stelle des steil nach Norden abfallenden Geländes, die weit ins Land blickte, sich einen Wohnsitz zu errichten, der seinen besonderen persönlichen Bedürfnissen entsprach. Inzwischen war er ein Mann von 35 Jahren, den seine Gemahlin sieben Jahre zuvor verlassen hatte und der dem offiziellen Hofleben mit seinen Pflichten und seinem Zeremoniell abhold war. Die nach seinem Regierungsantritt begonnene Residenz in Stuttgart, deren Bau sich mangels seines Interesses und aus Geldknappheit seit nunmehr 17 Jahren hinschleppte, war durch den Brand vom Herbst 1762, der gerade die bewohnbaren Teile betraf, noch uninteressanter geworden. Das seit drei Jahren laufende Bauwesen am Seehaus bei Ludwigsburg versprach nicht jene Unabhängigkeit vom Residenzschloß, die der Herzog sich erhofft hatte. So entstand ein Plan für einen Wohnsitz, der unter dem Zeichen einer Maison de plaisance, einem Lust- und Jagdschloß, eine Residenz werden sollte mit allen dafür erforderlichen Teilen, aber so locker aufgebaut, daß man darin ungezwungen leben konnte. In der Zeit, als Carl Eugen vor seinem Regierungsantritt am Hofe Friedrichs II. von Preußen erzogen wurde, konzipierte dieser die Grundideen für sein Schloß Sanssouci bei Potsdam selbst, um sie dann von seinem Architekten von Knobelsdorff in die Wirklichkeit umsetzen zu lassen. Ähnlich ging nun Carl Eugen vor. Die zweifellos von ihm selber stammenden Grundgedanken begann er mit Hilfe seines begabten Hofmalers Nicolas Guibal und des Maurermeisters Weihing in die Tat umzusetzen. Sein Hofbaumeister La Guêpière, mit dem er derzeit nicht das beste Verhältnis hatte, wurde übergangen, was diesen veranlaßte — da das Residenzbauwesen ohnehin stagnierte und die Arbeiten am Seehaus eingestellt wurden —, sich 1764 für einige Zeit nach Paris beurlauben zu lassen. So entstand seit Frühjahr 1764 eine vielteilige Schloßanlage; im Zentrum an der höchsten Stelle des Geländes mit weitem Blick ins Land und von weither sichtbar das eigentliche Schloß, auf einem Arkadenunterbau, der das Sockelgeschoß umzieht, wie schwebend wirkend, mit stark überhöhtem, ovalem Mittelteil und einer Kuppel. Vor dem Schloß, bis zum Abhang, war ein halbkreisförmiger, mit Figurenbalustraden gefaßter Platz angelegt, von dem aus eine Doppelallee mit dazwischen liegenden Kaskaden den Berg hinabführte und in der Ebene weiter in einer fast 12 km langen geraden Straße auf das Schloß Ludwigsburg zuging. So wurde auch dieses Projekt in den großen, die ganze Landschaft durchziehenden Gesamtzusammenhang eingebunden. Das Schloß, für dessen Gestalt es einige Vorbilder gibt, die Carl Eugen zweifellos kannte — neben dem allgemeinen Vorbild von Sanssouci besonders das Lustschloß Montplaisir bei Erlangen, das der Familie seiner Frau gehörte —, gibt sich in seiner äußeren Erscheinung als Maison de plaisance, wie etwa auch das Seehaus (Monrepos), wenn auch weniger „modern". Im Gegensatz zu den genannten Vorbildern ist es aber kein echtes Lustschloß. Von einem solchen wurde verlangt, daß es für den zeitlich begrenzten Aufenthalt einer kleineren Hofgesellschaft alles Nötige enthielt. Diese Forderung erfüllt das Schloß Solitude nicht. Im Hauptgeschoß, über die großen ausschwingenden Freitreppen zugänglich, enthält es den Mittelsaal, in einem Flügel, diesem zugeordnet, eine Reihe von Gesellschaftszimmern und Kabinetten, im anderen Flügel die repräsentative Wohnung für einen hochgestellten Gast. Im Sockelgeschoß darunter befindet sich das gleiche Appartement, etwas weniger reich dekoriert, mit einer internen Treppe verbunden, für die Gemahlin dieses illustren Gastes. Im Entresol sind Dienerzimmer diesen Appartements zugeordnet. Unter den Gesellschaftsräumen befinden sich an einem Korridor mit gemeinsamer Halle lauter Einzelzimmer für das Gefolge des genannten Gastes. Eine offene Durchfahrtshalle führt unter dem Mittelsaal hindurch, durch welche der Blick der langen Allee hinaus ins Land folgen kann. So ist von seiner Disposition her das Schloß Solitude kein Lustschloß, sondern das isoliert gestellte Corps de Logis einer Residenz. Daß es als solches gedacht war, zeigen die beiden Zirkelbauten, die dem Schloß hinterlegt sind und entsprechend dem Paradeplatz vor dem Schloß hier auf der Hochebene einen Hof bilden, von dem aus die unter dem Schloß hindurchführende Hauptachse zwischen diesen beiden Flügelbauten hindurch in den großen, ebenfalls neu angelegten Garten und weiter in die Wälder führt. Diese weit ausschwingenden, eingeschossigen Flügel sind an ihren, seitlich des Schlosses ebenfalls aus der Ferne sichtbaren Enden zweigeschossig und biegen nach rückwärts zum Garten um. In der parallel zum Hang laufenden Querachse folgt beidseits eine ebenfalls segmentförmig zurückschwingende Kette von kleinen, eingeschossigen Gebäuden.

Die beiden Zirkel- oder Flügelbauten sind nichts anderes als die Avantcorps, die Flügel einer hufeisenförmigen Schloßanlage, nur losgelöst vom Hauptbau und diesem stark untergeordnet. Konsequenterweise enthält der rechte Flügel (Blick vom Schloß ins Tal), auch Kavaliersbau genannt — so wie auch die Anordnung im Neuen Schloß in Stuttgart war, — die Wohnung des Herzogs, mit zugehörigen Gesellschafts- und Speiseräumen, sowie im rückwärtigen Teil, direkt von den herzoglichen Räumen zugänglich, die Hofkapelle. Außerdem ist eine große Zahl von Gäste- und Kavalierszimmern vorhanden. Der linke Flügel, der Offizienbau, enthält eine Gemäldegalerie, gleichzeitig als Kommunikationsgalerie zum Theater gedacht, das sich als Pendant zur Kapelle in diesem Bau befand. Außerdem waren hier die Räume, in denen das Tafelgeschirr und das Silber aufbewahrt wurden, sowie zahlreiche Wohnräume für Gefolge und Bediente.

An den Kavaliersbau schließen sich in der Kette der kleinen Gebäude erst der Sommerspeisesaal an, sodann das herzogliche Billard und das Kavaliersbillard, also Spielpavillons. Die übrigen sieben Pavillons dienten als Edelknabenwohnungen. Diejenigen der Gegenseite waren für die Hauswirtschaft bestimmt. Nacheinander enthielten sie die herzogliche Küche, die Back-, Brat- und Ritterküche, sowie das Küchenmeistergewölbe, die Wohnung des Maître d'Hôtel und die „Hausschneiderei", das ist die Verwaltung des gesamten Inventars. Damit ist der Rahmen abgesteckt für die Bedürfnisse einer Residenz, die aber im Gewande des Lustschlosses auftritt.

Der Bau der beiden Flügel und der kleinen Gebäude wurde besonders rasch betrieben, so daß der Herzog mit seinem Gefolge schon 1766 einziehen konnte. Das Schloß selbst war damals im Rohbau vollendet. Nun war Carl Eugen in seinem Element, mitten in der nach seinen Ideen wachsenden Baustelle war er von morgens früh bis zur Dämmerung rastlos tätig, die Arbeiten zu organisieren und zu beaufsichtigen. Dabei gingen die Ideen immer weiter, über das ursprüngliche, eben beschriebene Programm hinaus. Das Anlegen der Gärten, für die Wald gerodet werden mußte, bereitete einige Schwierigkeiten, da der Boden dafür recht mager und ungeeignet war. Auch sieht man dem zwar nach regulären Gesichtspunkten disponierten Gartenplan an, daß er keinem einheitlichen großen Konzept entstammt, sondern aus einer Aneinanderfügung immer neuer Ideen entstand. Auch weitere Bauten wurden in den einzelnen Gartenteilen errichtet, so der Lorbeersaal, ein 115 m langer Saalbau mit vier ineinandergehenden, reich ausgestatteten Festräumen. Auch das bei den „Fünf Eichen" etwas seitab gelegene Chinesische Haus mit einem runden Mittelsalon und darum gruppierten Kabinetten muß ein interessanter Bau gewesen sein. An den vier Ecken des Hauptgartens entstanden die „Plantagenhäuser" mit eigenen Gärtchen, bestimmt, sich zurückzuziehen, ganz wie es sich für eine Residenz gehörte. Eines war für den Herzog bestimmt, das andere für seinen jüngsten Bruder Herzog Friedrich Eugen, Statthalter von Mömpelgard, mit dem er sich — im Gegensatz zum mittleren Bruder Ludwig Eugen — sehr gut verstand und der ihn des öfteren besuchte. Für dessen Gemahlin Sophie Dorothea geb. von Brandenburg-Schwedt war das dritte Häuschen da und das vierte für Demoiselle Bonafini, die ständige Begleiterin und Vertraute des Herzogs. Sie verstand es, auf seine stets neuen Unternehmungen einzugehen, begleitete ihn auf seinen Ritten und Jagden stets zu Pferd, mit Hosen bekleidet im Herrensattel reitend. Auch war sie stets bereit, an den Scherzen und Späßen mitzuwirken, die der Herzog zuweilen mit seiner Hofgesellschaft oder seinen Gästen trieb; eine Gefährtin, die dazu angetan war, die Jahre auf der Solitude — so glaubt man wenigstens den zeitgenössischen Überliefe-

28 Nordseite, Hauptschauseite zum Tal

rungen entnehmen zu können — zu den glücklichsten und ungezwungensten im Leben des Herzogs werden zu lassen.

Um die neu angelegten Gärten und bei besonderen Anlässen die Kaskaden am Abhang mit Wasser versorgen zu können, wurde das auf dieser Hochfläche nicht eben im Überfluß vorhandene Naß in Stauseen im Hintergrund des Gartens gesammelt. Dort entstanden auch zwei große Gewächshäuser zur Nachzucht und Überwinterung von Pflanzen. Ein ähnlicher Wirtschaftskomplex wurde an der Querachse gegen Stuttgart zu, anschließend an die Kette der kleinen Häuser angelegt und zum „Monumentplatz" ausgestaltet, so genannt, weil in seiner Mitte das Reiterstandbild des Herzogs (in Gips vergoldet) aufgestellt war. Die den Platz säumenden eingeschossigen Bauten mit Mansarddächern enthielten Bedienten- und Gärtnerwohnungen, Stallungen, die „Husarenkaserne", Orangeriehäuser und in der Mittelachse ein Reithaus. Im Anschluß an diesen Platz entstanden weitere Gewächs-, Gärtner- und Gerätehäuser. Alles in allem ein umfänglicher Komplex.

Doch nicht genug. Da Herzog Carl Eugen eine Schule für die Ausbildung von Gärtnern gegründet hatte, aus der bald eine „Militärische Pflanzschule" und schließlich die „Hohe Karlsschule" wurde, eine der Universität gleichgesetzte Anstalt für die Ausbildung von Verwaltungsbeamten, Ärzten, Naturwissenschaftlern und Künstlern, mußten die zuletzt genannten Gebäude weitgehend der Unterbringung dieser Institution dienen. Das Reithaus wurde in eine evangelische Kirche für die Zöglinge umgewandelt. Als Ersatz dafür entstand am anderen Ende der Anlage ein weit größeres Reithaus sowie ein Marstall, der für etwa 600 Pferde ausgelegt war, aber nur zur Hälfte fertig wurde.

Nachdem der Herzog 1766 die Solitude bezogen hatte, wurde neben den vielen anderen Bauten und Gartenanlagen auch das Schloß weitergetrieben. Sein Sockelgeschoß und die umlaufenden gewölbten Altanen mit den großen Freitreppen sind massiv gemauert, während das Hauptgeschoß eine Fachwerkkonstruktion ist, allerdings aus mächtigen Eichenhölzern, während man bei den Fachwerkkonstruktionen der anderen Bauten nur Fichtenholz verwandte. Eine solche leichtere und auch raschere Konstruktion konnte man sich bei einem Bauwerk erlauben, das nicht den offiziellen Charakter einer Residenz hatte. Auf dem ausgeriegelten Fachwerk des westlichen Flügels ließ dann Guibal in schwarzer Zeichnung die von ihm zum Antrag in Kalkstuck vorgesehene dorische Architektur aufzeichnen, wohl um sich über deren Wirkung zu vergewissern und um dem Stukkateur und dem Quadrator die nötigen Anhaltspunkte zu geben. Bei der Außenarchitektur des Mittelbaus zeigte sich dann, daß Meister Guibal und Werkmeister Weyhing der Sache doch nicht voll gewachsen waren, und so wurde Anfang 1767 noch La Guêpière zugezogen. Anstelle der vorgesehenen, zu hoch ansetzenden ionischen Doppelpilaster ordnete er eine höhere komposite Ordnung an und betonte die Mittelachse mit Segmentgiebeln über den Türen. Das ganze Hauptgeschoß wurde dann einheitlich weiß gestrichen, auf gelb-grau-sandsteinfarbenem Unterbau, so daß es wie schwebend weit ins Land hinein sichtbar war. (Ungünstig ist der Umstand, daß die nach Norden gewandte Talseite nur selten die für große Fernwirkung nötige Sonnenbestrahlung erfährt.) Die Innendekoration des Schlosses wurde ganz von La Guêpière entworfen. Sie ist im gleichen Sinne, in dem der Herzog schon im Neuen Schloß in Stuttgart arbeiten ließ. Die offiziellen Räume sind im klassizistischen „Goût grec" behandelt, während die mehr privaten Räume Rokokocharakter haben. Dies ist insofern etwas ungewöhnlich, als das Rokoko damals längst „unmodern" geworden war. Der Herzog bevorzugte es aber ganz offensichtlich für seine private Sphäre.

Nachdem La Guêpière im Januar 1768 aus dem württembergischen Dienst ausschied, dürfte er von der Verwirklichung seiner Entwürfe nicht mehr viel gesehen haben. Daß sie präzise ausgeführt wurden, zeigt der Vergleich mit den erhaltenen Zeichnungen. Der Mittelsaal, der „Weiße Saal", folgte dem Goût grec mit korinthischen Säulen, deren Schäfte und die seitlichen Wandflächen aus leicht fleischfarbenem mattpoliertem Hartstuck sind. Ansonsten ist alles weiß gehalten. Die figürliche Dekoration beschränkt sich auf die Zone über den Ochsenaugen, die über dem Hauptgesims teils als Fenster, teils verspiegelt den Raum umziehen. Die Felder in der großen Kehle zwischen den rosettenbelegten Gurten sind im Zusammenhang mit dem ovalen, streng gefaßten Deckenbild Guibals ausgemalt und sollen Durchblicke ins Freie andeuten. Das Ganze aber zeigt, daß die große Zeit der Illusionsmalerei vorüber und der zweifellos sehr begabte Guibal eher ein Maler von Tafelbildern war. Auch der sogenannte kleine Marmorsaal, das Verbindungsglied zwischen dem Vor- und dem Wohnzimmer des Fürstenappartements, mit seiner von oben belichteten Kuppel und seinem verschiedenfarbenen Stuckmarmor ist im Goût grec gehalten. Alle anderen Räume zeigen jene eigenartigen Rokokoformen von ganz besonderem Reiz, weil sie nicht der urwüchsigen Stukkateurtradition entstammen, aus der Zeit, als diese Ornamentik üblich war, sondern quasi posthum entstanden sind. Alle Räume der Bel Etage haben Fenstertüren zur Altane, und so erübrigen sich Verbindungsflure. Nur das Schlafzimmer hat einen degagierten Gang zur Verbindungstreppe nach unten und zu den Diensträumen. Die geschwungenen Formen des Außenumrisses sind in den Innenräumen geschickt aufgenommen durch nierenförmige Ovalkabinette, deren eines als Bibliothek mit eingebauten Schränken ausgestattet ist.

Eine interessante Beobachtung sei hier eingeschoben. Die bekannten und erhaltenen Aufrißzeichnungen zum Schloß Solitude zeigen dieses — wie in der Zeit üblich — mit schwarzschraffierten Fensteröffnungen ohne die nachher selbstverständlich angebrachten sprossierten Fenster. Soweit nichts Besonderes. Sie verschweigen aber alle, daß von den insgesamt 44 Fenstertüren der Bel Etage immerhin fünf blind und vier von der Decke eines Entresols durchschnitten sind. Das ist ein Beweis dafür, daß die in den Architekturzeichnungen weggelassenen und manchmal als etwas störend empfundenen Fensterläden immer vorhanden waren, ja an den Attrappen überhaupt nie geöffnet werden konnten.

In der wiederum im „Goût grec" gestalteten Schloßkapelle mit Säulen aus gebrochen farbigem poliertem Hartstuck stand der Altar frei und zentral im Raum unter dem großen Guibal'schen Deckenbild, das hier

29 *Mittelsaal des Schlosses, sog. „Weißer Saal“*

noch mehr als im Schloß wie ein eingesetztes Tafelbild in kräftigem Goldrahmen wirkt und den einzigen Farbakzent des Raumes bildet.

Daß ein Monarch in seinem Schlosse eine eigene Hofkapelle oder Hofkirche besaß, war etwas Normales. Bei Carl Eugen allerdings kommt ein weiterer Gesichtspunkt hinzu. Er war im Gegensatz zur geltenden und unantastbaren evangelischen Landesreligion katholisch, da sein Vater, der Herzog Carl Alexander, während seiner langwährenden österreichischen Dienste als Feldherr und Freund des Prinzen Eugen von Savoyen zum Katholizismus übergetreten war. So brauchte er für sich und seine Umgebung, soweit sie ebenfalls katholisch war, eine eigene Kirche. Schon im neuen Residenzschloß in Stuttgart war eine große katholische Hofkapelle geplant, die allerdings nie ausgeführt wurde. In Ludwigsburg ließ er die evangelische Hofkirche seines Oheims katholisieren und hier auf der Solitude erstmals eine eigene katholische Hofkapelle erbauen.

Neben der Kapelle und ihrem Vestibule waren einzig der große Saal und das davor angeordnete Assembléezimmer reicher ausgestattet, allerdings mehr noch dem Rokoko zuneigend. In all diesen Dekorationen spielen Blumen und Blumenranken eine recht große Rolle. Besonders stark kommt dies im sogenannten Palmenzimmer des Schlosses zum Ausdruck, wo die ganze Wandgliederung und der Zierat der Kehle mit Palmenzweigen und Ranken bestritten werden und das Deckenbild der Flora von einer Blumenranke gefaßt ist. Von diesen Stukkaturen führt der Weg direkt ins Residenzschloß nach Bayreuth, wo Carl als junger Mann entsprechendes kennengelernt hatte, was ihn offenbar so sehr beeindruckte, daß er trotz der Trennung von seiner von dort stammenden Gemahlin nicht die Freude daran verlor.

Das Theater, ein an sich einfacher Raum mit zwei Rängen zu je neun Logen, war soweit interessant und theatergeschichtlich wichtig, als auf die übliche prächtige Ausstattung verzichtet wurde und der ringsum mit Leinwand überzogene Zuschauerraum „wie eine Höhle eingerichtet" war, also eine naturillusionistische Dekoration hatte. Auch hier sind möglicherweise Anregungen vom Bayreuther Hof zu sehen. Das Theater wurde während der langen Jahre, die Herzog Carl Eugen mit nur kurzen Unterbrechungen fast ständig auf der Solitude wohnte, nahezu jeden Abend bespielt, wobei der Spielplan häufige Wiederholungen zeigte, was aber offenbar nicht störte.

Als Gesamtthema der künstlerischen Ausstattung der Solitudeanlage insgesamt war die Verherrlichung des Landes gewählt, nach außen verdeutlicht durch die die Kuppel bekrönende Figur der Virtembergia. Eine stolze Bauinschrift am Schloß kündete davon, daß unter dem Herzog als bestimmender Kraft durch unermüdliche Arbeit in vier Jahren die Einöde besiegt worden sei. Da ein so großes und langdauerndes Bauvorhaben doch nicht völlig ohne Architekten abzuwickeln war, so wurde seit 1767 Reinhard Ferdinand Heinrich Fischer mit der Durchführung beauftragt. Der Herzog hatte ihn unter anderem in Venedig und zuvor bei La Guêpière ausbilden lassen. Fischer übernahm auch die Hofbaumeisterstelle nach des letzteren Entlassung. Er arbeitete unermüdlich an den Projekten seines Herzogs. Nachdem die „Militärische Pflanzschule" 1770 gegründet worden war, wurde am 26. April 1772 nordöstlich des Schloßareals an seinem äußeren Ende der Grundstein gelegt für einen eigenen Schulbau, das sogenannte „Hôtel Ducal", zu dem Fischer einen großzügigen, architektonisch und organisatorisch beachtlichen Entwurf gefertigt hatte. Über Fundierungsarbeiten kam der Bau allerdings nicht hinaus, da die inzwischen zur Militärakademie aufgestiegene Schule 1775 nach Stuttgart in den Bau hinter dem neuen

Schloß verlegt wurde. Diesen Umzug machte auch Friedrich Schiller mit, der seit 17. Januar 1773 Zögling dieser Anstalt war.

Ab 1775 wurde sein Vater, der Hauptmann Johann Kaspar Schiller, Vorgesetzter der Hofgärtnerei und Intendant der Solitude. Seine hier betriebenen Obstbaumkulturen wurden bald vorbildlich für das ganze Land. Das ungezwungene, ja zuweilen ausgelassene Leben auf der Solitude, die ihren Namen insoweit nicht ganz zu Recht führte, dauerte fünf Jahre. Der Herzog liebte es, seinen Gästen das ganze Areal und alle die neu entstandenen Dinge persönlich zu zeigen, wobei er sie zumeist selbst kutschierte mit der sogenannten „Wurst", einem Gefährt, das die Form eines langen, gepolsterten und mit Leder bezogenen Baumstammes hatte und auf dem man rittlings sitzen mußte, was bei den langen und weiten Röcken der Damen manche Heiterkeit hervorrief. Katharina Bonafini war bei solchen Gelegenheiten zwar im Hintergrund, aber offensichtlich der Katalysator, der den Herzog seine neue Schöpfung genießen ließ. Er sorgte für die Kinder, die sie ihm gebar, und war rührend um sie besorgt, wenn sie im Kindbett lag. Als Krönung dieser Zuneigung schenkte er ihr 1771 den „Garbenhof", ein großes Gut bei Plieningen, dessen Kern das Renaissance-Wasserschlößchen der Bombaste von Hohenheim war. Dieser Hof, nach dem vormaligen Besitzer Garb so genannt, wurde im Sommer 1768 als eröffnetes Lehen eingezogen und 1769 in 92 Teilen an Plieninger Bürger auf neun Jahre günstig verpachtet. Jedoch schon 1771 wurde den Pächtern auf Georgii 1772 wieder gekündigt, da es der Bonafini zum „unentgeltlichen Genuß" geschenkt wurde, allerdings mit der Einschränkung, nur solange er sie bei sich zu behalten gedenke. Diese Klausel trat noch zu Ende des gleichen Jahres in Kraft. Fast plötzlich und unvermittelt entledigte sich der Herzog seiner langjährigen Geliebten, indem sie am 15. Dezember 1771 den Rittmeister von Poeltzig heiraten, den geschenkten Hof zurückgeben mußte und aus dem Theaterensemble verschwand. Man fragt, wie es zu einer so überraschenden und menschlich nicht sonderlich feinen Wendung kommen konnte. Der Grund ist wie meist in solchen Fällen eine andere Frau. Bei einem Besuch des Herzogs Friedrich Eugen, bei dem ihn der Herzog in Teinach empfing und auch einige Zeit auf der Solitude beherbergte, war unter den Hofdamen der Herzogin Sophie Dorothea eine Freifrau Franziska von Leutrum, geborene von Bernardin. Da sie armen Verhältnissen entstammte, war sie, um versorgt zu sein, mit dem sehr viel älteren Freiherrn von Leutrum vermählt worden. Was die rasche Zuneigung

30 *Kleiner Marmorsaal mit dem einzigen erhaltenen Intarsienfußboden*

bewirkte, die ganz offensichtlich zwischen dem Herzog und der Frau von Leutrum entstand, wird nicht mehr zu ergründen sein, zumal Franziska in nahezu allen Eigenschaften das Gegenteil der Bonafini gewesen sein muß, bieder, hausbacken und von pietistisch geprägter strenger protestantischer Frömmigkeit, was sie aber nicht hinderte, alsbald auf der Solitude im Appartement des Herzogs Einzug zu halten und sich am 10. Januar 1772, kaum daß die Bonafini abserviert war, den Garbenhof schenken zu lassen. Auch wird dort sofort mit der Instandsetzung des Schlößchens begonnen, und weitere Gebäude werden in Angriff genommen, so daß eine bescheidene Wohnung neben den landwirtschaftlichen Gebäuden entsteht, in die Carl Eugen und Franziska 1776 endgültig übersiedelten. Zuvor schon änderten sich die Lebensgewohnheiten des — was Essen und Trinken anbelangt immer sehr bescheidenen — Herzogs. Theater und Ballett treten in den Hintergrund. Auf den Jagden und seinen Überlandritten wird er nicht mehr von der mitreitenden Bonafini begleitet, vielmehr läßt sich Franziska, die nicht reiten kann, in einem leichten Wagen hinterdreinkutschieren, als Aufsichtsperson, wie man aus zeitgenössischen Berichten den Eindruck gewinnt. Es erstaunt immer wieder, wie es Franziska von Hohenheim — wie sie sich nun nach dem alten Namen des Garbenhofes nennt — gelungen ist, aus dem weltoffenen, gebildeten, aufgeklärten und an allem interessierten, wohl auch zuweilen absoluten und lebefreudigen Mann, einen typischen Fürsten des späteren 18. Jahrhunderts, einen biederen Landedelmann zu machen. Seitens des Konsistoriums und des durch die ebenfalls pietistisch geprägte Geistlichkeit beeinflußten Volkes sieht dies freilich anders aus. Carl Eugen war, weil katholisch, von Anbeginn kein beliebter Herrscher. Die Mätresse, die man dem evangelischen Eberhard Ludwig, weil sie ebenfalls dieses Glaubens und von Stande war, noch hingehen ließ, wenn auch mißbilligend, wurde Carl Eugen in Form der katholischen Sängerin Bonafini sehr verübelt. Er galt als der verschwenderische, die Untertanen über Gebühr belastende, ein ausschweifendes Leben führende absolutistische Herrscher und Franziska — wiewohl auch Mätresse — weil evangelisch und gar noch pietistisch, als diejenige, der das Wunder gelang, diesen so schrecklichen Mann in einen treusorgenden Landesvater zu verwandeln.

Nach 1776 wurde die Solitude nur noch sporadisch benutzt. 1779 nahmen der Herzog von Weimar und Goethe an einer Jagd auf der Solitude teil. Der wackere Kaspar Schiller pflegte zwar die Gärten weiter, doch waren schon 1781 „manche Anzeichen des Verfalls zu bemerken".

Ein letztes großes Ereignis waren die Festlichkeiten am 22. und 23. September 1782 zu Ehren des russischen Thronfolgers Paul und seiner Gemahlin Maria Feodorowna, einer Nichte Carl Eugens. (Dieses Ereignis nützte Schiller zur Flucht nach Mannheim. Ihm kann man nicht erlassen anzumerken, daß er an dem zu Unrecht so schlechten Ruf des Herzogs eine gewisse Mitschuld trägt.)

Nach dem 1793 erfolgten Tod Herzog Carl Eugens glaubte sein ihm in der Regierung nachfolgender Bruder Ludwig Eugen, das Unrecht, das Carl seinem Volk angetan habe, unter anderem dadurch gutmachen zu können, daß er dasjenige Gelände der Solitudegärten, das Carl einst den Gerlingern abgenommen hatte, diesen zurückgab mit der Maßgabe, die Gartenanlagen zu zerstören und wieder aufzuforsten — eine Reaktion zwischen zwei Brüdern, die sich nie verstanden. Der von 1795 bis 1797 regierende dritte Bruder Friedrich Eugen konnte nicht mehr viel retten. Hinzu kamen die kriegerischen Zeiten vor und nach 1800, bei denen die Solitude teils geplündert wurde, teils als Lazarett für Österreicher, Franzosen, Württemberger und Russen diente. König Friedrich ließ den großen Marstall abbrechen, um ihn in der Königstraße in Stuttgart wieder aufzubauen. Ebenso wurde die evangelische Kirche am Monumentplatz nach Stuttgart versetzt als katholische Eberhardskirche. Im übrigen wurden alle Gebäude, die reparaturbedürftig waren, abgebrochen. Nur der Kern der Anlage mit dem Schloß, den beiden Flügelbauten und den sogenannten Kavaliershäusern wurde notdürftig erhalten, aber auch bei letzteren entstanden Lücken. Das Mobiliar und sonstige Ausstattung aus dem Schloß und dem Kavaliersbau wurde in andere Schlösser weggeholt oder versteigert. 1820 wurden sämtliche außer dem Schloß noch übrigen Nebengebäude zum Abbruch ausgeschrieben, und sie blieben nur erhalten, weil sich kein Interessent fand.

So endete eine großartige Schloßanlage äußerst traurig, die schon ihr Schöpfer und Erbauer aufgegeben hatte und vor allem Pflanzen und Inventar wegholen ließ. Erst seit den 60er Jahren des letzten Jahrhunderts wurden immer wieder Arbeiten zur Erhaltung des vergleichsweise bescheidenen verbliebenen Bestandes eingeleitet, die allerdings z. T. technisch unzulänglich waren, so daß seit 1962 ein umfängliches vom Land Baden-Württemberg getragenes Programm läuft, den besonders beim Schloß von akutem Verfall bedrohten Bestand zu sichern und zu ergänzen.

7 Schloß Hohenheim

Das Schloß Hohenheim ist die letzte und wohl auch eigenartigste Schöpfung des Herzogs Carl Eugen von Württemberg. Im Jahre 1768 wurde das Gut Hohenheim, der „Garbenhof" genannt, als eröffnetes Lehen eingezogen. Hof und Burg Hohenheim gehörten dem im 16. Jahrhundert erloschenen Geschlecht der Bombaste, dem der berühmte Theophrastus Paracelsus entstammte. Allerdings schon 1432 kam das Gut an den Esslinger Spital, der es schließlich 1676 an den kaiserlichen Oberproviantkommissär Immanuel von Garb verkaufte. Das Renaissance-Wasserschlößchen dürfte demnach in der Esslinger Zeit entstanden sein. Neben diesem zweistöckigen Schlößchen „auf italienische Art gebaut", das von einer Mauer und einem Wassergraben umgeben war und zu dem zwei Zugbrücken führten, gab es eine Reihe von Wirtschaftsgebäuden, sowie einen Küchen- und Lustgarten. Zu Georgii, also im Frühjahr 1769, verpachtete der Herzog den Hof in 92 Teilen auf neun Jahre an Plieninger Bürger. Plieningen war der nächstgelegene größere Ort. Er hatte demnach kein Interesse an dem Rittergut.

Dies änderte sich allerdings rasch. Auf Georgii 1772 wurde den Pächtern wieder gekündigt, da der Herzog im Frühjahr 1771 das Gut seiner langjährigen Begleiterin und Geliebten, der Sängerin Katharina Bonafini schenkte zum unentgeltlichen Genuß, wenn schon mit der Klausel, nur so lange er sie bei sich zu behalten gedenke. Bald wurde das Schlößchen in wohnlichen Zustand versetzt, und auch an den Wirtschaftsgebäuden wurden Instandhaltungsarbeiten vorgenommen, so daß der Herzog und Mademoiselle Bonafini im Laufe des Sommers immer wieder zu gelegentlichen kurzen Aufenthalten von der Solitude herübergeritten kamen, wo sie seit 1766 fast ununterbrochen wohnten. Schon zu Ende des Jahres 1771 gab es wieder eine Änderung. Einiger-

32 *Schloß Hohenheim, Zimmer im Appartement des Herzogs nach der Wiederherstellung*

maßen überraschend trat eine andere Frau an die Stelle der Mademoiselle Bonafini, die Freifrau Franziska von Leutrum geb. von Bernardin, ein armes Edelfräulein, von ihren Eltern, um versorgt zu sein, mit dem wesentlich älteren Freiherrn von Leutrum vermählt. Sie befand sich im Gefolge der Herzogin Sophie Dorothea, der Gemahlin des Bruders Carl Eugens, des Herzogs Friedrich Eugen, wo sie Carl kennengelernt hatte. Was den Herzog an dieser so völlig anders gearteten Frau so fesselte, daß er die Sängerin Bonafini, die den temperamentvollen, stets unternehmenden, geistig vielseitig interessierten aufgeklärten Mann über lange Jahre seines bewegten und stets tätigen Lebens begleitet hatte, so plötzlich abschob, wird wohl für immer ungeklärt bleiben. Mademoiselle Bonafini mußte am 15. Dezember 1771 den Rittmeister von Poeltzig heiraten, verschwand aus dem Theaterensemble und mußte den Garbenhof hergeben, der dann schon am 10. Januar 1772 der Franziska von Leutrum geschenkt wurde, die von nun an ständig um den Herzog war. Der pietistisch bestimmten Protestantin gelang es, den prächtigen Festen und dem Theater und Ballett sowie der Jagd in jeder Form sehr zugetanen Herzog innerhalb kurzer Zeit zu einem sich der Landwirtschaft in stiller Zurückgezogenheit widmenden Mann zu machen, der Feste und Theater nur noch soweit inszenieren ließ, als es seine Stellung als Landesherr erforderte. Schon seit 1772 wurde in Hohenheim, wie der Garbenhof nun wieder genannt wurde, zu bauen begonnen, und 1776 konnte die endgültige Übersiedelung von der Solitude, von wo aus der Herzog und Franziska die Bauarbeiten überwacht hatten, vollzogen werden.

Was in diesen Jahren entstand, war ein Gutshof, der Bezug auf das bestehende Schlößchen nahm und der eine bescheidene Wohnung für den Herzog und seine neue Mätresse enthielt. Die Situation war ein wenig der Solitude verwandt. Auf einem ebenen Gelände, das in diesem Falle nach Südosten abfällt und ebenso eine Fernsicht bietet, stand etwas von der Hangkante zurückgerückt das Wasserschlößchen, umgeben von einer Gartenanlage, die teils ihren altmodischen Charakter behalten hatte, teils mit neueren Teilen bereichert war. Spalier- und Laubengänge, die aber den Blick in die Ferne freiließen, umzogen diesen Garten. Er wurde rück- und seitwärts in einem breitgelagerten Rechteck von den neuen, einstöckigen Gebäuden mit Mansarddächern eingefaßt, ähnlich wie auf der Solitude dem Schloß die beiden Flügel des Kavaliers- und des Offizienbaus hinterlegt waren. Nur war die Solitude eine Residenz im Habitus eines großangelegten Lustschlosses, und hier in Hohenheim handelte es sich in dieser ersten Phase um den Gutshof mit dem alten Schlößchen als Mittelpunkt. Der Zugang führte von der Hochfläche der Mittelachse zwischen den beiden neuen Flügeln durch den Gartenhof. Die Flügel waren zur Markierung dieses Zuganges nach außen rechtwinklig umgebogen. Von außen kommend im rechten Flügel war die bescheidene Wohnung des Herzogs und der Franziska von Leutrum. Eine kleine Kapelle (ob evangelisch oder katholisch, war nicht feststellbar), ein Vorzimmer, eine Galerie mit dahinterliegendem Dienstflur und ein mäßig großer Speisesaal waren die offiziellen Räume zu ebener Erde. Die privaten Wohn- und die Schlafräume des Paares waren darüber in der Mansarde. Einfacher konnte ein Landesvater kaum noch leben. Im weiteren Teil dieses Flügels, an den Speisesaal anschließend und in dem nach vorn zur Hangkante verlaufenden Flügel waren Pferdeställe, darüber Heu- und Fruchtböden. Im linken, ebenfalls hakenförmigen Flügelbau waren die Meierei, Viehställe und Remisen untergebracht. Welch ein Unterschied zu den früheren Bauten und Wohnungen des Herzogs. Wohl fiel es dem inzwischen 48jährigen nicht schwer, in wenigen und bescheidenen Räumen zu leben, denn was Wohnung und Essen anlangte, war er stets anspruchslos gewesen. Doch mußte er nun des eines Landesherrn würdigen und von ihm letztlich auch erwarteten Rahmens entraten. Auch war es dem bisher rastlos tätigen Manne nicht möglich, hier in Beschaulichkeit den Gutsherrn abzugeben. So entsteht, kaum daß der Umzug von der Solitude vollzogen war, ein neuer Plan. Auf einem Areal südwestlich vom Schlößchen und Gutshof entstand das sogenannte „Englische Dorf", auch kurz das „Dörfle" genannt. Hier sollte eine paradiesische Zone wiedergewonnenen Naturzustandes erstehen, in der der Herzog als Oberherr einer (fiktiven) Kolonie die unschuldigen Freuden des „Goldenen Zeitalters" genießen wollte. Eine dörflich-ländliche Siedlung zwischen römischen Ruinen sollte die Vorstellung erwecken, daß hierher Menschen geflüchtet seien vor der von Fäulnis und Vergänglichkeit zernagten Zivilisation aus der Sittenverderbnis des städtischen und öffentlichen Lebens in die besinnliche Einsamkeit. Mehrere Dinge gehen hier durcheinander, wie schon der Name „Englisches Dorf" besagt: Einmal die Gartenanlage im englischen Stil und zum anderen das Leben in ländlicher Einfachheit und schließlich die romantisch zu verstehenden künstlichen Ruinen. Dies war zwar eine Aufgabe, bei der der Herzog ebenfalls neue Ideen verwirklichen konnte — denn sobald etwas fertig war, schwand sein Interesse daran —, die aber

33 *Corps de Logis, Talseite*

letztlich nicht seiner Denkweise entsprach, die vielmehr von der letzten Endes kleinbürgerlichen Franziska angeregt und von ihm nur entsprechend artikuliert war. Nicht umsonst kümmerte sich Franziska in hausbacken-hausfraulicher Art eifrig um das „Dörfle" und seine Einrichtung. Zwischen 1776 und 1782 entstanden in dem etwa 40 Hektar großen englischen Garten über 50 Gebäude, dazu Denkmäler, Seen, Bäche, Wasserfälle und manches andere.

Von 1778 an treten neben die Arbeiten im Dörfle Planungen für eine Vergrößerung des Gutshofes. Dem zum Hang hin offenen, querrechteckigen Hof, in dessen Mittelachse vorgeschoben das Schlößchen stand, sollten beidseits geschlossene Seitenhöfe angefügt werden, vorwiegend für Stallungen und landwirtschaftliche Gebäude, sowie mit einer großen Reithalle von ca. 20×60 m Größe. Schon 1781/82 waren die ersten Teile, darunter die Reithalle, fertig. Da neue Stallungen entstanden, wurde der an den herzoglichen Speisesaal anstoßende Pferdestall in ein Kabinett, ein Vorzimmer und einen neuen Speisesaal umgewandelt.

Für den 22. und 23. September 1782 war schon länger zuvor der Besuch des russischen Großfürsten und Thronfolgers Paul und seiner Gemahlin, einer Nichte des Herzogs, angekündigt. Offensichtlich veranlaßte dieses wichtige Ereignis den Herzog, unter seinen ihm zur Verfügung stehenden Bauten Bilanz zu machen, die nicht sehr günstig ausfiel. Der einzige Bau, der geeignet war, so hohen Besuch mit seinem Gefolge würdig aufzunehmen, war Ludwigsburg, das damals in seinen ältesten Teilen über 70 Jahre alt, also hoffnungslos unmodern war. Das neue Schloß, ohnehin nicht fertig und bereits wieder brandgeschädigt, war nur sehr begrenzt verwendbar. Auch war seine Umgebung einer Wildnis ähnlich. So blieb nur noch die Solitude, wo denn auch die Hauptfestlichkeiten stattfanden. Um Hohenheim wenigstens vorzeigbar zu machen, wurde der Hofbaumeister Fischer 1781 beauftragt, ein großes Schloßprojekt unter Einbeziehung der bereits erstellten Baulichkeiten zu entwerfen. Der Herzog wollte demnach einem so hohen ausländischen Gast gegenüber nicht eingestehen, daß er dem Wunsch seiner 1780 geehelichten und zur Reichsgräfin von Hohenheim erhobenen Frau und ehemaligen Mätresse folgend, sich auf einen Bauernhof zurückgezogen hatte. Das Schloßprojekt sollte deutlich machen, daß der gegenwärtige Zustand nur ein Provisorium sei, was er eigentlich gar nicht sein sollte. Angestachelt durch die Fischer'schen Planungen schlägt nun nochmals das alte Naturell des Herzogs durch, und er läßt es nicht bei dem Plan bewenden, den man dem Gast vorzeigte, sondern er geht alsbald mit neuem Schwung an die Verwirklichung. Zwar bereitet die Finanzierung — wie immer — Schwierigkeiten, doch gelingt es immerhin, bis 1785/86 die beiden Seitenhöfe fertigzustellen mit Flügelansätzen für zwei weitere Seitenhöfe, die von Orangeriegebäuden gebildet werden sollten. Und von 1785 bis 1789 entsteht das eigentliche Schloß an der einzig möglichen Stelle, zwischen den beiden Seitenhöfen das ursprüngliche, das alte Schlößchen umgreifende Rechteck parallel zur Hangkante schließend, wobei das Wasserschlößchen geopfert werden mußte. Mit dem Innenausbau des Schlosses wurde 1787 in den bereits fertigen Teilen begonnen und bis zum Tod des Herzogs am 24. Oktober 1793 weiter gearbeitet. Bewohnt haben er und seine Gemahlin Franziska das neue Schloß nicht mehr.

Carl Eugen starb in der Mansarde des ersten Bauteils, wo er 17 Jahre lang mit nur kurzen Unterbrechungen gewohnt hatte. Die so entstandene Gesamtanlage ist eine durchaus barock empfundene Schloßanlage mit allen äußerlichen Merkmalen einer Residenz, als Barockanlage aber in diesen letzten Dezennien des 18. Jahrhunderts und am Ende der absoluten Monarchien ein Anachronismus und als Residenz nur eine Täuschung, denn das Ganze bleibt ein riesenhafter Bauernhof, dem nicht, wie es ihm gemäß gewesen wäre, ein bescheidenes Landschloß zugesellt war, sondern dem das Gewand einer Residenz übergezogen wurde. Der Residenzcharakter ist auch insoweit unsinnig, als keinerlei größere Siedlung, die einer Residenzstadt nahe kommen konnte, in weitem Umkreis war. Diese Feststellungen beziehen sich nicht auf die künstlerischen und architektonischen Leistungen Fischers, dem man bescheinigen muß, daß er die schwierige Aufgabe brillant gelöst hat.

Für den Herzog und seinen Baumeister war es offenbar außer Diskussion, daß das Schloß nach dem barocken Prinzip der Ehrenhofanlage geplant sein müsse (Carl Eugen war damals anfangs 50 und Fischer Mitte 30). Trotz Aufgeklärtheit und vieler dem Neuen zugewandten Züge war Carl Eugen doch dem Barock verhaftet, und Fischer hatte seine prägenden Eindrücke von La Guêpière erhalten, der zwar im Formalen in den 50er Jahren auf dem neuesten Stande war, in den großen Konzeptionen aber ebenso in den barocken Kategorien dachte. Fischer war ein gelehriger Schüler La Guêpières gewesen, kam aber in den folgenden Jahrzehnten nicht wesentlich über das Gelernte hinaus, vielmehr verstand er es, diese Dinge immer neu zu variieren und für jede neue Situation immer das Passende zu finden, das sich dann auch sehen lassen konnte. Damit erntete er zwar nicht immer Lob von „modernen" Zeitgenossen, doch war er der geeignete Mann für den zuweilen recht eigenwilligen Herzog.

Um eine Dreiflügelanlage etwa im Sinne des neuen Schlosses in Stuttgart zu entwickeln, war kein Platz vorhanden, da ja der Cour d'Honneur schon durch die bestehenden niederen Wirtschaftsflügel vorgegeben war. So komponierte Fischer den Schloßbau in betonter Breitenausdehnung und mit nur geringer Tiefenstaffelung, nochmals einen inneren Ehrenhof andeutend als Abschluß vor dem bestehenden Hof. Das breitgelagerte Corps de Logis mit fünfachsigem Mittelrisalit, der durch eine Attika und eine Kuppel mit Belvedere betont wird, ist am weitesten gegen den Talrand vorgeschoben, so daß hier die Tiefenentwicklung des Architekturgartens begrenzt bleibt. Dieses Vorschieben wird noch betont durch eine kräftig vortretende dreiachsige Altane auf je zu vieren gekuppelten dorischen Säulen. Nur der Risalit erfährt eine architektonische Behandlung mit kolossalen Eckpilastern sowie einem Lisenen- und Rahmenwerk und guirlandengeschmückten Fenstergewänden in der Bel Etage. Sonst sind die Wandflächen glatt, nur von Sockel, Stock- und Dachgesims waagrecht gegliedert, mit einfachen, kaum plastisch vortretenden Fenstergewänden. Lediglich die Ecken sind von kräftigen, beide Geschosse zusammenfassenden Lisenen markiert. Entsprechend

34 Detail aus dem Appartement des Herzogs

sind die um drei Fensterachsen zurücktretenden Flügel behandelt. In der Einfachheit und edlen Beschränkung zeigt sich die Entstehungszeit des Baues. Auch die Halbkreisbogen der Fenster der Bel Etage weisen auf den Klassizismus hin. Die Fenster des Erdgeschosses haben Segmentbogen und die der Attika gerade Stürze. In der Dachform ist das eigentliche Schloß mit Walmdächern spürbar abgesetzt von den eingeschossigen, mit Mansarddächern gedeckten Flügeln des Vorhofes und der Seitenhöfe.

Da sich die Flügel — wie schon erwähnt — nicht in die Tiefe erstrekken konnten, sind sie zu querliegenden Rechtecken geworden von elf Achsen in der Frontlänge und sieben Achsen in der Tiefe. Um eine brauchbare innere Distribution zu erreichen, sind kleine Innenhöfe zur Belichtung der tiefen Baukörper nötig und erinnern damit an hochbarocke Bauten, wie etwa Neumanns Würzburger Residenz. Um die vollen sieben Achsen dieser Flügelbauten treten die Fronten der Seitenhöfe zurück. Links vom Schloß (nun vom Corps de Logis mit Blick zum Ehrenhof gesehen) schließt mit einer Durchfahrt zum Stallhof die Reithalle an, in deren Flucht auch die Stirn des großen Stalles liegt. Wieder leicht vortretend folgt dann, als eine Art Eckpavillon, ein Remisengebäude. Das gleiche Bild ergibt sich auf der rechten Seite. Eine Durchfahrt zum Kuhhof und als Pendant zum Reithaus ein Bau, der an der nach Süden gewandten Talseite eine galerieartige Orangerie hat, an der Westseite jenseits des Heizganges Offiziantenräume. Es ist das sogenannte Offizienhaus. Auch ihm schließt sich eckpavillonartig ein leicht vorspringender Bau an, der einen Wintergarten enthielt. Damit hatte der ganze Komplex an der Talseite eine Ausdehnung von nahezu 380 m. Hinzu kamen noch zwei, nochmals etwas zurücktretende und nur lose mit Grillagen angebundene Höfe mit Orangeriehäusern, die allerdings nie ganz vollendet wurden. Damit hätte die Längenausdehnung an die 520 m betragen bei einer größten Tiefe von ca. 120 m (Ludwigsburg ca. 190×200 m, Neues Schloß ca. 135×120 m ohne Vorhof).

Diente der linke, westliche Hof ganz dem Marstall mit den Pferden, so wurde die Meierei aus dem ursprünglichen Flügel in den östlichen Hof verlegt. Die alten Meiereiflügel wurden zu Wohnräumen für das Gefolge. Im Querflügel gegenüber dem Leibstall war eine große Schloßkirche geplant, die allerdings nicht zur Ausführung kam. Sie zeigt auffällige Ähnlichkeit mit der Kapelle auf der Solitude.

Anschließend bildeten der Kälberstall, das schon genannte Offizienhaus und parallel zur geplanten Kirche das Offiziantenhaus diesen Hof. Letzteres enthielt unten Remisen, oben Bedientenwohnungen. Und wieder war ein weiterer fünfter Hof mit Orangerie- und Gewächshäusern begonnen. Damit war die Anlage aber noch nicht vollständig. Parallel vor den ganzen Komplex, durch einen Streifen mit Baumpflanzungen getrennt, legte sich in ganzer Länge die sogenannte „Militärstraße", eine gepflasterte breite Straße, die beidseits von eingeschossigen, mit Walmdächern gedeckten Gebäuden gesäumt war, rechts und links je vier an beiden Straßenseiten, also 16 insgesamt. Fünf solcher Gebäude enthielten Wohn- und Schlafräume für Offiziere und Unteroffiziere, elf waren Mannschaftsunterkünfte für etwa 500 Mann. Quer zur Militärstraße verlief die in den Schloßhof führende Hauptachse. Durch Auseinanderrücken der Gebäude wurde ein kleiner Platz gebildet, der nach außen durch ein etwas bizarr geformtes Tor mit Wachlokalen abgeschlossen war. Über dem Torbogen, von den flachgedeckten Wachlokalen aufschwingend, war eine Plattform gebildet, in deren Mitte ein schlanker Turm saß mit leicht geschwungenem Helm. Zwei niedrigere Türme mit ähnlichen Helmen standen in den Winkeln zwischen Torbau und Kasernen. Die Militärstraße endete an den Rändern des Schloßbezirkes in Rondellen mit Obelisken. Diese militärischen Bauten sollten ebenfalls den Residenzcharakter des Gesamtkomplexes unterstreichen und ihm das nötige Gewicht geben.

Im Corps de Logis wählte Fischer die klassische barocke Disposition. Das große Vestibule im Erdgeschoß nimmt die ganze Tiefe und Breite des Mittelrisalits ein. Es wird umzogen von einer dorischen Doppelsäulenstellung. In der Mitte kann man mit der Kutsche einfahren. An der Hofseite steigen beidseits dreiläufige Treppen zur Bel Etage auf, die oben im ionisch behandelten Vestibule sich treffen. Gegen das Tal liegt der Marmorsaal, der Hauptraum des Schlosses, nach Goethes Urteil mit einer bis zum Unsinn ungeschickten Architektur. Er hatte eine ionische Säulenarchitektur mit Gebälkstücken, zwischen denen die Bogen der Fenster und Türen aufschwangen, und ein kräftiges, fast schweres Konsolengesims. Nach Osten zum rechten Flügel hin folgten zwei Assembléezimmer und ein Kabinett und auf der Ecke das Schlafzimmer des Herzogs. Sein Appartement ging durch zur Hofseite mit dem Ankleidezimmer und hinein in den östlichen, rechten Flügel mit dem Musikzimmer, dem Arbeitszimmer, der Bibliothek und einem Registraturraum. Ein Speisezimmer, von dem aus man weiter zur Hofkirche gelangt wäre, lag an der Nordostecke, und die Südseite des Flügels nahm das Appartement der Reichsgräfin ein.

Im linken Teil des Corps de Logis und im linken Flügel befanden sich Gesellschafts- und Gästeräume und an der Südwestecke des Flügels ein größerer Saal. So folgte die Distribution den Regeln, die auch im Neuen Schloß in Stuttgart befolgt waren. Ausgestaltet wurden im wesentlichen nur die Räume des herzoglichen Paares. An den sehr qualitätvollen klassizistischen Dekorationen ist nun nichts mehr von dem späten Rokoko zu spüren, das der Herzog so geliebt hatte und das er nicht nur auf der Solitude quasi posthum arbeiten ließ, sondern noch in den seit 1772 eingerichteten Räumen im alten Flügel am Hofeingang verwendete. An losen Ausstattungsstücken wurde neben Neuanschaffungen einiges von der Solitude und von Ludwigsburg geholt.

Der ganz offensichtlich in dieser letzten Bauphase beabsichtigte Charakter der Residenz wird noch verstärkt durch die Tatsache, daß Fischer 1783 und 1784 nahe bei Scharnhausen, unweit von Hohenheim am

Hang einer angenehmen Talaue eine Retraite erbauen mußte, das in streng klassizistischem Habitus entworfene Schlößchen Scharnhausen. Gegen den englischen Park zu ist der Bau zweigeschossig mit einem ebenerdigen Hauptgeschoß und einem Attikastock. Ein dreiachsiger ionischer Portikus, in dessen flachem Giebel zu lesen steht „Carolis Otio" (der Ruhe Carls), beherrscht diese Front. Wer wie in Hohenheim auf dem Bauernhof in ländlicher Abgeschiedenheit lebt, hat eigentlich keine Retraite nötig. Es ist auch nichts bekannt, daß der Bau je benutzt worden wäre.

Wie schon weiter vorn erwähnt, sind Carl und Franziska nicht mehr in die neuen Räume des Schlosses eingezogen. Am 24. Oktober 1793 starb Carl Eugen in den bescheidenen Zimmern des alten Flügels. Franziska erhielt ihren Witwensitz im Schloß in Kirchheim unter Teck. Damit endet auch der Schloßbau in Hohenheim und die Bautätigkeit des 18. Jahrhunderts im Herzogtum Württemberg insgesamt in dem Jahr, in dem auch das französische Königshaus als der Inbegriff barocken Herrschertums vom Gang der Geschichte ausgelöscht wurde.

Carl Eugens Nachfolger und Bruder Ludwig Eugen haßte nicht nur die Solitude, sondern auch Hohenheim. Hier allerdings fand er im Gegensatz zur Solitude, wo auf seine Veranlassung die ersten Schmälerungen der Anlage erfolgten, einen Gegner und Fürsprecher für Hohenheim, seinen Bruder Friedrich Eugen. Dieser hatte Carl Eugen immer geschätzt und verehrt und hatte auch Verständnis für dessen Bauschöpfungen. Er war Statthalter der linksrheinischen Besitzungen Württembergs mit Sitz in Mömpelgard (Montbeliard). Dieses hatte er Ende 1793 vor der französischen Okkupation verlassen müssen, und er bat im Januar 1794 seinen Bruder, der im Neuen Schloß in Stuttgart wohnte, ihm als standesgemäßen Wohnsitz Hohenheim zuzuweisen. Seinem geschickten Verhandeln und Taktieren ist es zu verdanken, daß Verpachtung und Verkauf der Güter unterblieben und daß der vorhandene Baubestand samt dem Englischen Dorf erhalten blieb. Ja an der Ausstattung des Schlosses wurde sogar bis 1796 weiter gearbeitet. Da Ludwig Eugen 1795 starb, erübrigten sich weitere Streitigkeiten. Herzog Friedrich Eugen machte das Englische Dorf der Allgemeinheit zugänglich. Er dürfte überhaupt der einzige gewesen sein, der wenigstens zeitweilig im Schlosse wohnte. Noch unter seiner Regierung fiel der Planer und erbauende Architekt Hohenheims, Hofbaumeister R. F. H. Fischer, in Ungnade, da man ihm die Schuld an den zahlreich notwendig werdenden Reparaturen gab. An seine Stelle trat sein Schüler, der junge Nikolaus Friedrich Thouret. Das letzte Fest, das Hohenheim und besonders das „Dörfle" erlebten, war am 1. Juli 1977 die feierliche Einführung der Erbprinzessin Charlotte Mathilde, der Tochter des Königs Georgs III. von England. Am 1. September dieses Jahres besuchte Goethe in Begleitung Danneckers Hohenheim und berichtete von Arbeiten Thourets, die dieser dort im neuesten Geschmack ausführte. Am 23. Dezember des gleichen Jahres 1797 starb dann auch Friedrich Eugen, und sein Sohn und Nachfolger Herzog Friedrich II. hatte für Hohenheim so wenig Verständnis wie für die Solitude oder Grafeneck. Fast alles bewegliche Inventar wurde schon 1798 zu anderweitiger Verwendung abtransportiert. Die Orangerien wurden samt den zugehörigen Gebäuden nach Ludwigsburg versetzt und die Gebäude des Englischen Dorfes abgerissen. Nur einige wenige transferierte man nach Monrepos und in die Umgebung von Ludwigsburg. Allein die gotische Kirche und der Monopteros vom römischen Bad sind in Monrepos bis heute erhalten. Alles andere ist verschwunden. Auch der Viehbestand wurde bis auf einen Rest verkauft, der ebenfalls nach Monrepos auf die dortige Domäne kam. Vom Ackerland wurde glücklicherweise nur wenig verkauft. Die Absicht des Königs Wilhelm I., des Nachfolgers des zum König avancierten Friedrich, noch im Todesjahr seines Vaters 1816 den ganzen Komplex Hohenheim auf Abbruch zu verkaufen, wurde zunächst vertagt. 1818 schließlich erhielt der Bau eine neue Bestimmung. König Wilhelm und seine Gemahlin Katharina hatten im nahen Denkendorf eine landwirtschaftliche Unterrichts-, Versuchs- und Musteranstalt gegründet. Es war die dritte ihrer Art und, da die beiden anderen längst eingegangen sind, heute die älteste in Deutschland. Diese Anstalt wurde 1818 nach Hohenheim verlegt. Seit 1847 wurde die Anstalt landwirtschaftliche Akademie, und heute ist sie eine weitbekannte Universität. So wurde der Bauernhof Carl Eugens, der im Gewande einer Residenz einherging, einer ihm adäquaten Bestimmung zugeführt. Im Zuge einer völligen Restaurierung und Modernisierung der Anlage in jüngster Zeit konnten erfreulicherweise eine Reihe der zum Teil arg verstümmelten edlen Räume im Schloß wiedergewonnen werden, wenn auch ansonsten leider nicht alles Restaurierte im Sinne des Erbauers und seines Architekten ausgeführt wurde.

8 Schloß Rosenstein bei Stuttgart

Seit 1807 hatte der in dem Umbruch der Jahrhundertwende vom Herzog zunächst zum Kurfürsten und dann zum König aufgestiegene Friedrich von Württemberg damit begonnen, den seit dem 1746 angefangenen Residenzbau in Stuttgart immer wieder aufgeschobenen Schloßgarten anzulegen. Es entstand eine englische Anlage, die nur in ihrem dem Schloß zunächst gelegenen Teil unmittelbare architektonische Bindung an die Gartenfront des Residenzschlosses, das der König bewohnte, hatte. Dieser Garten, einiges breiter als das, was heute übriggeblieben ist, zog sich weit das Nesenbachtal hinab gegen Cannstatt, endete aber dann ziemlich unvermittelt in einer Querstraße, der späteren Retraitestraße, etwa in der Gegend des heutigen Neckartores. Da der ganze Schloßgarten der Öffentlichkeit zugänglich war, ließ König Friedrich ab 1810 durch das untere Nesenbachtal — damals ein feuchtes Wiesental — in Verlängerung des Schloßgartens eine Platanenallee zum Kahlenstein anlegen, die dann den Grundstock für die sogenannten unteren Anlagen abgab. Der Kahlenstein war ein Hügel gegenüber von Berg, am linken Ufer des Nesenbachs, wo dieser in den Neckar mündete. Er fiel steil zum linken Neckarufer ab und war ein beliebter Ausflugs- und Aussichtspunkt. Man hatte jenseits des Neckars Cannstatt vor sich, und besonders der Blick talaufwärts nach Untertürkheim und zur Stammburg Württemberg war äußerst reizvoll (was man sich heute nur noch schwer vorstellen kann).

Am Fuße des Kahlensteins, an der dem Neckar entlangführenden Straße, hatte der Cannstatter Stadtrat Wilhelm Zais ein stattliches Anwesen, in dem er eine „Türkisch-Rotfärberei" betrieb. Dieses Anwesen erwarb 1806 König Friedrich und ließ es von seinem Hofbaumeister Thouret als Landhaus herrichten. Es erhielt den Namen „Bellevue". Dieses Landhaus — auch Schlößchen genannt — schenkte er seiner Schwiegertochter, der Großfürstin Katharina Paulowna, zur Vermählung mit dem Kronprinzen Wilhelm im Januar 1816. (Wilhelm war in erster Ehe mit Charlotte, der Tochter des bayerischen Königs, vermählt. Das Paar trennte sich alsbald wieder in gegenseitigem Einvernehmen. Katharina war die Schwester des Zaren Alexander von Rußland, die Witwe des Prinzen Georg von Oldenburg, und beide lernten sich auf dem Wiener Kongreß 1814/15 kennen, wo Katharina ihren Bruder, Wilhelm seinen Vater begleitete.) Noch im gleichen Jahr, am 30. Oktober 1816, starb König Friedrich, und das jungvermählte Paar wurde König und Königin. Sie hielten sich bei guter Jahreszeit gern in Bellevue auf, von wo man eine ähnliche, wenn auch nicht so weite Aussicht genoß wie vom Kahlenstein. Im Mai 1817 gab es eine Hochwasserkatastrophe, bei der das in Bellevue weilende Königspaar in große Gefahr geriet und das Schlößchen Not litt. So griffen sie schon einen 1815 von König Friedrich ins Auge gefaßten Gedanken wieder auf, als Abschluß der Allee zum Kahlenstein ein Schloß zu bauen. Um dazu einen entsprechenden Park zu haben, hatte schon Friedrich damit begonnen, das staatseigene Gelände durch Güteraufkäufe besonders hinüber auf Cannstatter Markung, aber auch auf Berger Markung zu erweitern. Diese Ankäufe wurden nun fortgesetzt, und 1818 arbeitete der von König Wilhelm anstelle von Thouret neuberufene Hofbaumeister Giovanni Salucci zusammen mit der Königin ein Raumprogramm aus. Ob damals auch schon erste Entwurfskizzen entstanden, ist ungeklärt. Auf Salucci war Katharina 1815 in Genf im Hause des Bankiers und Genfer Vertreters auf dem Wiener Kongreß Jean Gabriel Eynard aufmerksam geworden, dessen neues Palais dieser entworfen hatte. Als der in Florenz geborene und ausgebildete Salucci 1817 nach Stuttgart kam, war er schon 48 Jahre alt.

Nach langem Studium war er napoleonischer Soldat geworden und im Pioniercorps bis in den Stabsoffiziersrang aufgerückt. Nach Waterloo stand er dann als reifer Mann vor dem Nichts, versuchte sich in der

Schweiz, da in Italien keinerlei Aussicht auf ein Fortkommen war, und hatte schließlich das Glück, nach Stuttgart berufen zu werden. Er war im Sinne Palladios geschult und wußte geschickt mit den antiken Formen umzugehen. Die begonnene Planung für ein Schloß auf dem Kahlenstein wurde jäh unterbrochen durch den infolge einer Erkältung nach wenigen Krankheitstagen am 9. Januar 1819 erfolgten Tod der Königin. Da sie schon vorher den Wunsch geäußert hatte, einmal auf dem Württemberg, den man von Bellevue aus vor Augen hatte, begraben zu werden, so war die nächste Aufgabe, dort eine entsprechende Ruhestätte zu schaffen. Diese Aufgabe lösten der König und sein Architekt — zum Bedauern schon vieler Zeitgenossen — nicht etwa dadurch, daß in der völlig intakten Stammburg ein würdiger Raum geschaffen wurde, sondern durch den Abbruch derselben und den Neubau einer Grabkapelle, in der dann am 5. Juni 1824 die Königin beigesetzt werden konnte.

Trotzdem wurden schon im Frühjahr 1819, bald nach dem Tod der Königin, die Planungsarbeiten wieder aufgenommen. Neben Salucci forderte man eine Reihe von Architekten zur Ausarbeitung von Entwürfen auf, so die damals zu Studien in Rom weilenden Württemberger Joseph Michael Knapp und Mäntler, aber auch den ebenfalls gerade in Rom weilenden russischen Hofbaumeister Carlo Rossy und in Paris den Architekten Fontaine, vermittelt durch den württembergischen Gesandten in Paris, Grafen von Gallatin. Auch die Gesandtschaft in London mußte sich umtun, und der Legationssekretär Wagner schlug bereits Anfang Januar 1819, also noch vor dem Tod der Königin, die englischen Kunstgärtner Repton und Papworth speziell für die Planung des Parks vor. Da aber Repton kurz nach dieser Nominierung starb, erhielt John B. Papworth allein den Auftrag. Dieser aber war sowohl Architekt als Gartengestalter und lieferte so Entwürfe für Schloß und Park.

Die ganze Planungsgeschichte darzulegen ist hier nicht der Ort. Aus den recht zahlreich erhaltenen Entwürfen geht jedenfalls hervor, daß der König zunächst keine präzisen Vorstellungen von dem zu erbauenden Schloß hatte. Das Hotel Salm in Paris hatte offenbar großen Eindruck auf ihn gemacht, so daß er sich eine Reihe von Entwürfen nach diesem Vorbild machen ließ. Dieses, in seinen Dispositionen noch im Sinne des 18. Jahrhunderts, war für ein Landschloß oder für ein Landhaus, was der Neubau schließlich werden sollte, nicht geeignet. Auch ein Versuch Saluccis, die reine Ehrenhofanlage nochmals zu beleben, konnte nicht befriedigen. Außerdem waren dem König alle Entwürfe

36 Mittelportikus der Hauptseite vor der Zerstörung

zu groß und vor allem zu teuer. So kristallisierte sich allmählich der Ausführungsentwurf Saluccis heraus nach der neuesten Anweisung des Königs: „Ein Landhaus, bequem, gefällig und vornehm in seiner Außenerscheinung, weshalb es nach allen Seiten freistehend sein soll; zugleich soll es für die Umgebung der Hauptstadt eine Zierde sein. Es soll nur ein einziges Stockwerk haben. Die Gemächer sollen nicht zu hoch und nicht zu groß sein. Das Ganze soll einen ebenso reizvollen wie gefälligen, großzügigen und prächtigen Anblick gewähren." Salucci schreibt zu seinem Entwurf: „Das Gebäude ist dem Programm entsprechend als Sommeraufenthalt für den König und die königliche Familie gedacht sowie als Ort, in dem sowohl die gewöhnlichen Audienzen wie auch größere Hoffestlichkeiten abgehalten werden." Im Frühjahr 1822 erhält der endgültige Plan die Zustimmung des Königs, aber erst im März 1824 entschließt er sich, den Bau beginnen zu lassen, und bestimmt am 20. April 1824: „Dem auf dem Kahlenstein zu erbauenden Schloß will ich den Namen Rosenstein beigelegt haben." Leiter der königlichen Bau- und Gartendirektion war der Hofrat Direktor E. v. Seyffer, ein Bruder des bekannten Zeichners und Stechers Seyffer. Er war Kameralist, und der König bestimmte: „Dem Hofbaumeister Salucci ist zu bedeuten, daß es ihm nicht gestattet werde, ohne Vorwissen des Administrationsbeamten etwas zu unternehmen." Dies gefiel Salucci begreiflicherweise nicht, doch war diese Maßnahme sicher nicht ganz unbegründet, denn der Baumeister verstand es nicht sonderlich, mit Geld umzugehen, was sich darin auswirkte, daß er mehrfach wegen beträchtlicher Schulden in Schwierigkeiten kam. Auch war er der deutschen Sprache nur begrenzt mächtig, so daß eine Aufsicht sicher nicht unangebracht war, zumal der König größten Wert auf Einhaltung des Kostenvoranschlags und auf äußerste Sparsamkeit legte. Allerdings führte das Verhältnis zwischen den beiden sicher sehr grundsätzlichen Männern zu mancherlei Streit und Unverträglichkeit, zumal Salucci immer wieder versuchte, die königliche Anordnung zu umgehen.

Am 31. Mai 1824 schon konnte die feierliche Grundsteinlegung im Beisein des Königs und der königlichen Familie erfolgen (der König hatte sich inzwischen wieder verheiratet mit Pauline geb. von Württemberg), und zu Ende des Jahres 1825 war das Schloß unter Dach. Im Jahr 1826 arbeiteten die Stukkateure im Bau, und auch eine Reihe einheimischer Maler wurde zur Ausmalung der Räume engagiert. Unter ihnen ist auch I. A. Gegenbauer, der später im Neuen Schloß die Fresken zur württembergischen Geschichte malte. Er wurde aus Rom geholt, wo er sich zu Studienzwecken aufgehalten hatte. Auch einige italienische Dekorationsmaler wurden, zum Ärger der Einheimischen, zugezogen. Die ursprüngliche Terminvorstellung des Königs, den Bau innerhalb von zwei Jahren zu vollenden, konnte nicht eingehalten werden. Selbst der auf 8. Juli 1828 angesetzte zweite Termin wurde überschritten. Erst im Sommer 1829 war alles fertig und das Schloß möbliert und bezugsfertig. Doch die Einweihung erfolgte erst am 28. Mai 1830 mit einem großen Fest, zu dem an die 1000 Gäste aus allen Landesteilen geladen waren.

Der von Salucci ausgeführte Entwurf des Schlosses Rosenstein zeigt in seinem Äußeren die ihm eigenen streng klassizistischen Formen im Sinne der griechischen Klassik, wie sie schon in vorausgegangenen Entwürfen und bei der Grabkapelle auf dem Württemberg zu beobachten waren. In der Gestaltung des Baukörpers und insbesondere des Grundrisses allerdings wurde viel von den Entwürfen Papworths und auch von dem Knapp'schen Entwurf übernommen. Die ersten Entwürfe Saluccis gehen auf ein Palais aus, wogegen besonders Papworth den Landhauscharakter sehr stark herausgearbeitet hat. Insbesondere der

37 Der Große Festsaal vor der Zerstörung

etwas erhöhte Mittelteil mit den Haupträumen und den beiden seitlichen Innenhöfen findet sich bei Papworth und bei Knapp. So sieht man, daß Salucci, zweifellos auf Veranlassung des Königs, einige gewichtige Gedanken aus diesen Entwürfen übernehmen mußte. Die Straffung zu dem gegenüber den genannten Entwürfen wesentlich verkleinerten Ausführungsplan und die Kongruenz von Innen und Außen ist allerdings sein Verdienst. Er arbeitete beim Grundriß — wie auch schon bei anderen Projekten — mit einem Quadratraster von 29:17 Teilen. Das Schloß bildet ein Rechteck, dessen Langseiten durch je drei giebelbekrönte vorgelegte Portiken gegliedert sind. Der mittlere, um ein Mezzanin erhöht, ist fünfachsig und von ionischer Ordnung, die äußeren dreiachsigen haben toskanische Ordnung. An den Schmalseiten sind je zwei dreiachsige, ebenfalls toskanische Portiken, jedoch eingezogen mit darüber durchlaufender Attika angeordnet. Die Giebeldreiecke sind mit

Reliefs gefüllt. Über den eingezogenen Seitenportiken sind in der Attika Relieftafeln angeordnet. Die vortretenden Seitenportiken werden von Figurennischen begleitet. Ansonsten sind alle Flächen glatt, die Fenster mit geraden Konsolenverdachungen und durchlaufendem Bankgesims. Das Ganze wirkt edel und streng diszipliniert. Die dem Park gegen Stuttgart zugekehrte Seite ist die Eingangsseite mit Auffahrtsrampen und Mitteltreppe noch nach barocker Art. Von den beiden Seitenportiken dieser Front ausgehend, läuft eine schmale Terrasse rings um das Schloß. An der Seite zum Neckartal gegen Cannstatt ist dem Mittelportikus nur eine Freitreppe vorgelegt. So gibt es außer dem Haupteingang neun Ausgänge ins Freie, also ein echtes Landhaus. Der Grundriß ist sehr konsequent und diszipliniert durchgebildet und enthält im Gegensatz zu manchen Vorgängerentwürfen keine Elemente des 18. Jahrhunderts mehr. Mit drei Türen führt der Haupteingang in ein mäßig großes Vestibule, von dem man nach rechts das Vorzimmer des Königs, nach links das der Prinzessinnen betritt. Außerdem erschließt es einerseits die Treppe zum Mezzanin, andererseits Aborte. Geradeaus betritt man, wiederum durch drei Glastüren, direkt den großen Saal des Schlosses, der zwischen den beiden Innenhöfen liegt und von diesen her Licht bekommt. Er ist ebenfalls von ionischer Ordnung, mit schmalen, gerade gedeckten Seitenschiffen, einer Tonne über dem Mittelteil und säulengetragenen Emporen an den Schmalseiten. Seine Mitte wird markiert durch eine Kuppel mit einem verglasten, ringförmigen Oberlicht. Weiter in gerader Folge betritt man den quergelegten Speisesaal im Mittelbau gegen das Tal. Weitere Festräume waren nicht vorhanden. In dem Flügel rechts des Haupteingangs gegen Berg zu befanden sich die Appartements für den König und die Königin. Ersteres begann beim Vestibule und hatte an der Süd- und Ostseite insgesamt neun Räume. Nur die beiden nach Süden gelegenen Salons und das Schlafzimmer in der Mitte der Ostseite waren größer, mit drei Fensterachsen. Alles andere, Arbeitszimmer, Bibliothek und Toilettenzimmer, waren kleine bis mäßig große Räume, wie sie der König gewünscht hatte. Nach Osten und Norden mit der schönsten Aussicht neckaraufwärts folgten bis hin zum Speisesaal die fünf Zimmer der Königin. Gegen den Innenhof mit einer großen Brunnenschale lagen Räume für die engsten Bedienten — Kammerherr und Kammerdiener, bzw. Kammerfrau und Kammerzofe, sowie Garderoben. Von den Alkoven der beiden Schlafzimmer aus konnte man zu Aborten gelangen. Korridore sind keine vorhanden. Auch ist das Appartement

38 Der Speisesaal an der Seite gegen den Neckar, vor der Zerstörung

der Königin außer von den Räumen des Königs nur über die Säle zu erreichen. Entsprechend den beiden Salons der Königin hatten die Prinzessinnen zwei ebensolche auf der anderen Seite des Speisesaals. Wie ihre weiteren nach Westen, dem Park zu gelegenen, verhältnismäßig kleinen sieben Zimmer an die vier Prinzessinnen aufgeteilt waren, ist nicht bekannt. Es handelt sich um die Prinzessinnen Marie und Sophie, Töchter der Königin Katharina, sowie um Katharina und Auguste, Töchter der Königin Pauline. Links vom Vestibule verbleibt bis zu den Prinzessinnenzimmern ein Appartement von fünf Zimmern, das vielleicht für eine Gouvernante bestimmt war. Auch um diesen, gleich ausgebildeten Innenhof legen sich Dienstzimmer und Garderoben sowie Durchgangsräume von den Schlafzimmern zu Aborten. Außerdem hatte der König einen Raum zur Lagerung von Holz und Kohlen, sowie einen weiteren zum Warmhalten und Anrichten der Speisen verlangt, die nicht mehr genau lokalisierbar sind. Das Mezzanin über dem Mittelteil zerfiel in zwei Teile, einen gegen Stuttgart und einen gegen Cannstatt. Sie werden getrennt durch das Gewölbe des Saales. Beidseits davon über den Seitenschiffen liefen aber Verbindungsgänge. Von hier oben waren auch die Saalemporen zugänglich. Die im Mezzanin befindlichen Räume des Kronprinzen Karl, des jüngsten der fünf Geschwister, lagen wohl Cannstatt zu, während sonst nur wenige Räume für seinen Dienst blieben. So war das ganze Haus — hätte es die königliche Familie jemals bewohnt — voll ausgefüllt. Die Küche mit den nötigen Wirtschafts- und Personalräumen war ziemlich weit abgerückt in einem eigenen, im Park versteckten Gebäude, und am Eingang zum Park waren Wachhäuschen mit Lokalen für die militärischen Wachen. Hier sei eingefügt, daß nicht ohne Grund in vielen Schlössern des 18. und des beginnenden 19. Jahrhunderts die Küchen abseits untergebracht waren, im Gegensatz zu den Schlössern der Renaissance. So waren sie, um im Lande zu bleiben, in Ludwigsburg, im Neuen Schloß in Stuttgart, auf der Solitude und in Hohenheim abseits angeordnet. Gründe dafür waren neben der damals sicher nicht mehr an erster Stelle stehenden Feuersgefahr vor allem die Geruchsbelästigung, da ja für den Bedarf eines Hofhaltes nahezu den ganzen Tag gekocht, gebraten und gebacken werden mußte, sowie der Lärm, verursacht durch das viele Personal und die erforderliche Zulieferung.

Es ist bekannt, daß König Wilhelm sein Landhaus Rosenstein zwar schätzte und dort eine beachtliche Gemäldesammlung zusammentrug. Außer gelegentlichen Tagesaufenthalten hat er es mit seiner Familie aber nie benutzt. Ab und zu wurden Festlichkeiten dort abgehalten, so im Februar 1834 der in Stuttgart versammelten deutschen Naturforscher oder im Juni 1839 anläßlich der Vermählung der Prinzessin Sophie mit dem Erbprinzen Wilhelm von Oranien. In den beiden folgenden Jahren mußte man dann in fast allen Erdgeschoßräumen des nichtunterkellerten Baues die Fußböden erneuern, da sie mangels einer Durchlüftung des Sockels verfault waren. In diesem Jahr war der inzwischen 70jährige Salucci aus dem württembergischen Dienst ausgeschieden und nach Florenz zurückgekehrt, wo er 1845 starb.

Das Schloß Rosenstein hat für die alten Württemberger, die König Wilhelm I. sehr schätzten, eine etwas tragische Note. Der König und seine Familie verbrachten den Sommer zumeist in Friedrichshafen am Bodensee in dem dortigen, zum Sommersitz umgebauten, direkt am See gelegenen ehemaligen Kloster Hofen oder in verschiedenen Badeorten.

Erst 1864 siedelte der inzwischen 83jährige König am 20. Juni erstmals zu einer „Luftkur" auf den Rosenstein über. Von einer geplanten Badereise nach Wiesbaden hatten ihm die Ärzte abgeraten, da er sich schon seit dem Frühjahr sehr schlecht fühlte. Jedoch keine Woche dauerte die „Kur" auf dem Rosenstein. Am 25. Juni 1864 starb der König dort. Auch sein Sohn und Nachfolger, König Karl, hielt sich kaum im Schloß Rosenstein auf. Er ließ zwar 1865 gegen Berg zu die mit Rosen bewachsenen Wandelgänge anlegen, folgte dann aber 12 Jahre später, 1877, dem Antrag des Oberbaurats von Egle und des Hofmalers von Bohn, die an die 200 zum Teil bedeutenden Gemälde in Form einer Galerie der Allgemeinheit zugänglich zu machen. So war der Rosenstein bis 1918 eine vielbesuchte Gemäldegalerie. Auch der weit sich ausdehnende Park mit zahlreichen seltenen Bäumen bildete einen großen Anziehungspunkt. Nach 1918 fiel das Schloß an den Fiskus, und es wurde darin die Weltkriegsbücherei eingerichtet. Im Zweiten Weltkrieg brannte der Bau aus, wurde aber äußerlich in der alten Form wiederhergestellt und beherbergt heute das Naturkundemuseum, das frühere königliche Naturalienkabinett, dessen eigener Bau aus dem Ende des 19. Jahrhunderts ebenfalls im Zweiten Weltkrieg zerstört wurde. Im Schloß Rosenstein blieb der Mittelsaal erhalten, da er massiv überwölbt war. Wenn auch einiges von der früheren Pracht der Räume verlorenging, so gibt er doch noch einen letzten Eindruck von der noblen, klassizistischen Haltung auch des Inneren des Schlosses. Insgesamt kann man sagen, daß das Schloß Rosenstein wohl der letzte in echten klassizistischen Formen geglückte Schloßbau des 19. Jahrhunderts war, der aber in seiner Disposition bereits Neues ankündigte.

9 Burg Hohenbeilstein

Als Graf Eberhard von Württemberg im Jahr 1361 die Burg Lichtenberg der Krone Böhmen zu Lehen auftrug, war neben dem nahen Städtchen Großbottwar auch die Burg Beilstein dabei. Es fällt bei Betrachtung der Landkarte auf, daß rechts des Neckars im ursprünglich gräflich Calwischen, dann markgräflich Badischen und gräflich Löwensteinischen Gebiet, das in nachstaufischer Zeit weitgehend von den Württembergern erworben wurde, eine ganze Gruppe von Burgen dicht beieinander liegt, die alle um 1200 entstanden sind.

Eine ähnliche Gruppe findet sich ungefähr auf gleicher Höhe links des Neckars. Rechts des Neckars sind es neben dem hochgelegenen Lichtenberg die in Sichtweite befindliche große Burg Hohenbeilstein und die Turmburg Helfenberg sowie etwas weiter entfernt die ehemals ebenfalls sehr große Anlage der Burg Löwenstein. Links des Neckars handelt es sich um Magenheim mit seinem großen Steinhaus, die in die Stadtbefestigung einbezogene Burg Bönnigheim und um Neipperg. Man wird annehmen dürfen, daß diese Burgen dem Schutz des hier sehr breiten und fruchtbaren Neckartals, des angrenzenden Bottwartals, des Zabergäus und der hier verlaufenden Handelsstraßen dienten. Genau läßt sich dies jedoch nicht mehr feststellen. Im 14. Jahrhundert, als der größte Teil des Gebietes württembergisch geworden war, sicherten die Grafen die Talniederung etwa zwischen den Löwensteiner Bergen bei Lichtenberg bis hinüber nach Lauffen und dem Stromberg in der Nähe von Neipperg durch den württembergischen Landgraben, eine aus Wall und Graben bestehende Befestigung mit Tortürmen an den durch sie hindurchführenden Fernstraßen, einem sehr langen Befestigungsbauwerk, das den Schutz gegen die neckarabwärts folgenden Herrschaften der Reichsstadt Heilbronn und des deutschen Ritterordens übernehmen mußte.

Eine erste Erwähnung der Burg Hohenbeilstein geschieht um 1150, als ein Dietrich von Bilstein genannt wird. (Da der Burgname Beilstein auch im Rheingebiet und anderwärts vorkommt, ist Vorsicht geboten.) Wie bereits eingangs erwähnt, gehörte Beilstein zum Calwischen Herrschaftsgebiet, und um 1230 nennt sich Graf Berthold von Calw auch von Beilstein. Daß schon das erstgenannte Datum um 1150 zutreffend sein könnte, scheinen Ausgrabungen zu bestätigen, welche seit 1898 vorgenommen wurden. Soweit man den davon überlieferten Berichten und Zeichnungen glauben darf, ergaben sie eindeutig, daß vor der heute noch vorhandenen, einheitlichen und in die Zeit um 1200 zu setzenden Anlage bereits an der gegen das Städtchen gerichteten Westseite des heutigen Burgareals eine kleinere Vorgängeranlage bestand. Diese war dicht an den Berghang gerückt und über der damals sicher schon vorhandenen Siedlung errichtet, welche allerdings noch kein Stadtrecht hatte.

Wie der Ausgräber Architekt A. Benz überliefert, fand sich in wesentlichen Teilen eine Fenstersäule eines gekuppelten Fensters mit Würfelkapitell und Basis, welche stilistisch in die Zeit um 1080 weist, also in eine Zeit, in welcher im nahen Oberstenfeld die Stiftskirche entstand. Daß die gefundenen Teile älter als die heute vorhandenen sind, geht klar daraus hervor, daß ihre Fundamente von der neuen Ringmauer durchschnitten werden. Die um oder vielleicht auch kurz vor oder nach 1200 entstandene große Burganlage rückt ihre Ring- oder Mantelmauer um einige Meter hinter die natürliche Hangkante zurück. Somit liegen die gefundenen älteren Fundamente teilweise außerhalb, teilweise innerhalb der neuen Mauer. Benzens Folgerung, bei den älteren Teilen habe es sich um einen Palas gehandelt, der in die neue Anlage hineingenommen worden sei, teilweise vor deren Mauerflucht vortretend, ist sicher nicht richtig. Einmal lassen die von ihm überlieferten Mauerreste keinen einheitlichen, ca. 10×20 m großen Palas erkennen, wie er dies annimmt, zum anderen müßte er zu einer größeren Burganlage gehört haben, von der keinerlei Spuren gefunden wurden. Nur neuere Fundamente innerhalb der neuen Ringmauer fanden sich.

So bildet sich ein einigermaßen eindeutiger Befund heraus. Um 1080 oder gegen 1100 entstand eine kleine, jedoch der Fenstersäule nach zu schließen nicht unbedeutende Burg Beilstein, nach der sich um 1150 jener Dietrich nennt. Diese Burg verschwand um 1200 und wurde durch eine annähernd zehnfach größere, gewaltige und einheitliche Neuanlage ersetzt, welche offensichtlich als Bauherrn die Grafen von Calw hatte, danach aber bald an Baden und dann an Württemberg kam, welches sie schon ab dem Anfang des 14. Jahrhunderts endgültig besaß. Der Ansatz des Neubaues durch Benz kurz vor 1200, auf Grund des rundbogigen Eingangstores und des ebenfalls rundbogigen, gekuppelten Fensters nach Osten dürfte etwas früh sein, denn es finden sich hier eine Reihe von Steinmetzzeichen wieder, die auch im nahen Magenheim festzustellen sind. Da dieses mit einiger Sicherheit um 1220 entstand, könnte man für Beilstein die Zeit zwischen 1200 und 1215 annehmen.

Noch vor der Burg Lichtenberg, welche 1357 an Württemberg verkauft wurde, bereits 1304, erscheint die Burg Beilstein in württembergischem Besitz. Im gleichen Jahr wird der von den Markgrafen von Baden am Fuß der Burg gegründete Ort Beilstein als Stadt bezeichnet. Da es offensichtlich nie einen Ortsadel gab, darf man daraus schließen, daß die zu der um 1200 groß ausgebauten Burg gehörige Siedlung für die Besitzer — lauter angesehene Geschlechter — stets große Bedeutung hatte. Bei weitem nicht so dominierend wie Lichtenberg, doch auch in kegelähnlicher Lage ist die Burg über dem Ort errichtet und stand, wie schon dargelegt, von Anbeginn in engem Zusammenhang mit diesem. Gegen das Städtchen fällt der Hang ziemlich steil ab, wogegen an der nur leicht abfallenden Bergseite ein fast halbkreisförmiger breiter Graben zum Schutze der Burg erforderlich war. Die bald nach 1200 entstandene neue Kernburg ist rings von einem schmalen, wohl immer durch eine Futtermauer gefaßten Zwinger umzogen, der Berme bei vorgeschichtlichen Anlagen vergleichbar.

Die polygonal dem Gelände folgende Ringmauer, ringsum aus erstklassig verarbeiteten Buckelquadern gefügt, umschließt ein Areal, das erheblich größer ist als etwa der schon recht beträchtlich große Burgplatz von Lichtenberg. Von der Bergseite her führt die Brücke über den Graben direkt auf das Tor in der Ringmauer zu, eine bei zeitgleichen Anlagen öfters zu beobachtende Eigenschaft. Direkt hinter der noch heute an die 10 m hohen Ringmauer ist unmittelbar neben dem Eingang der Bergfried errichtet, nicht ganz so groß im Grundriß wie der Lichtenberger, jedoch ebenfalls noch an die 30 m hoch. Seine rechteckige Grundform ist durch eine der Ringmauer zugekehrte massive Spitze zum Fünfeck erweitert. Die Spitze reicht so dicht an die Mauer heran, daß man sich kaum noch durchzwängen kann. Diese etwas ungewöhnliche Form wird damit gedeutet, daß sie die Geschosse von Wurfmaschinen ablenken sollte. Wegen des flachen und gut zugänglichen Vorgeländes wäre dies denkbar. Die bei den Burgen der staufischen Zeit zu allermeist angestrebte Regelmäßigkeit des Grundrisses ist auch hier spürbar, indem die Ringmauer an der Eingangsseite so lange gerade geführt ist, als es das Gelände zuläßt, und neben dem Bergfried rechtwinklig abbiegt.

Außer diesem Bergfried und der fast völlig erhaltenen Ringmauer ist vom Bau des 13. Jahrhunderts nichts mehr übrig. Beobachtet man die Ringmauer, so stellt man fest, daß sie — wie schon erwähnt — nach außen durchweg in Buckelquadern mit zahlreichen Steinmetzzeichen gemauert ist, nach innen ebenso sauber aus glatten Quadern besteht.

Nur für ein kurzes Stück, neben dem Tor beginnend und kurz nach dem Bergfried endend, zeigt sie auch nach innen Buckelquadermauerwerk. Nach den mehrfach genannten Beobachtungen bedeutet dies, daß die ganze Ringmauer von innen bebaut war. Dafür sprechen auch eine romanische Doppelfenstergruppe, eben bei jener rechtwinkligen Ecke, neben dem Tor die einzige Öffnung nach außen, und vier halbrund vorkragende, hoch angeordnete Aborterker, zwei an der Bergseite und zwei an der Talseite, wiederum ein Zeichen des Strebens nach Regularität. Einen genau gleichen Erker hat der Bergfried hoch oben an der dem Tor zugekehrten Seite seines Sporns. Zugänglich waren diese Erker von den oberen Stockwerken der ehemaligen Gebäude, die wohl mit Pultdächern an die Ringmauer anschlossen. Die erwähnten Grabungen im Inneren der staufischen Ringmauer ergaben nach dem Bericht nur Fundamentreste an der schon erwähnten Stelle im Westen über dem Ort sowie in der Nordostecke neben dem Bergfried, wo das einzige nach außen gehende Fenster vorhanden ist, und schließlich an der Nordmauer, westlich des Tores, mit einem gewölbten Keller. Eine daraus entwickelte Rekonstruktion besetzt daher den großen Burghof neben dem bestehenden Bergfried mit Baugruppen an diesen drei Stellen. Daß trotzdem der ganze Bering von innen bebaut war, wird durch den aufgehenden Mauerbestand bewiesen, durch die Grabungen dagegen nicht widerlegt.

In der Südwestecke, vom Bergfried bis zu der Fenstergruppe, wird man den Palas annehmen dürfen, von dem aus auch der an der Innenseite hochgelegene Eingang zum Bergfried zu erreichen war. Bei dem ehemals voll und wohl durchweg drei Geschosse hoch bebauten Umfang der Ringmauer von nahezu 150 m muß die Burg eine Vielzahl von Räumen besessen haben, wie sie anderwärts kaum zu finden ist. Auch dies spricht dafür, daß sie nie für eine einzelne Adels- oder Ministerialenfamilie gedacht war. Ob sie kastellartigen Charakter hatte oder wozu sie sonst diente, muß offen bleiben. Daß die Ringmauer keine Wandansätze zeigt, spricht nicht gegen das oben Gesagte, sondern bestätigt einmal mehr die Technik dieser Burgenbauphase, als erstes und selbständiges Bauwerk die Ringmauer zu errichten.

Berücksichtigt man die erhaltenen alten Abbildungen der Burg, so stellt man fest, daß noch zu Ende des 17. Jahrhunderts die Ringmauer einigermaßen lückenlos von Zinnen umzogen war. Der dahinter liegende Wehrgang hatte Spähschlitze in den Zinnen und Schußöffnungen zwischen diesen und war ursprünglich ohne Bedachung. Auch der Bergfried hatte eine entsprechend ausgebildete Krone mit einem kleinen Dach in der Mitte, das den Ausstieg abdeckte. Daß sein Umgang hinter den Zinnen nicht überdacht war, ließ sich noch bis in jüngste Zeit herein an den original erhaltenen Abwässerungsrinnen mit Wasserspeiern ablesen, die heute leider zubetoniert sind, offenbar ohne dokumentiert worden zu sein. So viel jedenfalls ist sicher, daß dem Bergfried an seiner heutigen Höhe nur die Zinnen fehlen. Stockwerksab-

40 Halbrunder Aborterker in der Ringmauer an der Talseite

sätze und Balkenlöcher zeigen, daß er im Inneren mehrere Stockwerke hatte, welche aber nicht für längeren Aufenthalt geeignet waren. Nur das oberste mit dem Aborterker könnte einem Wächter in Gefahrenzeiten für längeres Verweilen gedient haben.

Damit entsteht das Bild einer staufischen Burg, wie es bislang nicht bekannt war oder zumindest doch ungewöhnlich ist. Die Ringmauer hatte ihren Eingang genau gegen den Feind. Ein Wehrgang mit Zinnen und Sehschlitzen lief ringsum. Dahinter war eine Vielzahl von Gebäuden verborgen, die geeignet war, eine große Zahl von Menschen, Pferden, Vieh und Vorräten aufzunehmen. Genauso hatte der Bergfried einen Zinnenkranz. Das Ganze war ein Kastell, wie es in staufischer Zeit zumindest in Süddeutschland wohl einmalig sein dürfte. Alle Merkmale anderer gleichzeitiger Burgen treffen hier nicht zu.

Wann die Stadt befestigt und durch Flügelmauern mit der Burg verbunden wurde, ist nicht mehr genau feststellbar. Ihre beiden Tortürme und nahezu die ganze Stadtmauer sind längst wieder verschwunden. Den bei der Burg noch erhaltenen Resten nach zu schließen, geschah dies zusammen mit der Verstärkung der Kernburg durch Vorwerke im Laufe des 15. Jahrhunderts. Formvergleiche weisen auf die Mitte oder spätestens die zweite Hälfte dieses Jahrhunderts hin.

Auch hier bestätigt sich die allgemein beobachtete Tatsache, daß die Ausbildung der Feuerwaffen eine Verstärkung der Burgen und eine Vorverlegung der Verteidigungslinie erforderlich machte. In diesem Falle wurde außerhalb des Grabens ein weit umgreifender Zwinger angelegt, der zwischen der Mauer mit Wehrgang und dem Grabenrand noch einen breiten Umgang läßt. Sein Torturm ist genau in der Achse des inneren Tores angeordnet. Innerhalb der Flügelmauern gegen die Stadt hinab verzichtete man auf diesen Zwinger. Nach der recht flachen Ostseite ist er bastionsartig durch zwei Rundtürme mit Schießscharten verstärkt.

Nach Zerstörungen und Bränden im Bauernkrieg soll die Burg nicht mehr benutzt worden sein. Ihre Gebäude wurden offenbar systematisch abgetragen und wohl anderweitig als Baumaterial verwendet. Schon 1566 existierte nur noch über dem Keller neben dem Tor ein recht bescheidenes Gebäude, das schon damals als baufällig bezeichnet wurde. Die 1693 durch die Franzosen in der Stadt angerichteten Zerstörungen können sich hier kaum noch ausgewirkt haben.

Nachdem das Burgareal im Laufe des 19. Jahrhunderts in Privatbesitz gelangt war und dem weiteren Verfall notdürftig Einhalt geboten wurde, erwarb es im Jahre 1898 Kommerzienrat Vollmoeller, ein Stuttgarter Industrieller, den eine Gedenktafel neben dem Burgtor noch heute zu Recht als den Retter von Hohenbeilstein bezeichnet. Durch große Geländekäufe schuf er im Zusammenhang mit der Burg ein Weingut als wirtschaftlichen Rückhalt für das Erhaltungswerk. Er ließ durch den Architekten Benz die genannten Grabungen durchführen und daraus ein großes Wiederherstellungsprojekt entwickeln, das neben dem Wiederaufbau der eigentlichen Burg auch die im halben Hang gelegene Magdalenenkirche, eine Kelter und das sogenannte „Untere Schloß“ samt den Flügelmauern der Stadtbefestigung einbezog. Es ist interessant zu beobachten, wie dieses Projekt ähnlich wie zahlreiche andere gleichzeitige, zwar wissenschaftliche Forschungen — Grabungen und Studium alter Ansichten — zum Ausgangspunkt (und gewissermaßen zum Vorwand) nimmt, daraus aber Vorstellungen entwickelt, welche diese sachlichen Untersuchungen völlig negieren und nur das Bild fixieren, das in die Vorstellungen der Zeit paßt. Das Ergebnis, wäre es vollendet worden, hätte mit den historischen Gegebenheiten nichts mehr zu tun gehabt, und man kann begrüßen, daß mit den Arbeiten am „Unteren Schloß", den Flügelmauern und den Außenwerken begonnen wurde, wogegen an der Oberburg außer tatsächlichen Sicherungen nur wenig passierte. Der Erste Weltkrieg setzte den Arbeiten ein Ende. So erhielten Ringmauer und Zwinger ihre Zinnen wieder und die beiden Rundtürme Dächer zu ihrem Schutz, richtigerweise in Hohlziegeln gedeckt. Auch der Abschluß des noch in voller Höhe erhaltenen Bergfrieds wurde wieder in Ordnung gebracht und mit einem innenliegenden Dächlein über dem Ausstieg versehen, wie er es immer hatte. Erst die jüngste Zeit hat die Reste der alten Abwässerung zubetoniert und einen recht häßlichen, zu flachen und zu ausladenden Zeltdachabschluß aufgesetzt. Weitere damals ausgeführte Zutaten an der Hauptburg sind längst wieder verschwunden. Das Gebäude neben dem Tor über dem ehemals gotischen Keller ist in seiner heutigen Form nicht gerade eine Zierde der Burg. Trotzdem trägt es zur Erhaltung der Burgruine bei, da in ihm eine Gaststätte untergebracht ist. Außerdem befindet sich im Burgareal einschließlich des Grabens und der Zwinger eine Falknerei, welche ebenfalls zur Erhaltung der Anlage beiträgt und als ein immerhin möglicher und durchaus anzuerkennender Verwendungszweck für solch eine Anlage angesehen werden kann. Das Rätsel der Verwendung des Kastells Hohenbeilstein in staufischer Zeit ist damit allerdings nicht gelöst.

10 Burg Lichtenberg

Hoch über Oberstenfeld im Bottwartal in einer so beherrschenden Lage, wie sie nur selten zu finden ist, erhebt sich die Burg Lichtenberg, deren mächtiger Bergfried die massige Anlage beträchtlich überragt und weithin sichtbar ist. Man geht daher sicher nicht fehl anzunehmen, der Erbauer einer so herausragenden Anlage habe auch gewisse politische Bedeutung gehabt. Im Jahr 1197 erscheint erstmals ein Albertus de Lichtenberg (in der neueren Literatur Albrecht genannt, und zwar in einer Urkunde des Markgrafen Hermann von Baden. Das im Grenzbereich zwischen dem Glemsgau und dem Murrgau gelegene Bottwartal war in der ersten Hälfte des 12. Jahrhunderts in die Kämpfe zwischen den Welfen und den Staufern einbezogen. Im Laufe des 12. Jahrhunderts, als die Staufer die Oberhand gewonnen hatten, erscheinen als Erben der mächtigen Grafen von

Calw, denen das Gebiet gehörte, die Markgrafen von Baden und die Grafen von Löwenstein. Mit ihnen in engerer Verbindung scheint der erste faßbare Herr von Lichtenberg gestanden zu haben. Mit einiger Sicherheit waren die Lichtenberger, die wenig später „nobiles“ genannt werden, nicht nur Ministerialen, sondern gehörten zum Hochadel. Jedenfalls waren sie auch bei jenen Geschlechtern, die durch die Blüte des Stauferreiches zu Einfluß und Ansehen gelangten. Außerdem darf man annehmen, daß ein wenn auch nicht mehr zu klärender Zusammenhang zwischen den Herren von Lichtenberg und dem am Fuße ihrer Burg gelegenen Oberstenfeld bestanden haben wird.

Dieser Ort aber besitzt zwei bedeutende Kirchen, die Stiftskirche St. Johannes Baptista und die kleine, vor dem Ort gelegene St. Peterskirche, wohl eine Begräbniskirche. Beide Kirchen sind im dritten Viertel des 11. Jahrhunderts entstanden. Die Stiftskirche wurde etwa 1230—1240 durch einen Neubau ersetzt, welcher nur die Krypta des früheren Baus beibehielt. Oberstenfeld war ein adliges weltliches Damenstift. In dem vorauszusetzenden Wechselspiel zwischen Stift und Burg bleibt dem Historiker noch manches zu klären übrig. Auch sind die baugeschichtlichen Untersuchungen beider Bauwerke noch lange nicht voll ausgeschöpft.

Lichtenberg ist eine Abschnittsburg auf einem hohen Bergrücken, dessen vorderster Teil fast wie ein Kegel in das Tal vorspringt. Sie wirkt daher ähnlich wie jene hochadligen Kegelburgen der früheren Burgenbauphase im 11. und frühen 12. Jahrhundert. Ein großer Halsgraben trennt den Burgplatz vom Berg ab, wobei der Graben allerdings an der vom Bottwartal abgewandten Seite einigermaßen flach ausläuft. Wie schon mehrfach bei bedeutenden Burganlagen dieser Zeit festgestellt, so wird auch hier durch die Kernburg eine etwas tiefer gelegene Terrasse an der Bergspitze gedeckt, welche für ein Zeltlager durchziehender Truppen oder für das Gefolge eines hohen Gastes geeignet war. Wie auch andernorts wird dieser Platz dann später in die Außenwerke einbezogen.

In ihrer Grundform bildet die Kernburg, welche noch heute von der zweifellos in einem Zuge entstandenen Ringmauer umzogen wird, ein dem Oval ähnliches, unregelmäßiges Polygon, das dem Gelände folgt. Die Brücke führte wohl immer an der Stelle wie noch heute, nahe dem Abhang ins Bottwartal so über den Graben, daß man den Burgplatz im Süden, also links außerhalb der Ringmauer betritt und damit richtig ankommt (d. h. so, daß die verwundbare rechte Körperseite, die nicht vom links getragenen Schild gedeckt werden konnte, der Burg zugewandt ist). Wenig rechts neben der Brücke tritt der Bergfried etwas vor die Ringmauer und sichert damit den Grabenübergang. Die Kernburg liegt quer zum Bergsporn. Sie ist zugänglich an der etwas eingeknickten Südschmalseite, so daß man nach dem Überschreiten der Brücke sich nach rechts wenden muß. Der große Burghof war wohl, wie noch heute, immer nur an zwei Seiten nach Süden neben dem Bergfried und über dem Tor und nach Westen gegen die Bergspitze von Gebäuden bestanden.

Die Burg entstand, soweit sich feststellen läßt, kurz vor und um 1200, so daß der genannte Albertus oder Albrecht wohl als der Bauherr anzusehen ist. Am Baubestand läßt sich ablesen, daß während des Baues, noch ehe die Burg ganz vollendet war, Planänderungen erfolgten. Vom Bergfried nach Osten, als Deckung gegen den Graben, verläuft eine 2,60 m starke Mauer, welche nach außen und nach innen in Buckelquadern ausgeführt ist, wie auch der Bergfried und die ganze Ringmauer. Sie war also vom Hof her ursprünglich nicht bebaut, hatte zweifellos Schildmauerfunktion und trug sicher einen Wehrgang. An der östlichen Schmalseite und an der Talseite ist dann die Ringmauer wesentlich weniger stark ausgebildet. Wie schon eingangs erwähnt, verläuft an dieser Nordostecke der Graben verhältnismäßig flach, so daß die eigentliche Angriffsgefährdung gar nicht so sehr bei der durch den Bergfried hinreichend gedeckten Brückenflanke lag, sondern an der Ostflanke, was dazu führte, daß hier in voller Größe vor die Mauerflucht vortretend ein weiterer Turm entstand, im Grundriß fast so groß wie der Bergfried, jedoch nur etwa halb so hoch. Das ganz knappe Einbinden dieses Turmes in die Schildmauer läßt vermuten, daß diese hinter ihm bereits ganz oder teilweise fertig war und nach seiner Vollendung wieder abgebrochen wurde. Daß dieser Turm nie als zweiter Bergfried gedacht war, wie man zuweilen in der Literatur lesen kann, zeigt sein innerer Aufbau.

Der Bergfried von ungewöhnlich großen Dimensionen — in der Mauerflucht 9,50 m, in der Tiefe 10,30 m messend und ca. 30 m hoch — hat seinen Zugang vom zweiten Obergeschoß des an der Südseite immer vorhandenen Wohnbaues oder Palas her über einen auskragenden Steg, der ehemals überdacht war. Darunter enthält er keine nutzbaren Räume. Im Eingangsgeschoß ist hinter der Schildmauer ein Abort in die Mauerdicke eingelassen. Die Räume darüber haben nur wenige Luftschlitze. Eine Auswärtsverteidigung war also nur von der Plattform des Turmes aus möglich. Der heutige Abschluß mit großen Öffnungen und einem Zeltdach entstand erst in diesem Jahrhundert als Wetterschutz und Sicherung für diejenigen, die den Turm besteigen, um die weite Sicht zu genießen. Interessant am Inneren dieses Bergfrieds, der im Gegensatz zum heutigen Zu-

42 *Bergseite mit Eingang, Bergfried und hinterem Wehrturm*

stand eine größere Zahl von Stockwerken besaß, ist die Beobachtung, daß die Auflager für die Holzbalkendecken nicht durch eine Verjüngung der Außenmauer und die dadurch entstehenden Mauerabsätze geschaffen wurden, wie dies zumeist der Fall war, sondern durch an zwei gegenüberliegenden Seiten (bei der kürzeren Spannweite) eingemauerte, im Viertelkreis, von unten gesehen wulstartig vorkragende, auf die ganze Raumlänge durchlaufende Steine. Dadurch behält der Turm bis oben seine volle Mauerstärke. Nach der Zahl seiner ehemaligen Stockwerke und Räume zu schließen, war er immerhin für den vorübergehenden Aufenthalt einer größeren Zahl von Personen geeignet.

Anders der zweite Turm. Zwar hat auch er nach außen nur ein paar Luftschlitze, konnte also der Auswärtsverteidigung ebenfalls nur von einer anzunehmenden Plattform aus dienen (auch sein Zeltdach ist sehr jung). Dafür enthält er im Erdgeschoß und im ersten Stock zwei tonnengewölbte Räume, zum Hof nur mit einer dünnen Mauer abgeschlossen. Der untere ist ebenerdig zugänglich, der nächste hat einen über eine äußere Holztreppe zugänglichen Eingang und Fenster zum Hof. Der darüber folgende Raum im zweiten Stock ist über den Wehrgang an der Ostmauer zu erreichen und von ihm aus gelangt man zum obersten Turmraum. Wozu diese Gelasse dienten, ist unbekannt. Jedenfalls war die Funktion dieses Turmes eine andere als die des Bergfrieds. Die Ostflanke der Burg war durch ihn hinreichend gesichert.

Anschließend an den Bergfried, die ganze Südseite mit dem Eingang einnehmend, befand sich von Anbeginn der Palas, der Hauptwohnbau. Die These, es habe sich zunächst nur um einen turmartigen Wohnbau neben dem Bergfried gehandelt, der später über das Tor hinweg nach Westen erweitert worden sei, ist nach dem Baubefund nicht haltbar. Durch den Palas führte im Erdgeschoß die Durchfahrt, deren Überwölbung sicher später ist. An den Bergfried schloß sich die Kapelle an mit einer sehr schönen Dreier-Fenstergruppe nach außen, welche am Fugenschnitt erkennen läßt, daß sie nachträglich eingebrochen wurde, aber durchaus noch der Romanik angehört. Daß sich die Kapelle in unmittelbarer Nähe und Verbindung mit dem Eingang befindet, ist für mittelalterliche Burgen die Regel, da der Patron, meist der hl. Michael oder der hl. Georg, so die Burg am besten schützen und vor allem böse Geister bannen konnte. Von den in der Kapelle freigelegten Wandmalereien sind die älteren in den Anfang des 13. Jahrhunderts datiert worden.

Jenseits der Tordurchfahrt befindet sich ein Raum ebenfalls mit einer Dreier-Fenstergruppe nach außen und einem Aborterker an der Talseite, der heute als Rittersaal bezeichnet wird, aber zweifellos die Türnitz, die Mannschaftshalle war. Auch in ihm sind wulstartig vorkragende Steine zur Aufnahme der wohl noch original staufischen eichenen Deckenbalken vorhanden, wie sie der Bergfried zeigt. In die oberen Stockwerke gelangte man wie noch heute über vorgebaute Holztreppen. Im ersten Stock befand sich mit großer Sicherheit über Türnitz und Durchfahrt ein Saal mit einem Aborterker ebenfalls an der Talseite (anstelle des heutigen jüngeren Wohnerkers). Hier wäre die Bezeichnung Rittersaal eher angebracht. Daneben war gegen den Graben noch ein stattliches Gemach, vielleicht der heizbare Wohnraum, von dem noch zwei mit Spitzbogen schließende originale Fenster gegen die Grabenseite erhalten sind. Im ebenfalls noch massiven zweiten Obergeschoß wird man Schlaf- und Wohnräume des Burgherren annehmen dürfen. Von der heutigen, gotischen Empore der Kapelle im Erdgeschoß, die zweifellos einen romanischen Vorläufer hatte, führte eine Tür zu einer Treppe in den Saal im Obergeschoß. Sie wurde schon früh zugemauert, da ihre Abmauerung von der gotischen Malschicht überdeckt ist.

43 *Burghof und Wehrgang*

Sowohl an der Hoffront, als auch an der Außenseite des feindabgewandten, fast 40 m langen Westflügels kann man so zahlreiche Veränderungen ablesen, daß genaue Deutungen nicht mehr möglich sind. Auch dieser Bau, wohl für Stallungen, Wirtschaftszwecke und Gefolge gedacht, hat ein völlig massives Erdgeschoß von einst beachtlicher Geschoßhöhe, von der heute ein niederer Zwischenstock abgeteilt wurde. Die massiven Querwände gehen in voller Höhe durch und zu ihnen passen große, vermauerte Toröffnungen. Da die meisten Veränderungen an Türen und Fenstern der späteren Gotik und der Renaissance angehören, darf man auch hier den Grundbestand in die Zeit um 1200 setzen. Der Keller unter dem Flügel ist jünger. Das Obergeschoß ist an der Hofseite in Fachwerk ausgebildet. Eine der massiven Querwände reicht bis hier herauf, so daß man sicher folgern kann, daß der Bau nicht immer die gleiche Höhe besaß.

Etwas fraglich ist der turmartige Vorbau vor die Westfront. Er muß einer nicht näher datierten gotischen Bauzeit angehören, diente als Flankenturm mit Schießscharten nach außen und seitlich zum Bestreichen der Mauer und gehört wohl zur Verstärkung der Burg durch Vorwerke. Ähnlich wie beim Nordostturm ist sein gewölbtes Erdgeschoß ebenerdig vom Westflügel aus zugänglich. Ein weiterer Zugang ist im obersten Stock dieses Flügels, von wo eine schmale Treppe in einen ebenfalls gewölbten, sonst nicht zugänglichen Raum hinabführt. Mit großer Sicherheit entstand bald nach 1200 noch der Torbau bei der Brücke, wenigstens in seinen unteren Teilen, bestehend aus dem in der Flucht der Ringmauer liegenden Tor und einem turmartigen Bau gegen das Bottwartal hin. Damit waren der Vorbereich und das Hintergelände der Burg entsprechend gesichert.

In einer oder mehreren nicht mehr genau faßbaren Phasen erfolgte dann die Anlage von Vorwerken, die mit einiger Sicherheit dem 15. Jahrhundert zuzuordnen sind, der Zeit, welche durch die schweren Handfeuerwaffen solche Maßnahmen nötig machte. Alle Zwinger, die um die Burg her entstanden, haben weder Flankentürme noch Kasematten oder Wehrgänge, sind also wohl schon zu Anfang des 15. Jahrhunderts errichtet worden. Der Halsgraben wurde gegen das Bottwartal mit Mauern geschlossen, und aus dem hinter der Burg gesicherten Platz wurde ein ummauerter Wirtschaftshof, durch den vorher beschriebenen Flankenturm entsprechend gesichert. Auch gegen das Bottwartal wurde ein großer Zwinger mit einer Rundbastion — gegen die Angriffsseite mit einer Spitze versehen — angelegt.

Nach dem 1197 genannten Albertus oder Albrecht de Lichtenberg wird

1255 in einer Urkunde des Klosters Ellwangen ein „Albertus Nobilis de Lichtenberc" genannt. 1297 erscheint ein Albertus dictus Hummel de Lichtenberc. Der Name scheint in der Familie beliebt gewesen zu sein, denn die drei genannten Albertus oder Albrecht müssen des zeitlichen Abstandes wegen verschiedenen Generationen angehört haben.

Das Geschlecht der Herren von Lichtenberg hat in der Folge einige recht bedeutende Mitglieder hervorgebracht. So war Sigibodo Geheimschreiber des Königs Albrecht und von 1302—1314 Bischof von Speyer. Albert Hummel von Lichtenberg, vermählt mit Agnes von Mühlhausen, war ein getreuer Anhänger und Marschall des Kaisers Ludwig des Bayern. Zeitweilig war er Landvogt im Elsaß und starb vor 1353. Sein Bruder Hermann war Kanzler desselben Kaisers. Er erhielt 1333 von diesem die Würde eines Bischofs von Würzburg und konnte sich gegen seinen Gegenbischof Otto von Wolfskeel behaupten bis er 1335 starb.

Warum die Familie von Lichtenberg am 27. August 1357 ihre Burg samt einigen zugehörigen Ortschaften und der Vogtei über das Stift Oberstenfeld an den Grafen Eberhard von Württemberg und seine Gemahlin Elisabeth von Henneberg verkaufte, wird nicht mehr zu ergründen sein. Verkäufer waren Albert und Heinrich, die Enkel des oben genannten Albert, sowie deren Mutter Beatrix von Eberstein. Allerdings blieben sie als Burgmannen weiterhin auf Lichtenberg. Der letzte der Familie war Heinrich Hummel von Lichtenberg. Er erhielt am 7. August 1401 von König Rupprecht den Speicherhof in Speyer verliehen. Noch 1403 wird er als Burgmann auf Lichtenberg genannt.

Bald nach dem Verkauf Lichtenbergs trugen am 3. Dezember 1361 Graf Eberhard von Württemberg und sein Bruder Ulrich der Krone Böhmen Lichtenberg, Beilstein, Großbottwar und Neuenbürg zu Lehen auf, ein Zustand, der, wenn auch längst nicht mehr genutzt, erst am 26. Dezember 1805 durch den Preßburger Frieden erlosch. Trotz dieser Lehenshoheit konnten die Württemberger über die Burg verfügen. So erhielt sie 1434 Hermann Nest von Obrigheim und dessen Frau Dorothee von Wissenbrunnen als lebenslangen Sitz. Die Beiden mußten dafür allerdings ihr Viertel, das sie am Schloß Lauffen am Neckar besaßen, an Württemberg abtreten. Man sieht daraus, wie Württemberg weiterhin bestrebt war, seinen Besitz zu vergößern und abzurunden, auch mit kleinsten Schritten.

Schließlich erhielt die Familie von Weiler, aus dem Weinsberger Tal unterhalb von Löwenstein stammend am 14. 6. 1483 durch Graf Eberhard im Bart das Schloßgut Lichtenberg als böhmisches Afterlehen „... und noch heutzutage besitzt solches als württembergisches Mannlehen der Freiherr von Weiler", so liest man zu Ende des letzten Jahrhunderts. Heute ist Lichtenberg der Wohnsitz des Freiherrn von Weiler, der bemüht ist, die in Jahrhunderten kaum veränderte Burg auch weiterhin zu erhalten. Die Familie kann ihren Stammbaum in Weiler bis in die Zeit zurückverfolgen, in der Lichtenberg erbaut wurde. Im Jahr der Belehnung mit der Burg Lichtenberg, 1483, ist Dietrich von Weiler Württembergischer Landhofmeister, so daß diese Belehnung nicht ganz von ungefähr und nicht ohne Nachhilfe erfolgt sein wird. Sein Sohn Dietrich wird 1525 von den Bauern bei Weinsberg erschossen und soll danach vom Turm der Kirche herabgestürzt worden sein. Ein Burkardt von Weiler (geb. 1574, gest. 1643) war Obervogt in Schorndorf, einer wichtigen Landesfestung, und danach Hofrichter in Tübingen und als solcher Mitarbeiter am Landrecht, das den Württembergern mehr Rechte gab, als vielen anderen Untertanen. Die Freiherren von Weiler waren demnach würdige Nachfolger derer von Lichtenberg.

11 Die Burg Magenheim

Hoch über dem Ort Cleebronn im Zabergäu liegt als Abschnittsburg die Burg Magenheim. Betrachtet man den heutigen Zustand, so ist man im Zweifel, ob man von einer Burg, einem Schloß oder nur von einem festen Haus sprechen soll. Bei genauem Zusehen jedoch stellt man fest, daß alle heute noch erhaltenen wesentlichen Teile in die Zeit zurückgehen, da dieser Bau als Burg errichtet wurde. Das Zabergäu ist seit alters eine der fruchtbarsten Landschaften des deutschen Südwestens. Hier waren die Herren von Magenheim die vornehmste Familie. Sie waren hochadelige „Freiherren" und nannten sich von Magenheim (Meginheim). Ihre erste urkundliche Erwähnung erfolgt 1147, doch wird angenommen, daß das Geschlecht wesentlich älter ist (1050). Zeitweilig ist von einer oberen und unteren Burg Magenheim die Rede, wobei sich die obere Burg auf dem hoch über dem heutigen Burgplatz aufsteigenden Michaelsberg befunden haben soll. Reste von ihr sind dort allerdings bis heute nicht nachgewiesen worden, auch soll die untere Burg, von der hier die Rede ist, die ältere sein. Sie entstand in den heute erhaltenen ältesten Teilen zweifellos im Zeitraum zwischen 1220 und 1250, in der Zeit also, in welcher der staufische Burgenbau eine letzte große Blütezeit erlebte. Für einen mit einiger Sicherheit vorhanden gewesenen Vorgängerbau gibt es derzeit keine Anhaltspunkte, was allerdings nicht gegen seine Existenz spricht.

Magenheim hat die typische Lage einer Abschnittsburg, von unten, vom Ort Cleebronn aus betrachtet, hoch am Berge gelegen, von der Bergseite her, von wo der Zugang zu ihr führt, geht man sogar leicht hinab. Noch bis zum Anfang unseres Jahrhunderts war sie durch zwei dicht hintereinander liegende Abschnittsgräben vom Hintergelände getrennt. Der äußere Graben ist nur noch in Andeutungen erkennbar. Wie schon erwähnt, steigt das Hintergelände von diesen Gräben aus leicht an, und die im Süden vorbeiführende Straße wird durch eine mäßige Schlucht vom Burgplatz getrennt. So hatte die Burg nur solange Verteidigungswert, als es noch keine weitertragenden Feuerwaffen gab, was wiederum die für uns heute erfreuliche Folge hatte, daß im späteren Mittelalter kein weiterer Ausbau erfolgte und damit der ursprüngliche Zustand noch weitgehend erhalten ist.

Die staufische Burg, durch den erwähnten doppelten Halsgraben gesichert, bestand aus einem großen, fast rechteckigen Steinhaus, welches an die Nordwestecke des Burgplatzes gerückt ist, dort wo er einigermaßen steil nach Cleebronn abfällt. Es wendet seine Ostschmalseite dem Berg zu und war damit in die Verteidigung mit einbezogen. Dies läßt sich in den Grundrissen daran ablesen, daß die beiden Außenwände stärker sind als die dem Hof zugekehrten. In gleicher Stärke wie die Außenwände des Steinhauses umzog eine Ringmauer, dem unregelmäßigen Geländeverlauf folgend, einen sich vor die Südseite des Steinhauses legenden mäßig großen Burghof, in dem sich zweifellos verschiedene Wirtschaftsgebäude befanden, von denen jedoch nichts erhalten ist. Sie scheinen nur leicht gebaut gewesen zu sein, denn bei Grabarbeiten in jüngerer Zeit im Burghof fand man keinerlei Fundamentreste. Auch gibt es keine Anzeichen dafür, daß einstmals ein Bergfried vorhanden gewesen wäre, welcher dann wohl die Südostecke besetzt haben müßte. Auf einer schon seit langem bebauten Hangterrasse, die sich wenig unterhalb der Burg um diese herumzieht, dürften wohl schon seit Anbeginn weitere Wirtschaftsgebäude gestanden haben.

Bereits um 1330 scheint das Geschlecht der Magenheimer seine füh-

45 Burgeingang und Ostgiebel des Steinhauses

rende Rolle im Zabergäu eingebüßt zu haben, denn die Burg fällt an die Grafen von Württemberg. Zweifellos in die Jahre bald nach diesem Besitzwechsel gehört die noch heute das Äußere des Steinhauses stark beeinflussende Baumaßnahme, welche an der Hofseite des Erdgeschosses große Maßwerkfenster und eine ebenerdige Pforte einbrach. Der wahrscheinlich einzige spätromanische Zugang zu den oberen Geschossen liegt höher und an der dem Feind völlig abgewandten, ins Tal blikkenden Westseite. Aus den großen Fenstern darf man schließen, daß der Wehrcharakter zugunsten einer gewissen Repräsentation bereits damals zurückgetreten war. Die neben dem Eingangsraum im Erdgeschoß so gebildete neue große Halle wird sowohl als Rittersaal wie auch als Kapelle gedeutet. Beides ist unwahrscheinlich, und es gibt keine Bestätigung dafür, vielmehr wird man annehmen dürfen, daß es sich um einen Amtsraum und Gerichtssaal gehandelt haben wird, denn Magenheim diente den Grafen von Württemberg als Amtssitz für einen Vogt, welcher neben seiner Verwaltungstätigkeit auch die niedere Gerichtsbarkeit ausübte und hierfür einen entsprechenden gut zugänglichen Raum benötigte.

Die seit dem Ende des 14. Jahrhunderts verpfändete Burg fällt als sachsenheimisches Lehen 1561 an Württemberg zurück. Seit 1587 gehört der unterhalb der Burg liegende, schon genannte Wirtschaftshof, der „Schafhof", den Herren von Liebenstein. Durch den desolaten Zustand, insbesondere der Ringmauer, sehen sie ihren Besitz durch die Gefahr herabstürzender Mauerteile bedroht. Auf eine entsprechende Reklamation hin antwortet Württemberg mit Zustimmung des Herzogs Ludwig 1592/93 dadurch, daß es die ganze Burg an die Herren von Liebenstein verkauft. Diese wiederum beheben nicht nur die beanstandeten Schäden, sondern modernisieren den Bau im Sinne der Renaissance. Dadurch entstand im wesentlichen das noch heute erhaltene äußere Erscheinungsbild. Allerdings hat diese Modernisierung — für den Bauforscher betrüblich — außer den genannten großen Maßwerkfenstern nahezu alle anderen spätromanischen und gotischen Öffnungen des Baues entfernt.

Ab 1657 fällt Magenheim an Württemberg zurück und gehört nun zur Kellerei Brackenheim (Kellerei = Bezeichnung eines Verwaltungsbezirkes). 1823 werden Schloß und Nebengebäude sowie einige Gärten an Cleebronn verkauft. Die zugehörige Domäne wird an Cleebronner und Bönnigheimer Bürger zerstückelt. Das dadurch seines wirtschaftlichen Rückhalts beraubte Schloß wird ab 1825 an Privatleute verkauft und wechselt bis 1859 sechsmal den Besitzer. Von da an bis 1873 gehörte es den Freiherren von Tessin, welche in der Nähe begütert waren. Damals soll es einige hervorragend eingerichtete Wohnzimmer gehabt haben. Auch werden in diese Zeit die neugotischen Erneuerungen fallen, welche zum Teil heute noch vorhanden sind. Der Zustand des Bauwerks wurde immer schlechter, bis es bald nach dem Zweiten Weltkrieg vom heutigen Besitzer erworben wurde, welcher mit viel Idealismus große Beträge investierte, um den Bau wieder bewohnbar und die Umgebung ansehnlich zu machen.

Größere, durch Abschieferung des Burgfelsens besonders an der Nordwestecke inzwischen aufgetretene Bauschäden konnten im Zuge des Stauferjahres 1976/77 behoben werden. Die dadurch notwendig gewordenen Arbeiten wären über die Möglichkeiten eines einzelnen hinausgegangen.

Verfolgt man anhand vorhandener alter Abbildungen die Entstehung der Burg Magenheim von der Gegenwart zurück in das Mittelalter, so ergibt sich, daß das heutige Bild mit dem neugotischen Belvedere auf der Südostecke links des Tores und dem zinnenbekrönten Altanenaufgang an der Eingangsseite sowie dem Steinhaus mit den gedoppelten Fenstern und den Schweifgiebeln der Renaissancezeit im wesentlichen schon um 1890 so bestand. Die Form dieser Renaissancegiebel weist eindeutig auf Georg Beer, den Erbauer des Stuttgarter Neuen Lusthauses, oder einen seiner Mitarbeiter hin, was zeitlich sehr wohl paßt. Wie oben erwähnt, entstanden sie, nachdem die Burg durch die Herren von Liebenstein von Württemberg übernommen worden war. Die neugotischen Teile entstanden zweifellos unter den Freiherren von Tessin, während der Renaissanceumbau wohl kurz vor 1600 eben unter jenen Herren von Liebenstein stattfand.

Interessant ist ein Aquarell vom 6. Oktober 1814 von August Seyffer, einem Mann, der in jener Zeit zahlreiche Abbildungen rings im Lande schuf. Es zeigt das große Steinhaus in der genannten Gestalt mit den Schweifgiebeln. Über dem Tor befindet sich ein offensichtlich ebenfalls zur Renaissancephase gehöriger schmälerer, aber gleich hoher Flügel, wiederum mit zwei gleichartigen Schweifgiebeln. Der hier abgebildete Flügel über dem Tor gehörte nicht nur der Renaissanceperiode an, sondern enthielt wahrscheinlich wesentliche, heute verschwundene Teile eines staufischen Torbaues. Wann er abging, ist unbekannt. Der doppelte Graben ist sowohl auf dieser Abbildung als auch auf jener von 1890 deutlich zu erkennen. Geht man weiter zurück, so stößt man auf die Abbildungen des herzoglich Württembergischen Kriegsrats und Obrist-Lieutenants Andreas Kieser, der in herzoglichem Auftrag von 1680 bis 1687 durch geschworene Feldmesser, nach Forstbezirken gegliedert, das sogenannte „Forstkartenwerk" aufnehmen ließ. Als Erläuterung zu den Karten entstanden die Forstlagerbücher. Beide liefern ein aus der Württembergischen Landesgeschichte nicht mehr wegzudenkendes wichtiges und nachgewiesenermaßen zutreffendes Bildmaterial. Die entsprechende Forstkarte von 1684 zeigt die Burg Magenheim von Nordwesten hoch in den Weinbergen über Cleebronn. Es dominiert das große Giebelhaus. Nach Osten ist eine Brücke mit doppeltem Graben und nach Westen der bastionsartige Vorbau mit Zinnenbekrönung gezeigt. Darunter sind die Wirtschaftsgebäude des „Schafhofes“ angedeutet. Genau gleich, nur deutlicher, zeigt dies die Abbildung im zugehörigen Forstlagerbuch aus dem gleichen Jahre. Hier ist neben Fenstern und Schornsteinen auch die Zugbrücke zu erkennen. Damit ist soviel sicher: Die mittelalterliche Burg Magenheim wurde zu Ende des 16. Jahrhunderts im Sinne der deutschen Renaissance spürbar verändert. Die Veränderung ließ zwar die wesentlichen Teile der staufischen Mauersubstanz bestehen, veränderte oder entfernte aber einen ganz großen Teil der mittelalterlichen Öffnungen, aus denen wichtige Aufschlüsse über das originale Aussehen des Baues möglich gewesen wären.

Die — wie oben gezeigt — bald nach 1330 vorgenommene gotische Veränderung hinterließ die großen Maßwerkfenster und die Eingangspforte an der Hofseite mit einem Männlein darüber. Deutlich ist die andersartige Mauerwerksbearbeitung zu erkennen. In diese Phase gehört auch noch ein Fenster im obersten Stock an der Nordseite, nahe der Nordwestecke. Es wurde durch das Dachgesims der Renaissance gestört. In jüngerer Zeit ergänzt so gut es ging, zeigt es deutlich, daß die damalige — mit der staufischen zweifellos identische — Traufe um etwa 1 m höher lag als heute. Bestätigt wird diese Beobachtung dadurch, daß die letzte Buckelquaderschicht unter dem Renaissancetraufgesims grundsätzlich fragmentarisch ist und daß die ungestörten Bukkelquaderschichten in den beiden Giebeln über das Traufgesims hinauf gehen. Weiter befindet sich im Westgiebel ein Fenster, das — wenn auch nicht ganz unzerstört erhalten — nachweislich dem spätromanischen Baubestand angehört. Aus seiner Größe ist zu schließen, daß der hochgelegene oberste Stock einen Saal enthielt. Neben dem maßwerkartig ausgebildeten Fenster, welches bereits einen leichten Spitzbogen zeigt, ist der Magenheimer Schild mit den beiden Halbmonden, die Spitze nach oben zeigend, ausgehauen. Aus Spuren zu schließen, befand sich im Ostgiebel ein gleiches Fenster. Über den ursprünglichen oberen Abschluß des Steinhauses sowie über seine Stockwerkszahl ist leider nichts mehr festzustellen. Ein weiteres Stockwerk über dem eben geschilderten obersten Saalstock ist unwahrscheinlich. Die Dachform allerdings kann vom flachen zinnenbekrönten Dach über das Satteldach bis zum Walmdach gereicht haben.

Der gleiche Magenheimer Schild, wie eben genannt, befindet sich noch

46 Gotische Pforte an der Hofseite. Darüber apothropäische Figur und Buckelquader mit Steinmetzzeichen

über dem ebenfalls im originalen Zustand erhaltenen Eingangstor zum Hof, welches sich in der Ringmauer dicht neben dem Ostgiebel des Steinhauses erhalten hat. Die Buckelquader des Steinhauses von Magenheim sowie die der noch erhaltenen Teile der Ringmauer zeigen vom Fundament bis hinauf zur Traufe eine Vielzahl von Steinmetzzeichen. Es handelt sich um verhältnismäßig wenige, immer wiederkehrende Zeichen, wobei das häufigste ein Doppelhaken ist.
Auch wenn es wesentlich imposantere und eindrucksvollere Burgen gibt, so ist die Burg Magenheim doch ein bedeutendes Beispiel dafür, wie sich hochmittelalterlicher Bestand in großem Maße durch ständige Benutzung der Anlage und damit durch ständiges Bewohnbarhalten bewahrt hat.

12 Das Neue Schloß in Bönnigheim

Das Städtchen Bönnigheim im Zabergäu war im 13. Jahrhundert aus dem Besitz des Klosters Lorsch in den des Erzbistums Mainz übergegangen, das den Ort sehr bald an verschiedene Adelsfamilien verpfändete, die eine Ganerbenherrschaft bildeten, mit vier, zeitweise auch mehr Ganerben. Anläßlich des Residenzneubaues in Mainz kündigte Erzbischof und Kurfürst Lothar Franz von Schönborn 1727 die Pfandschaft und überließ Bönnigheim gegen ein beachtliches Darlehen seinem Kanzler und Großhofmeister Johann Philipp von Stadion (1652 bis 1741). Als letztes wurde 1735 das Neipperger Viertel der Stadt hinzuerworben und 1750 das Ganerbiat ganz aufgehoben, so daß Bönnigheim zur freien Verfügung der Stadion stand. Der Sohn und Amtsnachfolger Johann Philipps, Reichsgraf Anton Heinrich Friedrich von Stadion (1691–1768), ein aufgeklärter und den Künsten zugetaner Weltmann, ließ seit 1756 in Bönnigheim einen Schloßneubau aufführen, gedacht als Land- und Sommersitz. Als Baugelände wurde ein Platz an der Südseite der Stadtmauer ausgewählt. Vom oberen Tor führte die Hauptstraße am Rathaus vorbei zu dem etwa in der Mitte der geradlinig verlaufenden Südmauer befindlichen Tor, einem wohl spätmittelalterlichen Turm mit vorgelagerter Bastion aus der Renaissancezeit. Westlich neben diesem Tor, die Hauptstraße auffangend, befand sich das sog. „Liebensteiner Schlößchen", ein Rest des Ganerbiats, das Sitz der Stadion'schen Verwaltung war. Außerhalb der Stadtmauer in ebenem Gelände erstreckten sich Gärten. Dieses Liebensteiner Schlößchen und wohl auch einige Nebengebäude samt einem Stück der Stadtmauer wurden abgebrochen und so ein Platz gewonnen, der es erlaubte, das Schloß mit seiner Hauptfront gegen die Hauptstraße zu orientieren und nach Süden im Vorgelände einen Garten vor die Außenfront zu legen. Östlich am Schloß vorbei führt die Straße weiterhin zum Stadttor hinaus.

Als Baumeister wird Anton Haaf aus Tirol genannt, jener Mann, den Friedrich von Stadion auf seine Kosten u. a. in Wien und in Oberitalien ausbilden ließ und der seit 1748 im Stadionschen Schloß in Warthausen bei Biberach größere Erweiterungsbauten aufführte. Es besteht kein Grund, in ihm nicht auch den entwerfenden Architekten zu sehen, zumal er sicher neben Österreich, Italien und Oberschwaben auch Mainz kennengelernt haben dürfte. Freilich wird, wie es Gepflogenheit der Zeit war, Friedrich von Stadion selbst bestimmend mitgewirkt haben. So kam ein Bau zustande, einflügelig mit Mittelrisalit, der mit einem Konvex vorschwingenden Vorhof, markiert durch Steinpfeiler, Stachetenzaun und eine dreigliedrige Toranlage die Straße aufnimmt und damit die städtebauliche Situation geschickt meistert. Seine Gartenseite tritt leicht vor die Stadtmauer vor, und das neue Stadttor wird dem Schloß untergeordnet. Der zweigeschossige Bau mit Mansarddach führt zwar die barocke Tradition fort, atmet aber bereits den Geist eines beginnenden Klassizismus französischen Gepräges. Der verwendete architektonische Apparat ist äußerst sparsam. Den dreiachsigen flachen Risalit und die vierachsigen Rücklagen fassen genutete Lisenen. Ein knapper Sockel und ein unprofilierter Gurt zwischen beiden Geschossen betonen dezent die Horizontale, die durch das kräftige Hauptgesims stärker zum Tragen kommt. Segmentbogenfenster im Erdgeschoß und gerade Fenster im Obergeschoß unterscheiden die Stockwerke, beide jedoch mit unprofilierten Rahmungen. Die Achsen des Risalits sind hervorgehoben durch äußerst qualitätvolle Rokokoagraffen, durch einen Segmentbogen in der Mittelachse sowie durch eine Zusammenfassung dieser dadurch, daß der Portalaufsatz den Anschluß an die Fenstertüre im Hauptgeschoß gewinnt. Der Bildhauer muß ein großer Könner gewesen sein, denn die Rocaillen zeugen nicht nur von reicher Erfindungsgabe, sondern sind, ohne kleinlich zu sein, aufs feinste durchgearbeitet. Zwei Profilköpfe im Erdgeschoß und die Maske über der Fenstertüre der Bel Etage bestätigen dieses Können. Als barock mag man die Betonung der Mitte empfinden, da der Risalit mit einer Attika in die Mansarde eingreift, gefaßt von Lisenen, die unten zu Voluten einrollen. Der Ispiz mit querovalem Okulus und feingliedriger Felderung verrät jedoch wieder den beginnenden Klassizismus. Auch die nur in Feinheiten spürbare Absetzung der Südseite gegen die Hauptfront verrät diesen Geist. Hier fehlt der plastische Schmuck und die Koppelung der Mittelachse im Erdgeschoß und im Obergeschoß. Dafür sind im Hauptgeschoß alle drei Achsen des Risalits mit Segmentbogen gedeckt, und die Brüstungen haben profilierte Felder. Die Schmalseiten sind bei gleichem Apparat einfach gebildet. Die Grundrisse des Baues können als Kabinettstücke der Dispositionskunst des 18. Jahrhunderts bezeichnet werden. Auch in ihnen ist bei aller Verbundenheit gegenüber barokker Tradition die französische Schulung festzustellen. Die klare Stellung des Baues im Ortsgefüge mit der Eingangsfront zur Straße und der Gartenfront nach außen kommt auch im Grundriß zum Ausdruck. Das Portal der Hauptseite führt in ein einachsiges Vestibule, das in der Decke geschickt gegen das seitlich gelegene Treppenhaus abgegrenzt wird und das zur Sala terrena an der Gartenseite führt. Die beidseits abgehenden schmalen Mittelflure — Reste barocker Disposition — sind durch den runden Abschluß des Vestibüls geschickt kaschiert. Die Sala terrena diente offenbar als Speisesaal, da sich rechts an sie ein gewölbter Anrichteraum anschließt (nicht Kapelle, wie vermutet wurde). Die Küche selbst war in den beibehaltenen älteren Nebengebäuden untergebracht. An die Anrichte schloß sich ein Appartement an mit drei Zimmern, einem Kabinett und einer Garderobe. Links der Sala terrena (immer vom Schloß zur Stadt blickend) folgte ein großer Assembléeraum sowie ein Appartement von drei Zimmern und einem Kabinett.

Die zweiläufige Treppe zum Hauptgeschoß greift um eine Achse über den Risalit hinaus, was aber sowohl außen als im Raume kaschiert ist.

48 Haupttreppenhaus

Zwei Diensttreppen in den Fluren verbinden alle Geschosse miteinander. Das Hauptgeschoß, im wesentlichen gleich eingeteilt wie das Erdgeschoß, erweist sich als die Wohnung der Herrschaft. In gleicher Weise wie unten ist das Vestibule ausgebildet, in dem die Hauptstiege endet. Es führt zum Grand Salon in der Mitte der Gartenseite, und beidseits schließt sich ein Appartement an. Das zur rechten hat vier Zimmer und eine Garderobe mit Dienerzimmer im Entresol, das zur linken die gleiche Raumfolge, dazu einen besonders reich ausgestatteten Raum beim Vestibule. Jeweils vom Saal ausgehend handelt es sich zweifellos um Vorzimmer, Audienzzimmer, Wohnzimmer und Schlafzimmer mit anschließender Garderobe. Das linke Appartement war wohl das des

Reichsgrafen und der zusätzliche Raum beim Vestibule sein Arbeitszimmer. Die Mansarde enthält, über die Nebentreppen zugänglich, teils Einzelzimmer, teils Appartements für Gäste und Hofchargen.

In der Ausstattung der Räume ist ihrem Verwendungszweck Rechnung getragen. So zeigen diejenigen des Hauptgeschosses stukkierte Decken in Rokokoform in bester Qualität sowie Boiserien und reiche Kamine. Im Erdgeschoß sind die Haupträume durch geschwungene Stuckprofile und Felderungen hervorgehoben, während die anderen Zimmer nur einfache Cornichen haben. Entsprechend sind auch die Räume des Mansardgeschosses ausgestattet. Damit ist erwiesen, daß das Schloß ausschließlich der Familie des Reichsgrafen, seinem engsten Hofstaat und Gästen zur Wohnung diente. Alle Nebenfunktionen waren in den zugehörigen älteren Nebengebäuden untergebracht.

Auch für die auf das Hauptgeschoß konzentrierten Stukkaturen hat sich Graf Stadion einen namentlich nicht bekannten Stukkateur von vorzüglichem Können gesichert, wobei offen bleiben muß, ob er — wie vermutet — aus dem Rheinischen kam. Durch den Hauptwohnsitz der Familie von Stadion in Oberschwaben hatte der Graf gleichermaßen Beziehungen zu Bayern und Österreich. Der Stuck hat keinerlei provinziellen, landschaftlichen Einschlag, sondern ist von einer Qualität, die sich von Brühl bis Schönbrunn oder von Potsdam bis München sehen lassen konnte.

Der Schmuck der Räume konzentriert sich auf die Decken und die Ofen- und Kaminnischen. Verhältnismäßig einfach sind die Boiserien, und einige Räume hatten nicht mehr erhaltene Bespannungen. Über die ursprüngliche Farbigkeit ist wegen der späteren rohen Behandlung der Räume nichts mehr feststellbar. Eine deckenhohe Wandvertäfelung hat das Arbeitszimmer des Grafen, während in dem einst bespannten Vorzimmer seines Appartements an der Kaminnische der aus der eigenen Asche aufsteigende Vogel Phönix dargestellt ist; neben den Eckkartuschen im Grand Salon die einzige figürliche Darstellung. Dieser zeigt in den vier Ecken der Corniche ländliche Darstellungen, denen offenbar kein zusammenfassendes ikonographisches Programm zu eigen ist. So gibt es einen Kavalier, der seiner Dame galant die Hand küßt vor ländlichem Hintergrund und einem alten Befestigungsturm. Ein anderer Herr in Jagdkleidung rastet auf einem Felsbrocken, die Hunde daneben, und wird von seiner ebenfalls zur Jagd ausgerüsteten Dame zum Weitermarsch aufgefordert. Im Hintergrund ist eine strohgedeckte Hütte zu sehen. Ein drittes Paar in ländlicher Kleidung sitzt

49 *Stuckdetail im Arbeitszimmer des Grafen*

vor einer zweigeschossigen Säulenhalle an einem mit einem Tuch bedeckten Tisch. Er raucht eine lange, indianische Pfeife, und Tabaksdose und Weinkanne stehen dabei. Die vierte Kartusche zeigt im Vordergrund einen Kavalier, lesend und Pfeife rauchend. Dahinter sieht man die Häuser von Warthausen und darüber auf der Anhöhe das Schloß der Stadions mit seinen Ecktürmen. Auf Grund der zutreffenden Darstellung darf man annehmen, daß der Künstler Warthausen selber kannte.

Schließlich sei noch das Treppenhaus erwähnt, dessen drei Läufe in vorzüglicher Steintechnik konstruiert, elegant aufsteigen, begleitet von einem reichen geschmiedeten Geländer. In den beiden Hauptläufen finden sich die verschlungenen Initialen F S (Friedrich von Stadion) mit der Grafenkrone und am Hauptpodest das ebenfalls gekrönte Familienwappen. Dies alles läßt darauf schließen, daß die Räume auch entsprechend kostbar möbliert waren. Doch hat sich davon nicht das geringste erhalten.

Der Sohn des Reichsgrafen Anton Heinrich Friedrich von Stadion, Franz

Conrad, gab Bönnigheim an Kurmainz zurück, und 1785 erwarb es Herzog Carl Eugen von Württemberg. Wohl unter seiner Herrschaft wurden dem Schloß, das zeitweilig von seinem Bruder Ludwig Eugen bewohnt wurde, zwei Seitenflügel angefügt, schmale Pavillons an der Südseite unter selbständigen Mansarddächern. Sie enthalten im Erdgeschoß je einen gewölbten Raum und im Hauptgeschoß Appartements mit drei Räumen und einer Garderobe. In der Architektur gleichen sie sich dem Bestehenden an, sind aber im Ganzen kaum als Bereicherung anzusprechen.

Damit gehörte das Schloß dem württembergischen Haus, und da man nach der Ära Carl Eugens nichts mehr damit anzufangen wußte, wurde es, wie manche Schlösser und Klöster im 19. Jahrhundert, sozialen Zwecken zugeführt und nahm eine „Taubstummenanstalt" (heute sagt man „Gehörlosenschule") auf, welche gegen Ende des 19. Jahrhunderts in den Winkeln zu den neueren Flügeln häßliche Zubauten anfügte. In den 60er Jahren unseres Jahrhunderts, als die Gehörlosen anderwärts einen Neubau bezogen, verkaufte der Staat das Schloß an einen Privatmann, welcher darin ein College für Amerikaner in Deutschland einrichtete und dabei viel für die sachgemäße Restaurierung der heruntergekommenen Räume und die Erneuerung und Modernisierung des Baues insgesamt tat. Leider vertrieb der zunehmende Dollarverfall in jüngerer Zeit diese Institution, und die nunmehrige Nutzung eines karitativ-sozialen Verbandes, der darin ein Internat für schwer erziehbare Jugendliche betreibt, sichert zwar die Erhaltung insgesamt, befördert aber den Zustand der Räume und ihrer erlesenen Dekorationen begreiflicherweise nicht sonderlich. So ist Bönnigheim eines jener Schlösser, an dessen jüngerer Vergangenheit abgelesen werden kann, wie schwierig es oft ist, solche Bauten sinnvoll zu nutzen. Weiterhin zeigt dieses Beispiel, daß der Staat als Eigentümer von wertvollem Kulturbesitz sehr kurzsichtig handelt, wenn er diesen veräußert, denn entweder setzt er damit die Existenz solcher Kulturdenkmale aufs Spiel, oder er muß dem privaten Eigentümer zu dessen Erhaltung wiederum aus öffentlicher Kasse unter die Arme greifen, weswegen zu fragen ist, ob die Erhaltung auf Staats- und damit auf Bürgerkosten nicht die einfachere, sicherere und letztlich auch wohl billigere wäre. Doch solche Einsicht scheint bei den zuständigen Beamten noch rar zu sein.

13 Schloß Unterriexingen

Das Schloß Unterriexingen stellt sich heute als ein vornehm zurückhaltender Bau des späten 18. und frühen 19. Jahrhunderts dar, der offenbar den Resten einer mittelalterlichen Burg vorgesetzt wurde, deren markantester Teil, ein hoher quadratischer Bergfried, das Schloß überragt, an zwei Seiten ist noch ein Graben vorhanden. So wird es auch allenthalben beschrieben. Bei genauerer Untersuchung zeigt sich jedoch, daß vom mittelalterlichen Bestand sehr viel mehr geblieben ist, ja daß der größte Teil des Baubestandes auf das Mittelalter zurückgeht und nur ein sehr geschickter Umbau des 18. Jahrhunderts den heutigen Eindruck erweckt. Die einigermaßen komplizierte Ermittlung der mittelalterlichen Baugeschichte der Burg Unterriexingen im einzelnen darzulegen, ist hier nicht der Ort. Eindeutig jedenfalls wurde festgestellt, daß der Urbau, welcher sich im Kellergeschoß des heutigen Schlosses noch erhalten hat, ein Wohnturm aus staufischer Zeit war, zu welchem zweifellos ein ummauerter Hof mit einigen Wirtschaftsgebäuden gehörte.
Die beiden Orte Ober- und Unterriexingen sind sehr alt und werden erstmals im Jahr 793 in einer Lorscher Schenkungsurkunde genannt. Als Ortsadeliger erscheint erstmals um 1090 ein Sigeboto von Riexingen. Das Geschlecht der freien und begüterten Herren von Riexingen, die zunächst im Dienste der Grafen von Vaihingen standen, später dann, ab dem Ende des 14. Jahrhunderts wie diese in denen Württembergs, ist bis ins Ende des 16. Jahrhunderts nachweisbar. Schon um die Mitte des 15. Jahrhunderts allerdings geht ihr Besitz in Unterriexingen an ihre Gegenspieler, die Herren von Sachsenheim, jenseits der Enz beheimatet, über.
Da der Platz, an welchem das Schloß Unterriexingen und damit die frühere Burg steht, befestigungstechnisch nicht sehr glücklich ist, denn durch seine Lage am Rande des Talhanges macht er einen dreiseitigen Graben nötig, so erhebt sich die Frage, warum die Herren von Riexingen gerade hier eine wenn auch in ihren Anfängen offenbar zunächst recht kleine Burg errichteten. Aufschluß hierüber gibt das aus dem Jahr 1684 stammende Kiesersche Forstkartenwerk. Es zeigt den Ort Unterriexingen ebenfalls am Talrand gelegen mit seinem markanten Kirchturm. Etwa mittig fließt durch den Ort die Glems, welche gleich unterhalb in die Enz mündet. Am linken Ortsrand ist der massige Baukom-

plex der Burg in ihrem damaligen Zustand abgebildet. Von ihm führt ein Weg den Hang hinab zu einer Brücke oder einem Steg über die Enz und von dort weiter nach Großsachsenheim. Im Tal geht die Verbindungsstraße nach Oberriexingen einerseits und nach Bissingen und Bietigheim andererseits. Offenbar war die Talstraße und wohl auch das Flößen von Holz aus dem Schwarzwald auf der Enz in Richtung Neckar so wichtig, daß die Herren von Riexingen dort trotz der mäßigen Befestigungsmöglichkeiten ihren Besitz ausnützten und die Situation mit Hilfe einer Burg kontrollierten, dort wo der Tal- und Wasserweg sich mit dem Weg von Markgröningen nach Sachsenheim kreuzte. Auch den Herren von Sachsenheim war die Kontrolle des Talweges neben ihrer Burg in Großsachsenheim eine vorgeschobene Burg in ähnlich ungünstiger Lage an der Talterrasse wert. Es ist die heute noch als Ruine erhaltene schräg gegenüber in Sichtweite des Schlosses Unterriexingen liegende Burg Altsachsenheim (heute Ruine Untermberg). Diese erste Burg Unterriexingen war offensichtlich vorwiegend gegen das Tal und gegen den benachbarten Ort hin orientiert und hatte auch in dieser Richtung ihre wesentliche Befestigung, wogegen sie dem einigermaßen eben verlaufenden Hintergelände zu durch Mauer und Graben geschützt war.

In einer zweiten Bauphase etwa um die Mitte des 14. Jahrhunderts wird die Burg dann wesentlich erweitert, um eine zweite Burg gewissermaßen, die der bestehenden nach Osten angefügt wird. Hierzu muß ein Teil des bestehenden Grabens eingefüllt und ein neuer Graben ausgehoben werden. Das Burgareal wird reichlich verdoppelt. Auch die bereits bestehenden älteren Gebäude werden offensichtlich bei dieser Gelegenheit verändert. An der Südostecke des neuen Teiles, also zur Hochebene hin, entstand ein großer Bergfried. Hatte der erste Bau eindeutig die Hauptgefahr vom Tal und vom Ort her zu erwarten, so mußte man jetzt auch mit Angriffen vom freien Gelände aus rechnen, welchen durch den mächtigen Bergfried begegnet werden sollte. Gleichzeitig entstand in dem neuen Areal ein weiteres Steinhaus, so daß die Burg nunmehr — wie bei Kieser abgebildet — drei große Wohngebäude hatte, an der Seite zum Ort hin eine etwas vortretende Schildmauer mit einem Aborterker, fast gleich denjenigen in Hohenbeilstein, und an der Landseite den bereits erwähnten mächtigen Bergfried. Der ganze neu geschaffene Burgplatz wurde von einem Zwinger umzogen, einst mit einer verhältnismäßig hohen und mit einem Wehrgang ausgestatteten Mauer versehen. Der Graben war verhältnismäßig breit.

50 Schloß Unterriexingen. Bergfried und Steinhaus des spätmittelalterlichen Teiles mit Resten der Zwingermauer

51 *Eingangshalle, Ende 19. Jahrhundert*

Bestehen blieb der Zugang von Nordwesten, hinter dem alten Steinhaus versteckt gelegen. Die Nordostecke, dort wo der Graben sich in dem Talhang verlief, wurde, vor dem neuen Zwinger in den Graben hinaus vortretend, durch einen bastionsartigen Bau mit Schießscharten für Feuerwaffen zusätzlich gesichert. Seine heutige Bezeichnung als Kapelle, wegen des Dachreiters mit einem Glöcklein, ist historisch nicht begründbar. Der Bau dient heute als Archiv, und die Kasematte auf Höhe der Grabensohle ist verschüttet.
Als mittelalterliches Bauwerk von überörtlicher Bedeutung muß der Bergfried bezeichnet werden, da er noch ausgezeichnet und fast vollständig erhalten ist und ein interessantes Bild davon gibt, mit welchem Aufwand ein solches Verteidigungsbauwerk errichtet wurde. Zugänglich war er durch eine Pforte, 6,25 m über dem Hof liegend, welche man vom Wehrgang der Ostmauer aus über einen Steg erreichte. Von diesem Eingangsgeschoß aus gelangte man in den darunter liegenden Teil.

52 *Schloß Unterriexingen, Hauptseite gegen den Schloßpark*

Heute ist er durch neuere Öffnungen auch ebenerdig erreichbar. Ebenfalls erfuhr der Eingangsraum im 18. und 19. Jahrhundert verschiedene Veränderungen, indem vom daneben anschließenden Gebäude ein Durchgang gebrochen, der Raum im ganzen vergrößert wurde und ein Fenster nach außen erhielt. Über ihm war bis zu einer Höhe von 12,50 m über dem Hof keine Zwischendecke. Hier scheint ähnlich wie heute eine steile Holzstiege nach oben geführt zu haben. Erst dann ist durch Verschwächung der Außenmauern ein Absatz gebildet, auf dem ehemals eine Balkendecke auflag. Dieser Raum hat nach Süden, an der Hauptangriffsseite, eine alte Lichtöffnung mit rundbogigem Abschluß, über der in Stein gehauen ein Männlein kauert, das — völlig nackt — sein Gesicht der Mauer zukehrt und nach außen sein Hinterteil zeigt, eine Figur mit zweifellos apothropäischem Charakter. Zur Verteidigung oder zum Auslug war diese Öffnung ebensowenig geeignet wie die vier gleichartigen, die nach einer abermaligen Erweiterung des Turminneren nach allen vier Seiten angeordnet sind. Dieser nächstobere Raum mit seinen vier Luftöffnungen ist mit einer Tonne überwölbt, durch die hindurch der Ausstieg auf das Wehrgeschoß führt, das einzige Geschoß, von dem aus Verteidiger agieren konnten. Die darunter befindlichen Räume waren allenfalls für kurzfristigen Aufenthalt geeignet.

Der Fußboden des Wehrgeschosses liegt 25,30 m über dem Hof, und seine Mauerkrone, wohl noch in ursprünglicher Höhe vorhanden, befindet sich bei 27,5 m. In der Mitte jeder Seite ist eine kleine rechteckige Tür angeordnet, die zu einem Schieß- und Gußerker führte. Diese Erker, deren einer auch an der Hofseite über dem Turmeingang angeordnet war, lassen sich aus den vorhandenen Resten an Konsolen und Mauerwerk durchaus rekonstruieren. Sie hatten wohl Schußöffnungen nach drei Seiten sowie in dem vorhandenen Bohlenfußboden eine Gußöffnung, wobei der Wert solcher Öffnungen so hoch über dem Boden nicht sehr groß gewesen sein wird. Zwischen den Erkerpforten, jeweils über Eck, läuft 1,35 m über dem Fußboden des Raumes ein 50 cm breiter Absatz mit einer 1 m hohen Brüstung, deren Mauer hier nur noch 75 cm stark ist. Man konnte also von ihm aus jeweils neben und über den Erkern hinausschauen bzw. hinausschießen. Zweifellos hatte der Turm ein Zeltdach, dessen tragende Pfosten hinter dem Umgang standen, diesen freihaltend und das so hoch über der Mauerkrone war, daß man sich bequem hinauslehnen konnte. Dieses Dach und ein bei Kieser offenbar später verändertes oder neu aufgebrachtes sind nicht mehr vorhanden. Beachtenswert ist, welch enormer Aufwand hier für ein Verteidigungsbauwerk getrieben wurde, dessen Wert verhältnismäßig begrenzt war und das fast mehr ein Denkmal der Herren von Riexingen gewesen zu sein scheint. Von einer Reihe unbedeutender Veränderungen abgesehen, scheint die Burg Unterriexingen lange in dem Zustand verblieben zu sein, den sie durch den großen Erweiterungsbau des 14. Jahrhunderts erhielt.

Im Jahr 1447 erwirbt Schwarzfritz von Sachsenheim die lehnbare Hälfte vom Ort Unterriexingen mit der Burg von Seifried Osterbronn von Riexingen und läßt sich damit von Württemberg belehnen. Von da an kehrt die Burg nicht wieder in den Besitz der Herren von Riexingen zurück. Ab 1493 gehört sie dem Ludwig von Nippenburg. Aus dem Jahr 1584 ist in der Frauenkirche oberhalb von Unterriexingen ein Grabmal eines Schenk von Winterstetten zu Unterriexingen vorhanden. Diese damals recht bekannte Familie hatte offensichtlich zeitweilig die Burg und den Ort im Besitz. Dann ist erst wieder bekannt, daß von 1644 bis 1681 Besitzer der Obrist und Hofmarschall Anton von Litzelburg und danach sein Sohn Ernst Friedrich sind. Durch Kauf geht die Burg dann an Württemberg über, das sie aber offenbar rasch weitergibt an die Familie von Sperberseck. Die Tochter Anna Margaretha des 1708 verstorbenen Johann Philipp von Sperberseck vermählte sich im Jahr 1717 mit Ernst Friedrich von Leutrum-Ertingen, wodurch der Bau zum ersten Mal in den Besitz dieser Familie kam und bis 1763 darin verblieb. In diese Zeit muß die im übrigen nicht genau datierbare Barockisierung der Anlage fallen. Aus der einstigen Hauptverteidigungsseite nach Westen wurde nunmehr nach Abbruch der Schildmauer eine Hauptschauseite gebildet, indem das alte Steinhaus mit dem gegenüberliegenden Bau zu einem großen repräsentativen Hauptbau mit Mittelrisalit und großem Walmdach zusammengefaßt wurde. Um eine eindrucksvolle Schauseite mit regelmäßigen Fensterachsen zu erhalten, wurden dort, wo die alten massiven Querwände im Wege waren, Fensterblendnischen angeordnet.

Im Inneren dieses nunmehrigen Hauptbaus, vor dem ein Garten angelegt und der über den hier zugefüllten Graben nunmehr direkt vom Ort her zugänglich war, lag hinter dem neugeschaffenen dreiachsigen Mittelrisalit eine große Eingangshalle, von der aus rechts im Hintergrund eine eichene dreiläufige Treppe nach oben führt. Den Formen dieser Treppe nach zu schließen, erfolgte der Umbau zum Schloß noch vor der Mitte des 18. Jahrhunderts. So geschickt der Architekt im Äußeren

53 *Schloß Unterriexingen, Kabinett im 1. Obergeschoß*

vorging, eine reguläre vornehme Fassade zu schaffen, so sehr war er im Inneren durch alten Mauerbestand gebunden. Im Erdgeschoß blieben außer der Eingangshalle nur unregelmäßige Räume für Wirtschaftszwecke. Auch für die Anordnung der Treppe wählte er den einzig möglichen akzeptablen Platz. Im ersten und zweiten Obergeschoß gab es dann an der Gartenseite eine Enfilade und im ersten Stock einen Mittelsalon. Der große Saal befand sich im zweiten Stock im rückwärtigen Flügel. Von der Ausstattung dieser Zeit ist außer der erwähnten Eichentreppe nichts mehr vorhanden. Bemühten sich Freiherr Ernst Friedrich von Leutrum-Ertingen und seine Frau Anna Margaretha geb. von Sperberseck um die Modernisierung des Schlosses, so hatte offensichtlich der kinderlos gebliebene Sohn an dem ererbten Schloß kein großes Interesse. 1763 verkaufte er es an Johann Friedrich Erasmus von Hopfer und starb 1765. In der Familie von Hopfer wird nun das Schloß mehrfach weiter vererbt, offensichtlich ohne daß größere Veränderungen daran vorgenommen worden wären, bis die Tochter des Grafen von Bremer, Friederike Sophie Louise Leonore († 1819) im Jahre 1813 den Freiherrn Carl von Leutrum-Ertingen zu Nippenburg heiratete, womit das Schloß zum zweiten Mal auf dem gleichen Wege in die Familie kam. Die Gemahlin des heutigen Besitzers Prinz Alexander von Ratibor und Corvey ist eine geborene Gräfin von Leutrum-Ertingen zu Nippenburg, woraus zu ersehen ist, daß die Familientradition bis zum heutigen Tage aufrecht erhalten blieb.

Wiederum war es die Familie von Leutrum, welche aktiv wurde. So fertigte im März 1813 der Stadtwerkmeister Danzer von Ludwigsburg Bestandspläne „... von dem Sr. Hochwohlgeborn dem Herrn Kammerherrn Baron von Leutrum zugehörigen Schloß-Gebäude nach der gegenwärtigen und alten inneren Einrichtung". Danach war das Wohngeschoß des Barons und seiner Frau das zweite Obergeschoß. Im ersten Stock neben dem Bergfried befand sich die Küche, woraus man mangels weiterer eingetragener Raumbezeichnungen wird schließen dürfen, daß im ersten Obergeschoß die Gesellschafts- und Speiseräume lagen. Dieser Werkmeister Danzer machte nun planerische Vorschläge zur Veränderung und Modernisierung der Hauptfassade im Sinne der Zeit. Er schlug vor, dem Risalit eine Altane auf vier toskanischen Säulen mit einem strengen klassizistischen Schmiedegitter vorzulegen. Ferner sollten aus den drei Fenstern im ersten Stock rundbogige Fenstertüren werden, und im Ispiz sollte das Leutrumsche Wappen angebracht werden. Von dieser Veränderung wurden allerdings zunächst nur die

Rundbogen als Blendbogen ausgeführt, wie ein wenig später entstandener Riß zeigt. Aus Teilen der noch vorhandenen Raumdekorationen ist zu schließen, daß anscheinend bereits die Familie von Hopfer insbesondere in den Räumen des ersten Obergeschosses Ausstattungen in der Art des späten 18. Jahrhunderts vorgenommen hatte. Des weiteren haben sich Ausstattungsteile und Stukkaturen aus dem Anfang des 19. Jahrhunderts, dem Klassizismus dieser Zeit aus der erneuten von Leutrumschen Periode erhalten. Starke neue Impulse erfolgten dann in den 80er Jahren des 19. Jahrhunderts, als Graf Gerhard von Leutrum-Ertingen Besitzer des Schlosses war. Er war ein historisch und kunsthistorisch interessierter, aufgeschlossener und sehr gebildeter Mann. So ließ er die Ruine der Frauenkirche oberhalb des Ortes wieder aufbauen, in welcher seit alters die Besitzer des Schlosses ihre Grablege fanden und die noch heute Grablege der Familie von Leutrum-Ertingen ist. Auch gelang es ihm, einen wertvollen romanischen Kruzifixus aus Ertingen an der Donau bei Riedlingen gelegen, wonach die Familie ihren Namen hat, zu erwerben und in diese Kirche zu verbringen. Er war es auch, der die zu Anfang des 19. Jahrhunderts unfertig liegengebliebene Danzersche Planung vollendete. So entstand damals die geplante Altane, allerdings insoweit im Sinne der fortgeschrittenen Zeit verändert, als sie anstelle der vorgesehenen Schmiedegitter eine Balustrade aus in Ton gebrannten Docken erhielt. Auch im Inneren ließ er insbesondere die Räume an der Hauptseite des ersten Obergeschosses unter Belassung und Verwendung der vorhandenen Türen, Boiserien, Stukkaturen im Sinne des späteren 19. Jahrhunderts prächtig ausstatten, in einer Art allerdings, welche mit großem Feingefühl die vorhandenen Teile integrierte. Anstelle der im ersten Stock neben dem Bergfried gelegenen Küche entstand ein Speisezimmer mit erhöhter Decke und einem Speisenaufzug zur nunmehr ins Erdgeschoß verlegten Küche. Schon 1823 bestand vor der Südseite ein Gewächshaus, das zu seiner Zeit noch vorhanden und genutzt war. Den Raum vor diesem ließ er zu einer Trinkhalle ausbauen mit gemalten Familienwappen, Sinnsprüchen und Holzvertäfelungen. Es ist erstaunlich, mit welchem Einfühlungsvermögen, das für die Gründerzeit nicht allenthalben üblich war, die neugestalteten Räume unter Verwendung der vorhandenen Dekorationen ausgestaltet worden sind.

Bei einer in jüngster Zeit durchgeführten Erneuerung des Schlosses durch die neuen Besitzer, welche nicht nur eine Modernisierung des Baues zum Ziele hatte, sondern neben besserer und bequemerer Nutzung vor allem auch den historischen Bestand sichern und erneut zur Geltung bringen sollte, konnten gerade jene Räume in einer Form und mit solcher Liebe wieder hergestellt werden, daß sie heute ein Kleinod dieses Bauwerks ausmachen. Neben dem Mittelsalon und dem großen Eckzimmer ist es insbesondere das dazwischen befindliche Kabinett, durch dessen fachgerechte Restaurierung und entsprechende Möblierung ein Kabinettstück des zweiten Rokoko wieder erstanden ist. Auch konnte die in den Danzerschen Plänen von 1813 vorgeschlagene Architekturbemalung der Hauptschauseite nach Westen, sowie der dem heutigen Eingang zugekehrten Südseite wieder hergestellt werden, und an die Stelle der brüchig gewordenen Balustrade trat das ursprünglich vorgesehene Schmiedegitter. Das Schloß Unterriexingen mit seinem großen Park ist ein Beispiel dafür, wie ein solches Haus auch noch heute von einer Familie bewohnt und genutzt werden kann. Neben dem Wohnen für Familie und Gäste ist insbesondere das Erdgeschoß für die Tierarztpraxis des Hausherrn genutzt, und anstelle des baufälligen Jägerhauses entstand ein moderner Hundezwinger für die Zucht bekannter Rassehunde, mit welcher sich der Hausherr beschäftigt. Insgesamt ein Beispiel eines baugeschichtlich interessanten Schlosses, über welches in der üblichen Literatur nichts oder doch nichts Bemerkenswertes zu finden ist, das aber doch so viel zu bieten hat, daß es des Anmerkens und Betrachtens wert ist.

14 Das Schloß Lehrensteinsfeld

Dem Ankömmling stellt sich das Schloß Lehrensteinsfeld mit seiner Hauptschauseite als ein vornehmes großes Palais aus der zweiten Hälfte des 18. Jahrhunderts dar. Beim Umschreiten des Schlosses allerdings stellt man fest, daß es vor allem an der Rückseite die typischen Merkmale eines Renaissancebaues zeigt, demnach zwei Bauphasen enthält. Die genauere Betrachtung ergibt jedoch, daß seine Baugeschichte noch wesentlich differenzierter ist.
Die beiden nahe beieinander gelegenen Orte Steinsfeld und Lehren sind schon seit langem zu einem gemeinsamen Ort Lehrensteinsfeld zusammengefaßt. Das Schloß gehörte ursprünglich zu Steinsfeld und liegt am Rande dieses Ortes am höchsten Punkt nahe der Grenze zu Lehren. Über das genaue Alter von Steinsfeld ist nichts bekannt. Es gehörte unter die Oberherrschaft der Herren von Weinsberg. Diese erlaubten im Jahre 1378 einem Siegfried von Michelfeld, in dem Burgstadel zu Steinsfeld ein Haus zu bauen. Dies besagt soviel, daß in diesem Jahre in Steinsfeld ein seit längerem verlassener und ruinöser Burgplatz vorhanden war. Zweifellos befand sich dieser Burgstadel dort, wo heute das Schloß steht. Ähnliche Situationen wie diese lassen sich an zahl-

reichen anderen Orten beobachten. Das Dorf ist an einer leichten Lehne errichtet, sein Unterteil grenzt an einen Bachlauf, und am oberen Ende des Ortes, in einer Lage, die einen gewissen Überblick bot, wenn auch nicht von ausgesprochen fortifikatorischer Bedeutung, befand sich in der Besiedelungszeit der Maierhof, d. h. der Hof des Dorf- oder Sippenältesten. Aus den Dorfmaiern wurde in aller Regel dann der Ortsadel, welcher den Maierhof allmählich zu einer sogenannten Burg, worunter man allerdings nicht mehr als einen befestigten Wohnsitz verstehen darf, ausbaute. Dieser Ortsadel verschwand zumeist schon im 13. und 14. Jahrhundert wieder. So ist es auch hier in Steinsfeld. Erst- und letztmals wird dieser Ortsadel im 14. Jahrhundert genannt. Sein fester Sitz scheint zerstört worden zu sein, und so konnte 1378 Siegfried von Michelfeld in dem Burgstadel (ein Burgstadel ist ein verlassener Burgplatz) die Erlaubnis zum Bau eines Hauses erhalten.

Des weiteren ist bekannt, daß knapp 20 Jahre später im Jahr 1393 die Herren von Weiler ein altes, am Fuße der Löwensteiner Berge ansässiges Geschlecht durch die Herren von Weinsberg mit einem Teil des Gerichts und des Zehnten in Steinsfeld belehnt wurden. Ob sie auch das feste Haus besaßen, ist nicht bekannt.

Wenig später scheinen auch die Herren von Gemmingen in Steinsfeld Fuß gefaßt zu haben. Im Jahr 1465 verkaufte Dietrich von Weiler seinen Anteil an Steinsfeld an den Kurfürsten Friedrich von der Pfalz, welcher damals bereits große Teile der Herrschaft Weinsberg und der Herrschaft Löwenstein in Besitz hatte. Durch den bayerischen Erbfolgekrieg kamen im Jahr 1504 die kurpfälzischen Herrschaftsanteile Weinsberg und Löwenstein an Herzog Ulrich von Württemberg. Nach einem Bericht von 1535, nach der Wiedereinsetzung Herzog Ulrichs in den Besitz seines Landes, gehörte Steinsfeld dem Freiherrn Phillip von Gemmingen. Es heißt in diesem Bericht, daß „ein wüster Burgstadel hier seit langer Zeit zerstört ist". Dies ist wohl so aufzufassen, daß das um oder nach 1378 auf dem Platz des alten Burgstadels errichtete neue Gebäude inzwischen längst wieder zerstört war, also vermutlich schon längere Zeit vor dem Bauernkrieg vor 1525. 1585 schließlich erhalten die von Gemmingen durch Herzog Ludwig von Württemberg gegen Verzicht auf einige anderweitige Rechte in Steinsfeld das Jagdrecht auf der gesamten Markung mit Schießen und Pirschen des großen, roten und schwarzen Wildbrets und das kleine Waidwerk auf der Markung unter Vorbehalt des Jagens. Daraus darf man schließen, daß im Laufe des 16. Jahrhunderts die Freiherren von Gemmingen mehr oder weniger unumschränkte Herrscher in Steinsfeld waren. Man darf daher mit einiger Sicherheit annehmen, daß sie auf dem 1535 als wüst bezeichneten Burgstadel, d. h. auf den Ruinen von einigen Vorgängerbauten, ein neues Schloß errichteten.

Der im heutigen Schloßbau eindeutig zu erkennende Renaissancebau, welcher das gesamte Bauvolumen umfaßt, ist anhand seiner Detailformen eindeutig in das Ende des 16. Jahrhunderts zu datieren, also in jene Zeit nach 1585, als die Herren von Gemmingen das unumschränkte Jagdrecht zugeteilt erhielten. Eine genaue Analyse zeigt aber, daß dieser Bau, der, wie noch zu besprechen sein wird, im späteren 18. Jahrhundert eine neue Schaufront erhielt, kein vollständiger Neubau war, sondern wiederum wesentliche Teile verwendete, die allerdings mit Sicherheit zwischen 1535 und 1585 entstanden, ihrerseits wiederum geringe Reste des alten Burgstadels verwendet haben. Man sieht demnach, daß die Baugeschichte dieses verhältnismäßig unkompliziert aussehenden Schlosses doch recht vielschichtig ist.

Das Schloß ist ein großes dreigeschossiges, rechteckiges Giebelhaus von stark 41 m Länge und fast 15 m Tiefe. Es wendet seine Hauptseite nach Süden gegen die vom Ort heraufkommende Straße, von der es aber gebührenden Abstand hält, und durch eine Mauer, die durch einen ehemals mit Wirtschaftsgebäuden besetzten Hof und ein mittleres schmiedeeisernes Einfahrtstor abgeschirmt ist. An der dem Garten zugewandten nördlichen Langseite hat das Schloß zwei wenig vorgezogene, von kleinen Giebeln bekrönte Vorbauten, und an der Nordwestecke, nur lose an diese angefügt und nicht ganz im rechten Winkel zu ihr stehend, befindet sich ein quadratischer Turm, der allerdings die Traufe des Schlosses nur um ein Stockwerk überragt und von der Hauptseite her nicht in Erscheinung tritt. Unter dem ganzen Schloß befindet sich ein großer tonnengewölbter Keller, zu dem ein großer Kellerhals im Westgiebel hinabführt. Am Grundriß und auch an den Höhenverhältnissen dieses Kellers und seiner Gewölbescheitel lassen sich deutlich die verschiedenen Bauphasen ablesen. Auch die darüber liegenden Grundrisse bestätigen diese Beobachtungen. So ist der östliche Teil des Baues, etwas mehr als ein Drittel der Gesamtlänge einnehmend, vom Keller bis zum Dach ein einheitlicher Neubau, der zweifellos in die zuletzt genannte Phase des späten 16. Jahrhunderts, also in die Zeit zwischen 1585 und etwa 1600 zu setzen ist. Er verlängert einen schon zuvor, zweifellos nach 1535 errichteten Giebelbau, welcher bereits die vorhandene Geschoßhöhe und Giebelausbildung, wie sie

55 *Gartenseite*

heute noch zu sehen ist, besessen haben muß. Dieser ältere Bauteil wiederum verarbeitet zumindest in seinem Kellergeschoß und teilweise auch noch im Erdgeschoß wiederum ältere Bauteile, also solche aus mittelalterlicher Zeit. Daraus läßt sich schließen, daß der 1535 als wüst bezeichnete Burgstadel immerhin noch einige, wenigstens in ihrem Unterbau, verwendbare Teile früherer Anlagen enthielt. Dazu gehören einmal der vor der Westecke stehende Turm und zum anderen der nach rückwärts vortretende schon genannte Bauteil in diesem westlichen Gebäudekomplex. Auch eine an ihn im Kellergeschoß nach Osten anschließende extrem dicke Mauer spricht für älteren Bestand. Mehr allerdings als diese Beobachtungen läßt sich über die zweifellos mehreren mittelalterlichen Bauphasen der Burg oder besser gesagt des festen Hauses Steinsfeld nicht aussagen.
Der unter den Freiherren von Gemmingen im mittleren 16. Jahrhundert unter Verwendung dieser älteren Teile entstandene Neubau wurde zum Ende des 16. Jahrhunderts wesentlich vergrößert und dabei offensichtlich auch der bestehende Bau so modernisiert, daß ein nach außen einheitlich und nahezu regelmäßig auftretender Schloßbau der Renais-

sancezeit von beachtlicher Größe entstand. In achsialer Anordnung und nahezu regelmäßig verteilt, hat die Hauptfront acht Achsen von doppelten durch mittlere Steinpfeiler getrennten Fenstern mit den typischen gekehlten profilierten Steingewänden. Jeweils die zweite Achse von der Ecke her enthielt einen Eingang. Auch an den Giebelseiten und an der zum heutigen Garten hin gewandten Rückseite war man um möglichste Regelmäßigkeit bemüht. So ist dem nach Osten angefügten Verlängerungsbau ebenfalls ein vorspringender Bauteil vorgelegt, welcher dem am älteren Bau vorhandenen entspricht, wenn auch etwas schmäler. Jedenfalls ist, von dem einseitigen Eckturm abgesehen, für das Auge auch die Rückfront nahezu symmetrisch und regelmäßig ausgebildet. Der östliche Eingang im Neubauteil führt mit einem breiten Flur auf ein Treppenhaus zu, welches sich in dem dort nach rückwärts vorgezogenen Bauteil befindet. Es ist eine massive Treppe mit zwei geraden, tonnenüberwölbten steinernen Läufen, welche durch eine massive Mittelmauer getrennt sind. Die Halbpodeste sind durch jeweils zwei gratige Kreuzgewölbe überdeckt. Diese Treppenform, wenn hier auch in bescheidenen Dimensionen, ist für die damalige Zeit eine ausgesprochen moderne. Geläufig und bis weit ins 17. Jahrhundert hinein gebräuchlich war die bereits aus dem Mittelalter stammende Wendeltreppe. Solche geradläufigen Treppen, letztlich aus Italien stammend, treten im Laufe der zweiten Hälfte des 16. Jahrhunderts in unserem Raume nur verhältnismäßig selten auf. Wir hörten von solchen Treppen etwa im Alten Schloß in Stuttgart oder im Schloß in Weikersheim. Es ist also höchst bemerkenswert, daß hier im Schloß Steinsfeld die Freiherren von Gemmingen sich eine solche Treppe ausführen ließen, welche vom Keller bis zum Dach ununterbrochen durchführte und, wie auch die oberen Stockwerke schließen lassen, in jedem Geschoß in einem Stichflur mündete, wie er dem erdgeschossigen Eingangsflur entsprach. Der Vorbau im älteren Teil enthielt wohl ebenfalls eine Treppe und einen gleichen Stichflur nach vorne zur Hauptfront, wiederum in allen Geschossen, wie noch die heutigen Grundrisse zeigen, doch dürfte diese Treppe aus Holz gewesen sein, da man sie im anderen Falle kaum durch eine spätere Steintreppe ersetzt hätte. Die Grundrisse aller drei Geschosse sind auf dem Prinzip einer durchlaufenden Mitteltragwand konstruiert. Dies bedeutet, daß man von den beiden Treppen und ihren querlaufenden Stichfluren aus jeweils nach beiden Seiten zwei Raumgruppen, aus zwei oder mehreren Räumen bestehend, erreichen konnte. Eine durchgehende Längsverbindung im Gebäude bestand nicht. Hier mußte man von einem Raum zum anderen gehen. Diese Zweiraumgruppen, wie sie sich besonders im neueren Ostteil deutlich abzeichnen, fügen sich in das Bild des damaligen Wohnens ein. Es handelt sich jeweils um ein, wie wir heute sagen würden, Appartement, damals ein Gemach genannt, bestehend aus Stube und Kammer, wobei die Stube der heizbare Wohnraum, die Kammer der Schlafraum war.

Mit einiger Sicherheit läßt sich noch folgendes aus dem heutigen Bestand über den ehemaligen Renaissancegrundriß ermitteln:

Im Erdgeschoß des älteren Teils an der Nordwestecke, wo sie noch heute ist, befand sich mit großer Sicherheit ebenfalls die Küche, allerdings als ein großer Raum, wo heute zwei kleinere zu finden sind. Von der Küche aus war der gewölbte Raum im Eckturm, wohl als Vorratsraum dienend, zu betreten. Gegen den Flur vor der Treppe hatte die Küche ein heute noch sichtbares, jedoch nach außen zur Treppenhalle hin vermauertes Fenster, welches zweifellos als Speisenausgabe diente. Genau darüber im ersten Stock, wiederum mit einem Zugang zu dem gewölbten Raum im Eckturm, befand sich der wohl größte Raum des Hauses, der Speisesaal, welcher, wie sich mit einiger Sicherheit sagen läßt, durch die ganze Bautiefe durchging und somit die Grundfläche von etwa 9×12 m maß, ein zwar ordentlich großer, aber für die damalige Zeit doch recht bescheidener Saal. Weitere Hinweise auf größere Räume lassen sich aus dem derzeitigen Bestand nicht ablesen. Aus erhaltenen Resten im Dachgeschoß zu schließen, waren die Räume dieses Renaissancebaues in der damals üblichen Weise ausgestattet, in dem die äußeren massiven Mauern mit ihren Fensternischen um diese her mit Roll- und Beschlagwerkmalerei verziert waren, während die weitgehend aus Fachwerk bestehenden Innenwände dieses sichtbar zeigten, wobei die Balken farbig rot oder ocker gefaßt und die weißgekalkten Felder mit farbigen Beistrichen umzogen waren. Auch an den Decken dürften die Balken sichtbar und die dazwischen liegenden Putzfelder mit farbigen Strichen verziert gewesen sein. Nun kann man sagen, daß das Erdgeschoß dieses Baues, wie das üblich war, für Wirtschaftszwecke und den Aufenthalt des Gesindes diente, das Obergeschoß mit der Tafelstube, sowie Wohn- und Schlafräumen der Herrschaft vorbehalten war und wohl auch das zweite Obergeschoß weitgehend für den Aufenthalt der herrschaftlichen Familie diente. Als sicher darf angenommen werden, daß zu einem so immerhin recht beachtlichen Schloß der Renaissancezeit auch zahlreiche Nebengebäude für alle möglichen wirtschaftlichen und landwirtschaftlichen Zwecke und zur Unterbringung des weiteren Gesindes gehörten. Ein Teil solcher Gebäude, wenn auch weitgehend aus neuerer Zeit, ist noch vorhanden, ein anderer noch nicht allzu lange verschwunden. Genaues hierüber läßt sich nicht mehr sagen. Insgesamt jedoch kann man feststellen, daß die Freiherren von Gemmingen im Laufe des 16. Jahrhunderts in Steinsfeld sich ein Anwesen geschaffen haben, das in seiner zweiläufigen steinernen Treppe für jene Zeit immerhin einen beachtlich modernen Bauteil enthielt. In die Zeit der Gemmingenschen Herrschaft in Steinsfeld fällt auch die Umgestaltung der 1466 als Wehrkirche am unteren Ortsende, dort wo Wasser für eine entsprechende Befestigung zur Verfügung stand, erbaute Dorfkirche. Seit 1535 war die Reformation in der Gegend fest eingeführt, und so bestand nunmehr offenbar die Notwendigkeit, die Kirche der neuen Liturgie anzupassen. Außerdem erhielt sie in jener Zeit des Umbaues, welche man etwa zwischen 1550 und 1580 ansetzen muß, eine Herrschaftsloge, so daß die Ortsherren die Möglichkeit hatten, von erhöhtem und abgeschlossenem Platze aus dem Gottesdienst beizuwohnen.

In der ersten Hälfte des 17. Jahrhunderts erscheinen die Freiherren von Gemmingen, wohl in Folge von Erbgängen, nicht mehr als die alleinigen Besitzer von Dorf und Schloß Steinsfeld, und als beides im Jahr 1649, also unmittelbar nach Beendigung des 30jährigen Krieges, verkauft wird, treten als Verkäufer Johann Leonhard von Menzingen, Weiprecht von Gemmingen und Johann Heinrich Schertel von Burtenbach auf. Käufer ist der Feldmarschall Ludwig von Schmidberg. Dieser Mann ist eine höchst interessante Gestalt, auf die hier etwas näher einzugehen sich lohnt. Er stand in den Diensten König Gustav Adolfs von Schweden und gehörte als Oberstleutnant zu der Heeresabteilung des Feldmarschalls Gustav Horn, den König Gustav Adolf, als er im Jahre 1631 gegen den Rhein vorrückte und in Mainz einzog, in Franken mit einer starken Heeresabteilung zurückgelassen hatte. Von Würzburg über Mergentheim rückte diese Heeresabteilung nunmehr gegen die Freie Reichsstadt Heilbronn vor, in der Hoffnung, dort keinen großen Widerstand zu finden. Doch war Heilbronn von den Kaiserlichen besetzt und verweigerte den Schweden den Einmarsch. Am 23. Dezember 1631 jedoch kam es zur Übergabe, und die Kaiserlichen rückten ab. Nachdem der Feldmarschall Horn mit dem größeren Teil seiner Heeresabteilung wieder abzog, ließ er den aus Weissenburg stammenden Oberstleutnant Ludwig von Schmidberg mit 500 Mann als Besatzung in der Stadt zurück und mit der Weisung, die Befestigung der Stadt Heilbronn zu verbessern. Dies besorgte von Schmidberg in der nur stark ein Jahr dauernden Zeit seiner Kommandantur über Heilbronn so gründlich, daß ihm König Gustav Adolf für seine Verdienste im schwedischen Heer die von ihm eingezogenen Güter des Hans Heinrich von Ehrenberg schenkte, welche zwar nicht mehr genau zu ermitteln sind, sich jedoch in der Nähe von Heilbronn befanden. In den Genuß dieser Schenkungen kam Ludwig von Schmidberg allerdings nicht, denn einmal führten ihn die Kriegsereignisse wieder weg von Heilbronn, zum anderen wurden nach dem unglücklichen Ausgang der Schlacht von Nördlingen die von König Gustav Adolf getätigten Schenkungen von seinen Gegnern wieder rückgängig gemacht. Nach dem Tode Gustav Adolfs übernahm Horn die Führung der schwedischen Truppen, und Herzog Bernhard von Weimar wurde zum Heerführer der protestantischen Heilbronner Liga ernannt. Unter ihm diente nun von Schmidberg und brachte es zum Feldmarschall. Nach dem plötzlichen Tod des Herzogs von Weimar kam dessen Heer auf etwas dubiose Weise unter das Oberkommando der Franzosen. So stand Feldmarschall Ludwig von Schmidberg nunmehr in französischen Diensten. Nach vielerlei Kriegsschicksalen geriet er 1645 nach der verlorenen Schlacht von Herbsthausen bei Mergentheim in bayerische Gefangenschaft, wo er zwei Jahre verblieb und erst im März 1647 nach einem Waffenstillstand entlassen wurde. Anschließend erscheint er wieder in Heilbronn, wo er bis zum Frieden am 24. Oktober 1648 verbleibt. Auch nach dem Friedensschluß befehligte er die dortige 660 Mann starke französische Besatzung. 1649 zog der französische Feldmarschall Turenne mit 450 Mann dieser Besatzung nach Frankreich ab und übertrug zuvor den Oberbefehl über alle von den Franzosen besetzten Plätze in Deutschland Feldmarschall von Schmidberg.

Neben einigen Dörfern im Kraichgau hatte Schmidberg 1649 auch Schloß und Dorf Lehrensteinsfeld gekauft und dort seinen Wohnsitz genommen. Aus diesen Käufen kann man schließen, daß der Kriegsdienst finanziell durchaus zu seinen Gunsten verlaufen war, was allerdings bei den höheren Dienstgraden meistens die Regel war. Im Volksmund entstand daraus ein Gerücht und später die Sage, Schmidberg habe eine französische Kriegskasse unterschlagen und sei deswegen zu diesem Grunderwerb in der Lage gewesen. Vom französischen Gesandten dieserhalb vorgeladen, sei er zunächst geflohen, später aber freiwillig zurückgekehrt und habe sich gestellt. Er sei für schuldig befunden und enthauptet worden. Nach der Volkssage soll er am hellen Tage im sogenannten Herrschaftswald ohne Kopf gesehen worden sein, und bei einer Öffnung der Gruft im Jahre 1830 will der damalige Schultheiß beobachtet haben, daß die Lage des Kopfes gegenüber den übrigen Gebeinen den Verdacht bestätigt habe. Urkunden sagen allerdings anderes aus. 1651 wird dem Feldmarschall Ludwig von Schmidberg die von König Ludwig XIV. von Frankreich unterzeichnete Entlassungsurkunde ausgestellt. Im Jahr 1652 wird auf seine Veranlassung eine Dorfordnung in Steinsfeld aufgestellt und niedergeschrieben, und 1657 stirbt er dort eines natürlichen Todes. Er wird in der dortigen Kirche beigesetzt, und sein Grabmal sowie ein Ölbild von ihm kamen nach der Stillegung der Kirche im Jahre 1901 in das historische Museum nach Heilbronn, wo sie im Zweiten Weltkrieg vernichtet wurden. Über 100 Jahre bis 1778 blieben Schloß und Dorf Steinsfeld im Besitz der Familie von Schmidberg.

Für eine Bautätigkeit des Feldmarschalls im Schlosse gibt es keinerlei Hinweise. Einige Stuckdecken im Régencestil, dem sogenannten Bandelwerk, sowie in Rokoko deuten darauf hin, daß etwa zwischen 1720 und 1750 verschiedene Räume neu dekoriert wurden. Eine wesentliche Umgestaltung des Schlosses geschah erst unter dem letzten Besitzer der Familie, dem Freiherrn Johann Friedrich Karl von Schmidberg, welcher 1777 starb. Ein in diese Bauperiode gehörender Tonofen trägt das Datum 1778, woraus man schließen kann, daß der Bauherr, wie so häufig auch anderwärts, die letzten Erfolge seines Vorhabens nicht mehr erlebte. Diese Veränderung betrifft im Äußeren lediglich die Hauptfassade gegen die Ortsstraße hin, welche im Sinne des damaligen beginnenden Klassizismus umgestaltet wurde. Irgendwann zuvor hatte wohl der Eckturm, der sowohl in seinem unteren quadratischen sowie in seinem oberen achteckigen Teil der Renaissance angehört, seine heutige äußere Gestalt mit einer flachen Putzfelderung erhalten. Der Architekt, welcher die Neugestaltung der Hauptfassade übernahm, muß ein sehr geschickter Mann gewesen sein, und man könnte sich vorstellen, daß er aus dem Umkreis des Stuttgarter Residenzbauwesens kam. Dort hatte schon in den 40er und frühen 50er Jahren Leopoldo Retti im Sinne des beginnenden französischen Klassizismus geplant, und sein Nachfolger Philippe de La Guêpière hatte diese Tendenzen verstärkt fortgesetzt. La Guêpière hatte nachweislich eine ganze Reihe von Schülern, von denen sich im wesentlichen nur der bekannte Reinhard Ferdinand Heinrich Fischer weiter verfolgen läßt, wogegen die anderen nur noch sporadisch faßbar sind. Einer jener Leute aus dem Umkreis des 1768

56 *Schloß Lehrensteinsfeld, Mittelrisalit der Hauptfront*

aus württembergischen Diensten ausgeschiedenen La Guêpière könnte hier gewirkt haben. Dieser nicht mehr namentlich faßbare Architekt verstand es, mit geringstem Aufwand eine Wirkung zu erzielen, welche so erstaunlich ist, daß selbst das geschulte Auge erst nach längerem Betrachten entdeckt, daß die klassizistische Fassade zum größten Teil die Renaissancefenster mitsamt ihren originalen Gewänden beibehalten hat und gewisse, durch die uneinheitliche Entstehung des gesamten Baues bedingte Unregelmäßigkeiten in den Fensterachsabständen so geschickt ausgleicht, daß sie ebenfalls nur bei genauer Betrachtung festzustellen sind. Der wesentliche Eingriff besteht darin, daß die ehemals zwei mittleren Renaissancefensterachsen beseitigt wurden und an ihre Stelle ein dreiachsiger Mittelrisalit tritt, welcher durch einen flachen Dreiecksispiz markiert wird, in welchem sich unter dem kräftigen Zahnschnittgesims eine von Guirlanden und Akanthusranken umgebene Uhr befindet. Der Risalit ist im Erdgeschoß genutet und an seinen Ecken durch Lisenen gefaßt. Die Fenster des Hauptgeschosses sind durch Segmentverdachungen hervorgehoben, die des zweiten Obergeschosses haben leicht geohrte Rahmungen. Die Wandflächen sind durch flache Putzvorlagen weiter aufgegliedert, und das Mittelportal ist durch einen darüber auskragenden Balkon mit Steinbalustraden markiert. Dieser und die Portalumrahmung, beide aus Sandstein, stammen aus dem 19. Jahrhundert, sind aber vermutlich nur eine Erneuerung eines früheren möglicherweise nur in Stuck ausgeführten Zustandes. Die beiden je dreiachsigen Seitenfelder sind im Erdgeschoß ebenfalls als Sockel behandelt, hier allerdings nur mit einer einfachen Putzfelderung mit ganz flachen Vor- und Rücklagen, wogegen die Obergeschosse, genauso wie der Risalit, durch kolossale flache Putzlisenen zusammengefaßt sind. Um die Renaissancefenster sind in Stuck geohrte Gewände gezogen. Die beiden ehemaligen Zugänge sind mit ebenfalls klassizistischen Aufsätzen über ihren rechteckigen neugefaßten Portalgewänden als Nebeneingänge beibehalten. Die ganz in Haarkalkstuck ausgeführte Fassade ist in dezenten Farben gestaltet. So zeigen die Rücklagen ein lichtes Gelb, die Vorlagen ein zartes Rosé, und der Mittelrisalit ist zusätzlich durch Weiß gehöht und sein Sockel in Sandsteinfarbe belassen. Diese ursprüngliche Farbigkeit der Fassade konnte bei einer Erneuerung vor etlichen Jahren unter einer Kriegstarnfarbe und mehreren Überstrichen exakt festgestellt und wiederhergestellt werden. Die Symmetrie dieser Hauptfassade, auf welche von der Straße her durch die hohe Mauer ein reiches Gittertor zuführt, wird weiter betont durch einen genau in der Mittelachse auf dem Dachfirst errichteten achteckigen Dachreiter mit einem Glöcklein und einem geschweiften Helm.

Im Inneren bemühte sich jener unbekannte Architekt genauso geschickt wie bei der Umgestaltung der Außenfassade darum, dem neuen nunmehr in der Mittelachse liegenden Hauptzugang eine ihm gemäße Entsprechung zu schaffen. Durch das neue Portal betritt man einen in seiner Grundform dem Renaissancebestand angehörenden querrechteckigen Raum, der durch sparsame klassizistische Dekoration der neuen Zeit angepaßt wurde und durch eine breite Öffnung, welche sich allerdings nicht in der Mittelachse, sondern nach links verschoben befindet, zu einem zweiten Raum öffnet, welcher wiederum mit einer großen Fenstertüre auf eine Gartenterrasse führt. So wird durch geschickte Führung des Betrachters auf diesen Durchblick zum Garten hin kaschiert, daß die beiden durch den großen Durchbruch zusammengefaßten Räume eigentlich recht verschieden sind. Vom zweiten Raum führt wiederum ein großer mit einem Segmentbogen gedeckter Durchbruch zum Treppenhaus, so daß damit eine kontinuierliche Raumfolge entsteht, welche vergessen läßt, daß hier die dem Ideal der Zeit entsprechende Achsialität nicht so recht stimmen will. Anstelle der vermutlichen alten Holztreppe entstand eine dreiläufige elegant geführte Steintreppe mit einem strengen klassizistischen Geländer. Sie führt vom ersten Obergeschoß an in gleicher Form als Holztreppe nach oben. Alles in allem eine glückliche Lösung. Wenige weitere Räume des Schlosses zeigen einfache klassizistische Stuckkehlen und Ofennischen sowie Türen und Lambrien aus dieser Zeit. Die Raumeinteilung wurde nur insoweit verändert, als die quer zum Bau verlaufenden Stichflure an der Hauptseite zu Zimmern bzw. Kabinetten abgetrennt wurden und damit die neugestaltete Südseite jeweils durchgehende Zimmerfluchten mit auf Enfilade angeordneten Türen erhielt, während parallel zur bestehen gelassenen Mitteltragwand von den rückwärtigen Räumen ein Mittelflur abgetrennt wurde, so daß nunmehr eine Längsverbindung durch das Gebäude geschaffen wurde. Als Hauptraum des Hauses war von jenem Architekten der dreiachsige Raum im zweiten Obergeschoß des Mittelrisalits gedacht. Ob er in dieser Größe schon im Renaissancebestand vorhanden war, oder durch Entfernen von Trennwänden geschaffen wurde, läßt sich nicht mehr feststellen. Er hat eine einfache strenge Wandfelderung, über einer Deckenkehle eine glatte Decke und nur über den Türen Felder mit Medaillons, welche antike Profilköpfe

57 Wandbespannung in illusionistischer Landschaftsmalerei der 2. Hälfte des 18. Jahrhunderts

zeigen, bereichert durch Guirlandengehänge. Auch die Füllungstüren mit unterer pfeifenartiger Aufdoppelung gehören in diese Zeit. Neben dem schon erwähnten 1778 datierten Tonofen sind noch zwei Rokokoporzellanöfen vorhanden, wovon der eine insoweit ein Kuriosum ist, als er zwar Ofenform hat, jedoch unten als offener Kamin ausgebildet ist. Diese beiden Stücke können einer früheren Ausstattungsphase entstammen. Zu der eben beschriebenen Bauphase mit einiger Sicherheit zuzuordnen sind die in einem Raum noch vorhandenen, auf Leinwand gemalten antiken Ruinenszenen, welche in die 70er Jahre des 18. Jahrhunderts sehr wohl passen.
Mit dem Tode des Freiherrn Johann Friedrich Karl von Schmidberg 1777 erlosch die Linie im Mannesstamm. Schloß und Dorf und zugehörige

Güter fielen nun an die Erbinnen, die Freifrauen von Waldenfels, von Kechler und von Hygle, welche die Besitzungen in einem Erbvergleich von 1778 erhielten. Doch scheint dieser gemeinsame Besitz nicht lange gedauert zu haben, denn bald erscheinen als Grundherren die Freiherren von Gemmingen-Hornberg, welche sogleich eine Linie von Gemmingen-Steinsfeld bilden.

Schon 1823 starb die Linie von Gemmingen-Steinsfeld aus. Erbe wurde Luise Dorothee von Gemmingen-Hornberg, welche den Freiherrn Göler von Ravensburg heiratete und damit die Besitzungen in diese Familie einbrachte. Bereits 1856 verkaufte die Familie Göler von Ravensburg das Gut mit allem was dazu gehörte an den Fürsten von Hohenlohe-Waldenburg-Bartenstein. Dieser allerdings hielt sich nie dort auf, sondern setzte lediglich Verwalter ein. Und schon 1865 wurde das Gut samt dem noch bestehenden Patronatsrecht weiter veräußert an einen Herrn Julius Dietzsch aus Stuttgart, im Besitze dessen Erben es sich noch heute befindet. Sein Sohn Karl Dietzsch, der noch vor 1918 das Gut übernahm, übte das Patronatsrecht bis zu seinem Tod im Jahre 1963 aus, gemäß einer Bestimmung, wonach alle diejenigen, welche 1918 am Ende der Monarchie ein Patronatsrecht innehatten, dieses bis an ihr Lebensende behalten und ausüben durften. Als einzige wesentliche Veränderung jener Zeit ließ Julius Dietzsch im ersten Obergeschoß, dort wo möglicherweise in der Renaissancezeit die Tafelstube bestand, zwei Räume neu dekorieren im Sinne der Gründerzeit, also des späten 19. Jahrhunderts; denjenigen, welcher Zugang zum Eckturm hatte, als Speisezimmer im altdeutschen Stil, den gegen Süden gelegenen Raum als Salon.

Das Schloß Lehrensteinsfeld ist ein Beispiel dafür, das durch eine Reihe anderer vermehrt werden könnte, wie ein baugeschichtlich recht interessantes und bedeutendes Schloß ohne viel Aufhebens über Jahrhunderte hinweg erhalten, bewahrt und ohne große Eingriffe in seine Substanz den jeweils neueren Anforderungen angepaßt wurde. Allein die derzeitigen Besitzer betreuen den Bau schon über 100 Jahre in stiller Sorgfalt, und, so scheint es, die Kontinuität wird weiterhin gewahrt sein.

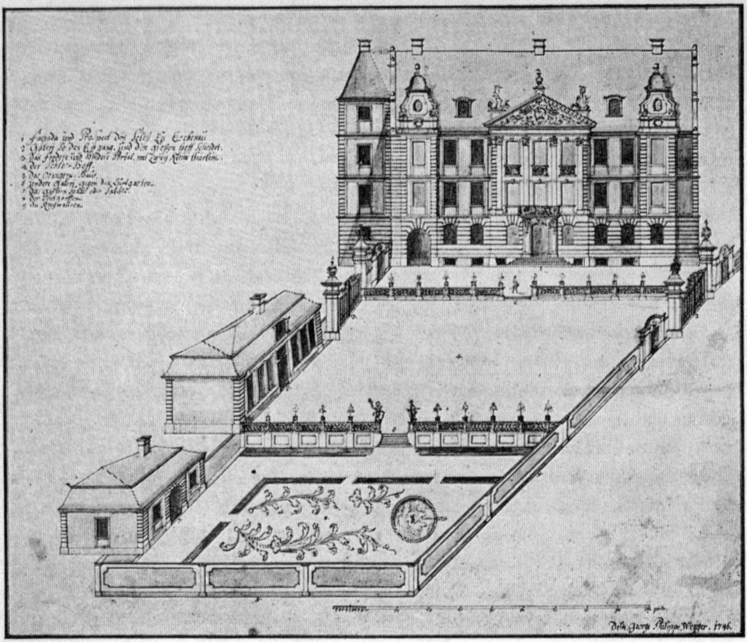

15 Das Schloß Eschenau

In einem Seitentälchen des oberen Sulmtales liegt der verhältnismäßig kleine und unbedeutende Ort Eschenau. Er gehörte in mittelalterlicher Zeit zur Grafschaft Löwenstein, was nicht verwunderlich ist, da ja Ort und Burg Löwenstein nicht weit auf hohem Berge lagen. Im 13. und 14. Jahrhundert erscheinen Herren von Eschenau als Lehensleute der Grafen von Löwenstein. Sie sollen ihren Sitz auf der Burg Eschenau gehabt haben. Erwähnt werden 1257 ein Ulrich, 1262 ein Heinrich und 1292 ein Rüdiger von Eschenau. Da das heutige Schloß Eschenau nachweislich am Platz dieser im Mittelalter genannten Burg steht, so kann man mit Sicherheit sagen, daß es sich, wie auch anderen Orts häufig feststellbar, um den Platz des ursprünglichen Maierhofes aus der Besiedelungszeit handelt. Wie etwa bei der Besprechung des Schlosses Lehrensteinsfeld erwähnt, wählten die Dorfmaier, d. h. die Sippenältesten und gleichzeitig das vornehmste Geschlecht der ersten Ansiedler, in dem neugegründeten Dorf jeweils den beherrschenden Platz, welcher zu einem festen Hof ausgebaut werden konnte. So ist es auch in Eschenau. Das Dorf liegt an leichter Lehne, und an seinem ursprünglich obersten Punkt, unmittelbar über einer Straßengabel, befindet sich das heutige Schloß, also der Platz, an dem die Dorfmaier ihren festen Hof errichteten, der dann später der Wohnsitz der Ortsadeligen wurde und die Bezeichnung Burg erhielt, wobei solche aus Maierhöfen hervorgegangenen, im Mittelalter als Burgen bezeichnete Wohnsitze nicht mit den von den Freien gegründeten Burgen, seien es Höhenburgen, seien es Wasserburgen, zu vergleichen sind.

Der Name der Herren von Eschenau besteht noch bis ins 16. Jahrhundert und ist zum Teil im Elsaß nachweisbar. Ihren Stammsitz Eschenau verkauften sie allerdings schon zu Anfang des 15. Jahrhunderts an die Grafen von Löwenstein, ihre Lehensherren. 1436 schließlich veräußerte Graf Heinrich von Löwenstein Burg und Dorf Eschenau auf Wiederlösung an Schwigger von Helmstadt. Im späteren 15. Jahrhundert kommt dann Eschenau an die Freiherren von Gemmingen, welche im weiteren Umkreis sehr begütert waren. Eschenau gehörte damals zum Ritterkanton Kraichgau, dessen Zentrum bei Sinsheim lag und in welchem die Herren von Gemmingen eine große Rolle spielten. 1534 heißt es: „Eschenau gehört Philipp von Gemmingen. Das ist ein wüster Burgstadel, der im Pfälzer Krieg 1504 zerstört wurde." Es bietet sich also hier ein ähnliches Bild wie im nahen Lehrensteinsfeld. Der Platz des alten Maierhofes, welcher im Laufe des Mittelalters wohl zu einem burgartigen Bauwerk ausgebaut wurde, war zerstört und wird deswegen als Burgstadel oder Burgstall bezeichnet, was im Mittelalter oder noch in späterer Zeit der Name für eine abgegangene, das heißt zerstörte Burg ist.

Über längere Zeit hinweg scheint Eschenau für die Freiherren von Gemmingen nur von untergeordnetem Interesse gewesen zu sein. Erst im letzten Drittel des 16. Jahrhunderts, einer Zeit, in der allgemeiner Wohlstand herrschte, entsteht auf dem Platze des alten Burgstadels ein Neubau. Erbauer ist der auch anderwärts im Gemmingenschen Gebiet eifrig tätige Freiherr Pleickardt von Gemmingen, welcher mit Elisabeth von Nippenburg vermählt war. Er stiftete 1573 in Eschenau eine Pfarrei und vererbte bei seinem Tode 1594 Schloß und Dorf mit allem

Zubehör an seine drei Söhne. Wann er den Schloßneubau errichtete, ist nicht bekannt, doch wird man auch für ihn die 70er Jahre des 16. Jahrhunderts, also die Zeit während oder bald nach der Stiftung der Pfarrei, in Anspruch nehmen dürfen. Mit den Resten des alten Burgstadels scheint Pleickardt von Gemmingen gründlich aufgeräumt zu haben, denn es entstand ein völlig regelmäßiger Neubau, ein großes rechteckiges Haus mit einem Satteldach und zwei Giebeln. Der gegen die Straße gewandte Giebel zeigt eine Randeinfassung mit S-förmig geschwungenen Werksteinen und waagerechter Gesimsgliederung sowie mit einem Muschelabschluß, einer Form, welche durchaus in der Tradition der Renaissance der zweiten Hälfte des 16. Jahrhunderts steht, die aber mit einiger Sicherheit in den Raum Heilbronn weist. Dort gibt es im Umkreis des Baumeisters Balthasar Wolff und seiner Schüler eine Reihe ähnlicher Formen, und da das von Gemmingensche Gebiet um das reichsstädtisch Heilbronnische Gebiet herum lag, ist die Annahme nicht abwegig, Pleickardt von Gemmingen habe sich für seinen Neubau in Eschenau einen jener Architekten gewählt, welche unter Balthasar Wolff in Heilbronn ausgebildet worden waren. Der rückwärtige Giebel des Schlosses Eschenau zeigt heute eine gestaffelte Form, die in das 19. Jahrhundert zu setzen ist. Hier befand sich ursprünglich ein gleicher Giebel wie an der Straßenseite. Die Langseite des großen rechteckigen Baues gegen das Dorf zu war durch zwei rechts und links wenig von den Giebelseiten eingerückte Erker markiert, deren einer auf der linken Seite in seinem Erdgeschoß den Kellerhals enthält, der andere einen mit einem gratigen Kreuzgewölbe überdeckten Raum. Beide Erker gingen bis zur Traufe hinauf.

Unter dem ganzen Bau befindet sich ein großer rechteckiger tonnengewölbter Keller, der geeignet war, größere Mengen Weins, die in den zum Schlosse gehörigen Weinbergen wuchsen, aufzunehmen. Über die Einteilung des Erdgeschosses und der beiden Obergeschosse in der Erbauungszeit läßt sich nichts mehr aussagen, da spätere Veränderungen hier wesentlich eingegriffen haben. Soviel jedenfalls ist sicher, daß bereits im Erdgeschoß alle Innenwände aus Fachwerk waren. Wären hier massiv gemauerte Wände und gewölbte Räume vorhanden gewesen, so hätte sie der barocke Umbau sicher nicht vollständig entfernt, zumal das Gewölbe in dem östlichen Erker noch erhalten geblieben ist. Etwas eigenartig ist der an der Nordwestecke des Baues befindliche quadratische Turm. Sein heutiger flachgedeckter, zinnenbekrönter Abschluß gehört ebenfalls dem 19. Jahrhundert an. Er trug noch im 18. Jahrhundert ein Zeltdach. Da er sich an der in mittelalterlicher Zeit am meisten gefährdeten Ecke des Anwesens befindet, so wird man mit einigem Recht annehmen dürfen, daß er zumindest in seinem Unterbau letzte Reste der Burg Eschenau enthält, welche soweit erhalten waren, daß man auf einen völligen Abbruch verzichtete und diesen Turm in den Neubau integrierte, zumal er für die Renaissancezeit an einem rückwärtigen und daher nicht eingesehenen Platze stand und somit die Regularität, das Ideal der Renaissance, welches auch hier angestrebt wurde, für das Auge nicht störte. Wie aus einigen wenigen noch vorhandenen Fenstergewänden der Renaissancezeit zu schließen ist, zeigte der Bau die allerorts im süddeutschen Raum üblichen Bauformen. Da er nur von mäßiger Größe ist und daher weitgehend für den Aufenthalt der freiherrlichen Familie und der engsten Bedienten benötigt wurde, wird man mit Recht annehmen dürfen, daß, ähnlich wie heute noch, eine Reihe von Nebengebäuden für Wirtschaftzwecke vorhanden war.

Über lange Zeit hinweg scheint dieser während seiner Errichtung moderne Renaissancebau seinen Zweck erfüllt zu haben. Nach dem 1594 erfolgten Tode jenes für seine Familie recht bedeutenden Pleickardt von Gemmingen ist erst wieder eine Nachricht aus dem Jahr 1650, also reichlich ein halbes Jahrhundert später, überliefert. Damals verkauften Wolf Friedrich und Weirich von Gemmingen als Besitzer von Eschenau Schloß, Dorf und allen Zubehör an den württembergischen Generallieutenant Freiherrn Friedrich von Moser, Kriegsratspräsident und Obervogt in Schorndorf. Die Familie der Freiherren von Moser spielte in jener Zeit in Württemberg eine verhältnismäßig bedeutende Rolle, und es ist anzunehmen, daß Friedrich von Moser Eschenau nicht erwarb, um dort ansässig zu werden, sondern mehr, um seine Hausmacht und sein Ansehen zu stärken. Es ist daher auch nicht bekannt, ob er jemals für längere Zeit in Eschenau weilte. Irgendwelche baulichen Veränderungen hat er mit einiger Sicherheit nicht vorgenommen. Er starb 1671, und sein Erbe trat sein Sohn Bernhard Friedrich Moser von Filseck an, welcher Obervogt in Backnang war, also ebenfalls ein hoher herzoglich württembergischer Beamter. Auch er dürfte kaum jeweils für längere Zeit in Eschenau gewesen sein. Nach seinem 1705 erfolgten Tode erbte das Anwesen Eschenau seine Tochter Sophie Magdalene, welche mit dem Freiherrn Siegmund von Ziegesar, einem Brandenburg-Ansbachischen Geheimrat, vermählt war. Von Ziegesar starb 1729. Er verkaufte zu einem nicht bekannten vor diesem Jahr liegenden Zeitpunkt seinen Besitz an den Grafen, den nachmaligen Fürsten von Oettingen-Spielberg, obwohl Eschenau zum Familienfideikommiß der Moser von Filseck gehörte. Dies zog einen innerhalb der Familie langandauernden Prozeß nach sich. Nicht lange danach verkaufte der Fürst von Oettingen-Spielberg diesen Besitz wiederum an den Geheimrat von Berlichingen, welcher ihn ebenfalls nicht lange behielt, sondern ihn um 1740 an den herzoglich württembergischen Oberkriegskommissar Johann Melchior von Killinger veräußerte.

Jener Herr von Killinger spielt in der Baugeschichte des Schlosses Eschenau eine ganz entscheidende Rolle. Auch er erwarb das Anwesen wohl kaum, um ständig dort zu wohnen, da er ja als hoher herzoglich württembergischer Beamter in Stuttgart, Ludwigsburg oder in der näheren Umgebung gebunden war. Vielmehr wird er Eschenau als Sommersitz benutzt haben, und außerdem diente ihm dieses Schloß offensichtlich als ein Bau, an dem er seine Bedeutung dokumentieren konnte und der für ihn zum Repräsentationsbau wurde. Herr von Killinger scheint über bedeutende Mittel verfügt zu haben, denn das was er aus dem Renaissanceschloß Eschenau machte, ein Umbau und eine Modernisierung im Sinne des bereits leicht zum Klassizismus tendierenden Barock in der Mitte des 18. Jahrhunderts, war, so wie sich aus dem heutigen Bestand ablesen läßt, eine höchst kostspielige Angelegenheit. Als entwerfenden Architekten wußte sich Herr von Killinger einen Mann der ersten Klasse zu sichern, nämlich Leopoldo Retti, den wir schon verschiedentlich kennenlernten, welcher aus der in Ludwigsburg am Schloßbau tätigen und groß gewordenen Sippe Frisoni-Retti als jüngster hervorging und der nach seiner Ausbildung in Ludwigsburg die Stelle eines Hofbaumeisters am markgräflichen Hof in Ansbach, damals Onolzbach genannt, einnahm.

Im Jahre 1744 übernahm der mit 16 Jahren für volljährig erklärte Herzog Karl Eugen von Württemberg die Regierung des Herzogtums Württemberg. Zur Planung einer neuen in Stuttgart zu errichtenden Residenz berief er eben jenen markgräflich ansbachischen Hofbaumeister Leopoldo Matteo Retti, der dann auch zu einer ersten Planungstätigkeit vom Juni 1744 bis zum 19. Februar 1745, also dreiviertel Jahre in Stuttgart weilte. In dieser Zeit scheint es dem herzoglichen Oberkriegskommissar von Killinger gelungen zu sein, Leopoldo Retti zu veranlassen, daß er ihm ein Modernisierungsprojekt für sein vor kurzem erworbenes Schloß in Eschenau ausarbeitete.

Retti fand den großen rechteckigen Bau der Renaissance vor, welcher die durch waagerechte Gesimse gegliederten, mit S-Schwüngen und

59 *Haupttreppenhaus mit Rokokostuck*

kleinen runden Knöpfen auf den Stockwerksabsätzen versehenen Giebel hatte, sowie an der dem Ort zugekehrten Langseite die fast symmetrisch angeordneten beiden Erker. Wie schon vorhin erwähnt, ist es eindeutig, daß an der West- und Nordwestseite alter Bestand aus der Renaissancezeit verwendet wurde, denn der dort befindliche Erker mit dem Kellerhals sitzt sehr viel weiter an der Ecke als sein symmetrisches Pendant, und der erwähnte Eckturm springt weit nach Westen vor, wodurch die in der Renaissancezeit angestrebte Symmetrie nicht voll erreicht wurde. Der Grundriß des Baues zeigt außerdem, daß der Renaissancebau von einer wie schon erwähnt in allen drei Stockwerken durch Fachwerk ausgeführten Konstruktion ausging, welche eine Mitteltragwand hatte, was in jener Zeit üblich war. Das bedeutet soviel, daß nach beiden Seiten gleichgroße Räume vorhanden waren, ohne einen verbindenden Korridor. Wo in diesem Falle die verbindende Stockwerkstreppe sich befand, ist heute nicht mehr feststellbar.

Retti nahm die Gegebenheiten auf und begnügte sich damit, im Äußeren die Front gegen den Ort in eine neue Form zu bringen und im übrigen lediglich die Giebel und nur im begrenzten Rahmen die Rückseite den neuen Anforderungen anzupassen. Zugute kam ihm, daß die Renaissance eine stockwerksweise Gliederung liebte, welche inzwischen im mittleren 18. Jahrhundert mit dem beginnenden Klassizismus wiederum von Interesse geworden war. So behielt er diese stockwerksweise Gliederung des dreigeschossigen Baues bei, veränderte lediglich die Fenster der wichtigen Seiten, behandelte das Erdgeschoß in seiner Hauptfront als rustizierten Sockel mit genuteten Quaderschichten, welche in diesem Falle in Stuck angetragen wurden, und bildete einen dreiachsigen Mittelrisalit aus. Dieser besteht aus einer die beiden oberen Geschosse zusammenfassenden Kolossalordnung aus römisch kompositen Pilastern mit einem kompakten Gesims darüber und einem Fronton in kräftiger Dreiecksform, welcher heute das Wappen der Freiherrn von Hügel enthält, eine Änderung, die im 19. Jahrhundert vorgenommen wurde. Im Erdgeschoß ist in der Mitte ein Portal angeordnet, über dem auf vorkragenden Konsolen ein Balkon mit einer Fenstertüre die Mitte des ersten Obergeschosses markiert, ein Motiv, wie es etwa am Gartenflügel des Neuen Schlosses in Stuttgart ebenfalls festzustellen ist. Entsprechend diesem an der Hauptschauseite zwischen den beiden Renaissanceerkern eingeführten dreiachsigen Mittelrisalit wurde an der Rückseite ebenfalls in der Mittelachse ein neues Treppenhaus eingebaut, für welches wiederum die Hauptwand in der Mitte ausgebrochen und nach rückwärts vorgeschoben wurde. Da der Hauptsaal an der Hauptfront gegen den Ort zu mit seinen drei Achsen im Mittelrisalit im zweiten Obergeschoß die bisher übliche Stockwerkshöhe durchbricht und in den Dachstock hinein hochgeführt ist, so mußte auch das an der Rückseite angeordnete dreiläufige Treppenhaus entsprechend in den Dachstock vorstoßen, was zur Folge hatte, daß der vorhandene doppelt übereinander angeordnete liegende Stuhl der Renaissance in der Mitte durchbrochen wurde und damit der Längsverband des Hauses erheblich gestört und ansonsten ebenfalls die Statik stark in Unordnung gebracht wurde. Neben diesem Eingriff in den Mittelbau hat Retti in seiner Planung offenbar lediglich den heute in allen Geschossen vorhandenen Mittelflur angeordnet, der allerdings nicht in der Mitte, sondern seitlich nach rückwärts verschoben neben der seit alters vorhandenen Mitteltragwand liegt, wodurch er nicht in den konstruktiven Bestand des Baues eingriff, sondern lediglich die nach rückwärts gelegenen Räume um die Flurbreite verkleinerte. Außerdem ordnete er neben dem großen dreiläufigen Haupttreppenhaus eine zweiläufige Diensttreppe an, welche die Kommunikation zwischen allen Stockwerken erlaubte, ohne die Haupttreppe zu benutzen. Waren im Erdgeschoß nach wie vor untergeordnete Räume, so befanden sich im ersten Obergeschoß die Hauptwohnräume, welche eine besonders reiche Ausstattung insbesondere mit Stuckdecken und eingelegten Parkettfußböden sowie reichen Wandvertäfelungen hatten. Im zweiten Obergeschoß war in der Mitte, in dem dreiachsigen Mittelrisalit, der Hauptsaal angeordnet und zwar deswegen, weil es hier möglich war, durch den Eingriff in den Dachstuhl dem Raum eine größere Geschoßhöhe zu geben gegenüber dem früheren Bestand. Insoweit folgt die Distribution verhältnismäßig alten Grundsätzen, gezwungen jedoch durch die vorgegebene Situation, welche einen höheren Saal nur im obersten Geschoß möglich machte, gegenüber den sonst in jener Zeit üblichen Gepflogenheiten, den Hauptsaal im ersten Obergeschoß unterzubringen. Da Leopoldo Retti in jener Zeit der Planung in den Jahren 1744/45 nur für kurze Zeit in Stuttgart war, so kam er natürlich für die Ausführung des Baues in Eschenau nicht als durchführender Baumeister in Frage. Wieder führen nun die Fäden nach Heilbronn, wo sich Herr von Killinger einen Architekten auswählte, der damals in Neckarsulm ansässig war. Es handelt sich um Georg Phillip Wenger, der vorwiegend für den Rat von Heilbronn tätig war. Eine von ihm im Jahr 1746 gezeichnete Ansicht des Schlosses Eschenau mit Erläuterungen zeigt nicht nur, daß er der ausführende Baumeister war, sondern daß der Bau 1746 bereits samt Orangerie und Teehaus mindestens weitgehend vollendet war.

Leopoldo Retti hat den Entwurf für die Neugestaltung insbesondere der Hauptfront des Schlosses Eschenau ganz im Sinne seiner seitherigen Ansbacher Arbeiten durchgeführt. Das Erdgeschoß wird mit einem genuteten Apparat versehen und durch ein unprofiliertes Gesims von den oberen Geschossen abgetrennt und damit als Sockel behandelt. Auch die beiden oberen Geschosse werden jeweils durch ein unprofiliertes waagerechtes Gesims getrennt, eine Tendenz zur Waagerechten, welche in die Entwicklungsphase der damaligen Zeit und auch der Tätigkeit Rettis sich einfügte. Die Ecken des Baues, der vorhandenen Erker und des Mittelrisalits werden durch genutete Lisenen markiert, und lediglich der dreiachsige Mittelrisalit erhält in seinen beiden oberen Geschossen eine Kolossalordnung aus kompositen Pilastern mit dem darüber befindlichen wappengeschmückten Ispiz. So beschränkte sich im Äußeren die Rettische Modernisierung auf die Hauptschauseite sowie auf den straßenseitigen Giebel.

In seiner Zeichnung stellt Wenger eine Vasenbekrönung des Frontons, sowie Kriegstrophäen beidseits an dessen Fuß dar, damit auf die Tätigkeit des Bauherrn anspielend. Die beiden Erker, heute mit flachen Giebeln gedeckt, welche dem Fronton entsprechen, zeigt er mit reichen, laternenartigen Bekrönungen. All dies wurde aber offensichtlich nicht ausgeführt.

Im Inneren des Schlosses findet sich eine Fülle reicher Rokokostukkaturen, welche in der Brillanz und Feinheit ihrer Ausführung in weitem Umkreis ihresgleichen suchen, und sicher brachte Leopoldo Retti die für solche Qualitätsarbeit fähigen Künstler und Kunsthandwerker aus Ansbach, wo solche Dinge seit längerem gepflegt wurden.

Auch der Eschenauer Umbau krankte wie der Residenzbau in Stuttgart oder die Erweiterung des Schlosses Kirchberg daran, daß er keine Gelegenheit bot, einen entsprechenden Garten zu entwickeln, der vor allem auf die richtige Seite des Schlosses orientiert gewesen wäre. Wiederum bewährt sich die Kunst Rettis, aus eingeschränkten und durch vorgegebene Dinge begrenzten Möglichkeiten das Beste zu machen. Vor der Hauptfront des Schlosses ordnet er eine Balustrade, mit Vasen besetzt, an, zu welcher von der Straßenseite her durch ein kräftig ausgebildetes Portal der Hauptzugang führt. Unterhalb dieser Balustrade an einer sehr kurzen Hauptachse entwickelt sich auf dem beschränkten Gelände ein Hof und ein kleiner Garten, der gegen den Ort hin in einer steil abfallenden Stützmauer endet, die jedoch durch geschickte Bepflanzung kaschiert wird. Im rechten Winkel zum Schloß und gegenüber der Straßenseite mit dem großen Eingangsportal werden als seitliche Kulisse für diesen kleinen Garten zwei Bauwerke errichtet, welche sicherlich, ihrer Formensprache nach zu urteilen, ebenfalls auf Leopoldo Retti zurückgehen.

60 Ofennische mit Rokokostuck und einem Porzellanofen aus der 2. Hälfte des 19. Jahrhunderts

Reichlich ein halbes Jahrhundert war das Schloß Eschenau im Besitz der Familie von Killinger, wobei nicht bekannt ist, inwieweit es tatsächlich bewohnt und genutzt wurde, oder ob es nur für gelegentliche Repräsentationszwecke und Sommeraufenthalte verwendet worden ist. Im Jahr 1806 verkauft Carl Friedrich Johann von Killinger das ganze Anwesen an den württembergischen Staatsminister Freiherrn Friedrich Emich Johann von Uexküll-Gyllenband, welcher bereits vier Jahre danach im Jahr 1810 starb. Das Anwesen blieb in seiner Familie, und Erbin wurde schließlich seine Enkelin Marie, welche 1831 den Freiherrn Albert von Hügel heiratete, königlich württembergischen Kammerherrn und Rittmeister a. D. Dieser ließ das Wappen im Frontispiz der Hauptseite ändern, eine Gepflogenheit, welche des öfteren an Schlössern praktiziert wurde. Noch 1862 hatte der Freiherr Albert von Hügel das Schloß Eschenau in Besitz. Später, zu Ende des 19. Jahrhunderts, wurde es dann an Bürgerliche verkauft, bis es bald nach dem Ersten Weltkrieg Alexander Freiherr von Bernus erwarb, im Besitz dessen Familie es sich noch heute befindet.

Mit dem Schloß Eschenau und dem Oberkriegskommissar von Killinger, welcher es im 18. Jahrhundert modernisierte, ist noch eine Episode verbunden, die hier angemerkt sei. Es handelt sich um die Kammervirtuosin und Kammersängerin Marianne Pirker, deren Ehegatte der herzogliche Konzertmeister Franz Pirker war. Sie war am Theater des jungen Herzogs Karl Eugen von Württemberg als Kammersängerin tätig und scheint eine enge Vertraute der Herzogin Friederike geb. von Brandenburg-Bayreuth, einer Nichte Friedrichs des Großen, gewesen zu sein. Nach acht Jahren, 1756, zerbrach die Ehe zwischen Herzog Karl Eugen und seiner Gemahlin Friederike von Brandenburg-Bayreuth. Der Herzog besaß in den ersten Jahrzehnten seines Lebens eine große Leidenschaft für das Theater, und die Kammersängerin Marianne Pirker, wie die Überlieferung besagt, ließ ihr über verschiedene Untreuen ihres Gemahls Nachricht zukommen. Solcherlei Dinge führten nicht nur zu der 1756 erfolgten Trennung der beiden Ehegatten, der Rückkehr der Herzogin nach Bayreuth, sondern auch zu der Inhaftierung der Marianne Pirker auf der Festung Hohentwiel, welche bis zum November 1764 dauerte. Auch ihr Mann, der Konzertmeister Franz Pirker, sowie der Friseur der Herzogin, Reich, wurden damals verhaftet. Bald nach der Verhaftung auf dem Hohentwiel wurden die Deliquenten auf den Hohenasperg verbracht, wo sie bis 1764 verblieben. Ihre Behandlung dort war den Berichten der Zeit entsprechend nicht schlecht, sondern recht milde, genauso wie sie später Schubart zuteil wurde. Trotzdem wird von Anna Pirker berichtet, daß sie zeitweise geisteskrank geworden sei und ihre schöne Stimme eingebüßt habe. Nach ihrer Entlassung im Jahr 1764 vom Hohenasperg soll sie, soweit man der Überlieferung trauen kann, beim Herrn von Killinger auf dessen Schloß Eschenau gewohnt haben. Sie wird dort als die „Irre von Eschenau" bezeichnet. Angeblich soll sie Christian Friedrich Daniel Schubart, jener aufsässige Zeitgenosse, den Herzog Karl Eugen auf Veranlassung des Kaisers in Wien 1777 verhaften lassen mußte, in der Zeit ihres dortigen Aufenthaltes, also in einer Zeit, in welcher er sich noch längst in Freiheit befand, besucht haben. Was an derlei Erzählungen Wirklichkeit und was durch spätere geschichtsverzeichnende Überlieferungen Mythologie geworden ist, das läßt sich hier schwer beurteilen.

16 Schloß Assumstadt

Der Ort Asmanstat, östlich von Heilbronn und nahe bei Möckmühl an der Jagst gelegen, gehört seit dem Mittelalter zu dem nahen Domeneck, wo sich eine ebenfalls über der Jagst gelegene Burg befand. Der Besitz wechselte des öfteren. So sind dort die Pfalz, Hohenlohe, vom Holtz, Kloster Schöntal und Stift Möckmühl anzutreffen. In der Renaissancezeit um 1600 ist Besitzer der Ritterhauptmann des Kantons Odenwald Hans Kaspar von Herda, der aus dem Eisenachischen stammte. Wohl weil ihm die alte Burg Domeneck zu unbequem war, errichtete er sich 1624 im nahen Assumstadt, wie es inzwischen längst hieß, ein Schloß samt zugehörigen Wirtschaftsgebäuden und übersiedelte dahin.

Im Jahr 1650 kam die ganze Herrschaft an Johann Jakob Kolb von Rheindorf und später durch Heirat 1676 an Johann Christoph von Ellrichshausen. Diese Familie hatte ihre Stammburg in dem schon in karolingischer Zeit genannten Ort Ellrichshausen bei Crailsheim. Durch Erbschaft erhielten sie auch das nahe Jagstheim, das ebenfalls eine Burg der hohenlohischen Lehensleute, der Ritter von Zehen hatte, und sie nannten sich von da an von Ellrichshausen zu Jagstheim.

Johann Christoph von Ellrichshausen zu Jagstheim nahm seinen ständigen Wohnsitz in Assumstadt und seine Witwe verkaufte 1692 Burg und Gut Domeneck an die badische Linie der Freiherren Leutrum von Ertingen, weswegen bis heute die beiden Güter getrennt sind. Interessant für die Bau- und Kunstgeschichte wird Schloß Assumstadt erst durch Carl Reinhard Freiherrn von Ellrichshausen, geboren am 5. Januar 1720 in Assumstadt. Er war in kaiserlich österreichischen Diensten, brachte es zum Generalfeldzeugmeister und erwarb sich insbesondere im siebenjährigen Krieg (1756—1763) große Verdienste. Er war ein Neffe des Generalfeldmarschalls Graf von Neipperg. Als er den Dienst quittierte und nach Assumstadt zurückkehrte, erhielt er als Geschenk der Kaiserin Maria Theresia ein neues Schloß. Ob der Neubau in Assumstadt, der seit 1769 dort entstand, an der Stelle des zuvor abgebrochenen Renaissancebaus errichtet wurde oder auf einem Gelände daneben, ist nicht mehr genau zu klären. Wahrscheinlich wurde er neben dem alten Anwesen gebaut und der Altbau verschwand erst in viel späterer Zeit. Diese Annahme liegt nahe, da auf den Neubau ein gleichzeitig angelegter großer geometrischer Garten bezogen ist, der in seinen Grundzügen noch heute besteht. Bei dem Geschenk eines neuen Schlosses begnügte sich Maria Theresia nicht damit, den Neubau zu bezahlen, sondern die Planung hierfür entstand in Wien oder Prag, und große Teile der festen Innenausstattung, Boiserien, Türen, Kamine, Öfen u. a. wurden fertig aus Prag angeliefert. Bekannt ist nur der Name eines Architekten P. Withopf aus Prag, der wahrscheinlich der Bauleiter war. Wer für den Entwurf verantwortlich zeichnet, ist bis dato unbekannt. Vielleicht gibt darüber einmal das zwar geordnet, aber unaufgearbeitet in Assumstadt lagernde von Ellrichshausensche Archiv Aufschluß. Die Herkunft des Entwurfes aus Wien oder noch wahrscheinlicher aus Prag dokumentiert der Bau selbst sehr deutlich, denn er ist für seine Entstehungszeit 1769 für unser Gebiet ausgesprochen altmodisch. Längst hatten hier die aus Frankreich kommenden klassizistischen Tendenzen Einzug gehalten, vertreten etwa durch Leopoldo Retti seit den späten 30er Jahren und durch La Guêpière seit den 50er Jahren, wogegen Österreich und Böhmen viel länger an den barocken Formen festhielten.

62 *Schloß Assumstadt, Ausgemalter Mittelsaal*

Der Bau mit einem ovalen, pavillonartigen Mittelbau an der Gartenseite deutet an der Hofseite durch mit nur zwei Achsen vorspringenden Flügeln einen Ehrenhof an. Hier steigt geschwungen von beiden Seiten eine Freitreppe zum Hauptgeschoß hinauf. Über einem nur teilweise aus dem Erdreich herausragenden Sockelgeschoß erheben sich, durch eine Kolossalordnung jonischer Pilaster zusammengefaßt das Hauptgeschoß und ein spürbar niedrigeres Obergeschoß, das jedoch mehr Gewicht hat als nur ein Mezzanin. Darüber folgt das ziegelgedeckte Mansarddach mit wenigen kleinen Gauben. Der im Hauptgeschoß stark betonte Eingang wird in der Dachzone weiter herausgehoben durch ein mehrfach geschweiftes Aufschwingen des Hauptgesimses, so daß eine Art Ispiz entsteht, der das von kriegerischen Emblemen umgebene Wappen des Bauherrn zeigt. Die Fenster haben reiche Rahmungen und Verdachungen.

Eine Geländewelle ist so geschickt ausgenützt, daß man vom Hauptgeschoß mit nur wenigen Stufen in den Garten gelangt. Auch hier schwingt im Mittelpavillon, in dem der „Grand Salon" durch Fenstertüren und Okuli deutlich hervorgehoben ist, das Gesims im Dach auf und umrahmt ein gleiches Wappen, wie an der Hofseite. Durch den beschriebenen äußeren Habitus ist der Bau deutlich als Landsitz gekennzeichnet, da man das Hauptgeschoß direkt von außen über eine Freitreppe erreicht und zum Garten eine nahezu ebenerdige Verbindung hat. Diesen Charakter bestätigt auch der Grundriß. In dem großen Vestibule ist die Treppe zum Obergeschoß geschickt an die Seite gerückt und beiderseits des Mittelsaales, des „Grand Salon" sind symmetrisch zwei Appartements angeordnet, je aus 5 Zimmern und 1 Vorraum, — alle von mäßigen Dimensionen — bestehend. An der Gartenseite haben sie je ein Gesellschafts- und ein Wohnzimmer. Die Mitte der Seitenfronten nimmt das Schlafzimmer mit Alkoven ein und die zwei folgenden Zimmer könnten Ankleidezimmer und Schreibkabinett gewesen sein. Der Vorraum mit direkter Verbindung zum Alkoven war wohl Diener- und Kleiderkammer.

Im Obergeschoß wiederholt sich dieser Grundriß, wobei hier die beiden Appartements getrennt sind, da der Mittelsalon bis hier heraufreicht und noch kuppelartig ins Dach eingreift. Im Sockelgeschoß ist reichlich Platz für Küche, Vorratsräume und Gesindeaufenthalt. Deren Wohnungen sind im alten Baukomplex anzunehmen, der geschickt durch einen den Ehrenhofcharakter verstärkenden freistehenden Flügelbau für Verwaltung und wichtigere Personalwohnungen kaschiert wird.

Das Schloß ist konzipiert als der Landsitz eines herrschaftlichen Paares,

63 Gartenseite

obwohl der Generalfeldzeugmeister Junggeselle war. Formal gilt für die Innenräume das gleiche wie für den Außenbau. Es dominiert hier das Rokoko, wenigstens in den Dingen, die vorgefertigt aus Prag angeliefert wurden, den eichenen Türen und Boiserien und den weißen Fayenceöfen, mit denen insbesondere die Appartements ausgestattet sind. Stuck ist hier weder an den Decken noch an Wänden zu finden und in dem offensichtlich auf eigene Rechnung des Generalfeldzeugmeisters ausgestatteten Mittelsalon erinnert außer den Türen und Öfen nichts mehr an das Rokoko. Offensichtlich wollte er hier, wo er noch Einfluß nehmen konnte, dokumentieren, daß er den neuen Strömungen aufgeschlossen sei. Unter

Verzicht auf jede plastische Dekoration ist der ganze Raum ausgemalt mit Louis-Seize-Dekorationen, die so brillant gemalt sind, daß sie nur der genaue Augenschein als nicht plastisch erkennen läßt, weswegen in der Literatur auch von Stuck geredet wird. Die Kuppel ziert ein ovales Bild allegorischen Inhalts, das sicher nicht zu Unrecht dem herzoglich württembergischen Hofmaler und Lehrer an der Hohen Carlsschule Nicolas Guibal zugeschrieben wird. In den gemalten Dekorationen darf man dann die direkten Vorläufer der entsprechenden, von Hetsch an der Decke des Marmorsaals im Residenzschloß in Stuttgart gemalten Dekors sehen.
Carl Heinrich von Ellrichshausen starb am 9. Juni 1779 in Prag, nachdem ihm kurz zuvor durch Kaiser Joseph das Kommandeurkreuz des Maria-Theresia-Ordens verliehen worden war. Seine Beliebtheit in Wien und Prag und seine Verdienste scheinen so groß gewesen zu sein, daß der Kaiser auf sein Grabdenkmal die Worte „Vivo indefesso" schreiben ließ.
Trotz des Junggesellentums von Carl Reinhard starben die von Ellrichshausen nicht aus. Ein weiterer bekannter Sproß dieser Familie war der am 17. April 1789 in Assumstadt geborene Freiherr Ludwig von Ellrichshausen, der sich der Förderung der Landwirtschaft verschrieben hatte und 1828 ein Institut für Land- und Forstwirte in Assumstadt gründete. Bald danach wurde er Direktor der seit 1818 in Hohenheim bestehenden landwirtschaftlichen Unterrichts-, Versuchs- und Musteranstalt. Da er am 11. April 1832 starb, erlebte er die 1847 erfolgte Erhebung zur landwirtschaftlichen Akademie nicht mehr.
Um dem Schloß Assumstadt mehr den Charakter einer Residenz zu geben, ließ eben jener Ludwig von Ellrichshausen 1799 die vor der Hofseite des Schlosses stehende Pfarrkirche für Assumstadt und Züttlingen abbrechen. Als Ersatz diente die gemeinsame Friedhofskirche. Als 1856/57 in Züttlingen eine neue Pfarrkirche erbaut wurde, blieb nach Abbruch des Schiffes der Chor der Friedhofskirche die Grablege derer von Ellrichshausen. Eine Inschrift besagte: „Renovirt von den Freiherren Carl und Joseph von Ellrichshausen 1873".
Bis 1938 blieben Schloß und Gut im Familienbesitz. Dann erwarben es die Grafen von Waldburg-Wolfegg, welche es noch heute besitzen.

17 Burg Leofels

Wenn unter den Burgen des Landes auch die Burg Leofels an der Jagst besprochen wird, so ist dies nicht von ungefähr, denn Karl Schumm hat eindeutig nachgewiesen, daß es sich hier um eine Reichsburg handelt. Reichsburgen aber entstanden stets an Stellen, wo sie im Straßennetz des staufischen Reiches oder sonstwie eine wichtige Rolle spielten. Bis heute ist allerdings nicht einwandfrei geklärt, warum Leofels an dieser Stelle als Reichsburg erbaut wurde. Daß es sich um eine solche handelte, ist allerdings außer Zweifel.
Leofels ist eine Abschnittsburg auf einem nicht sehr imposant in das

Jagsttal, wenig oberhalb von Langenburg vortretenden Bergsporn. Es zeigt die für andere staufische Burgen, so etwa auch Langenburg, ebenfalls typische Spornlage, welche unterhalb der Burg, noch durch diese Spornlage geschützt, einen Platz bietet, auf welchem ohne massive Befestigung ein Heerlager oder ein größeres Gefolge eines vornehmen Herrn für einige Zeit gesichert eine Zeltstadt errichten konnte.

Leofels selbst ist ein Bau, der nicht nur alle typischen Merkmale der Burgen der Stauferzeit zeigt, sondern auch diejenigen der staufischen Kaiserpfalzen. Die mantelartig den ganzen Burgplatz umziehende Ringmauer ist nach außen völlig in Buckelquadern ausgeführt, jener staufischen Bauweise, die überall dort angewandt wurde, wo es auf Repräsentation ankam. An ihrer bebauten Innenseite sind die Steine dieser Ringmauer glatt bearbeitet. Alle an die Ringmauer von innen anschließenden massiven Mauern dieser Gebäude sind, was ebenfalls typisch für die staufische Zeit ist, stumpf, ohne Verband angesetzt. Dies zeigt, daß bei jenen Burgen zuerst die Ringmauer als homogenes Bauwerk errichtet worden ist und erst danach die Einbauten entstanden sind.

Es ist weiterhin bekannt, daß die staufischen Bauten insbesondere der Zeit Kaiser Friedrichs II. als obersten Grundsatz die Regularität hatten. Auch diese Bestrebung ist in Leofels nachweisbar, denn der von der staufischen Ringmauer umzogene Bereich zeigt gegen den Berg einen schildmauerartigen Teil, an den beidseitig rechtwinklige Mauerzüge anschließen. Diese Rechtwinkligkeit wird von der gegen den Graben gerichteten Ostwand, der Nordwand, der Westmauer und von einem Teil der Südmauer eingehalten. Daß die Südmauer dann abknickt und das Konzept des Rechtecks stört, liegt im Gelände begründet.

Außerhalb dieser beschriebenen Ringmauer lassen sich nur wenige staufische Bauteile nachweisen. Vielleicht ist das auf die aus jüngerer Zeit stammende massiv gewölbte Brücke folgende Tor im Kern, d. h. in seinen unteren Mauerschichten staufisch. Der Zugang zur alten Burg führt von der dem Berg abgewendeten Westseite herein. Die vorgelagerte bastionsartige Stützmauer, welche überhaupt diesen Zugang ermöglicht, ist ebenfalls staufisch. Daß der Zugang bis heute dadurch falsch nach oben zur Burg führt, so daß der Ankömmling seine durch den Schild gedeckte Linke stets zur Burg zeigt, ist in staufischer Zeit vor allem für eine Reichsburg unerheblich.

In dem oben schon beschriebenen Ringmauerbereich der staufischen Reichsburg befanden sich drei wesentliche Gebäude, ein Palas wie er sich ähnlich in Kaiserpfalzen findet, ein weiterer Wohnbau für die

65 *Außenseite des Palas*

ständig hier ansässigen Bewohner und ein Bergfried, welcher der Sicherheit des Komplexes diente. Hinzu kamen die Möglichkeiten, im Burgareal größeres Gefolge unterzubringen.

Die genannten drei Bauteile lassen sich noch deutlich ablesen bzw. rekonstruieren. Vom eigentlichen großen Palas und Saalbau, wie er ähnlich noch in Gelnhausen oder Goslar vorhanden ist, sind allerdings nurmehr die Öffnungen in der südlichen Ringmauer übrig, doch läßt er sich recht gut rekonstruieren durch die Beobachtung der Innenseiten der Ringmauer. Neben dem Tor im Westen beginnend, ging er durch bis zur Mantelmauer im Osten gegen den Graben und war entlang dieser Mauer rechtwinklig weitergeführt bis zum Wohnbau im Nordosten. Diese Annahme, am aufgehenden Mauerwerk ablesbar, wurde bestätigt durch die im Zuge der Arbeiten anläßlich des Stauferjahres mehr zufällige Freilegung einiger verschütteter Mauerteile. Der Palas war damit entlang der Südmauer fast 40 m lang, allerdings im inneren Lichtmaß nur etwa 6–7 m breit. Im Erdgeschoß unmittelbar neben dem Tor befand sich mit einiger Sicherheit das kleine, für das Gefolge bestimmte Erdgeschoß der Doppelkapelle, und daneben folgte mit vier gleichen, noch vorhandenen, in tiefen Nischen liegenden schmalen und hohen Rundbogenfenstern die Türnitz, der Raum für das Gefolge des hohen Herrn. Er hat neben dem vierten der genannten Fenster außerdem einen über die Mauer vorkragenden wohlerhaltenen Aborterker, eine Notwendigkeit, welche auf staufischen Burgen des öfteren anzutreffen ist. Gegen Osten zur Mantelmauer hin, ohne Fenster nach außen, schlossen sich noch einige wohl heizbare Schlafräume und Räume für den Aufenthalt in schlechter Jahreszeit an.

Entsprechend war das zweifellos über eine Freitreppe vom Hof her zugängliche Obergeschoß eingeteilt. Neben und über dem Tor war das Obergeschoß der Kapelle; über der Türnitz befand sich der Hauptsaal mit drei nach außen gehenden großen Fensternischen mit gekuppelten Fenstern, welche reiche Zwischensäulen sowie Kleeblatt- und Spitzbogen haben, deren formale Entsprechung in italienischen Anlagen zu finden ist, so daß die Möglichkeit nicht ausgeschlossen werden kann, daß entweder italienische Bauleute hier arbeiteten, oder aber die Steinmetze, die Leofels ausführten, in Italien geschult waren. Neben den drei genannten großen, reichen Fenstern befindet sich nach Westen, dem Tor zu, noch eine Pforte mit Kragsteinen nach außen, welche auf einen Austritt oder einen Erker hindeutet. Ihr Sinn ist nur schwer zu erkennen, doch dürfte der Austritt noch zum Saal gehört haben, da auch die darunter befindliche Türnitz bis hierher reichte. Dem Saal nach Osten, gegen den Graben zu, schlossen sich die nur vom Hof her belichteten Privaträume des hier wohnenden hohen Herrn an samt einem nach Osten vorkragenden Aborterker, welcher alleine diesen Privaträumen vorbehalten war. Der staufische Originalmauerbestand besagt eindeutig, daß dieser eben beschriebene Palas noch ein weiteres Obergeschoß hatte, allerdings ohne Fenster nach außen und wohl mit einem Wehrgang abgeschlossen. Auf einer Reichsburg wohnten zumindest vorübergehend, wenn nicht der Kaiser selbst, so doch hohe Würdenträger des Reiches, und sie hatten eine Reihe von weiteren hohen Herren in ihrem Gefolge, die ein entsprechendes Quartier zu beanspruchen hatten. Man darf demnach mit Sicherheit annehmen, daß das zweite Obergeschoß dieses Palas, solche Räumlichkeiten enthielt.

Gegenüber dem großen Palas, an der nördlichen Ringmauer, ebenfalls nach Osten gegen den Graben anstoßend befindet sich der noch in wesentlichen aufgehenden Teilen vorhandene zweite Wohnbau. Schumm bezeichnet ihn als Kemenate, was sicherlich falsch ist, denn eine Kemenate ist schlechthin ein heizbarer Raum. Wie oben gezeigt, hatte der große Palas einerseits den großen Saal mit seinen doppelten Fenstern, welche nie verschließbar waren; auch die Fenster der darunter befindlichen Türnitz waren wohl nie verschließbar. Daneben aber enthielt dieser Bauteil eine größere Zahl von Räumen, die sehr wohl heizbar und gegen die Witterung nach außen verschließbar waren. Das gleiche gilt auch für den zweiten wesentlich kleineren Wohnbau. Bei ungefähr gleicher innerer lichter Breite hatte er nur etwa die halbe Länge des großen Palas, doch auch er zeigt sowohl nach Osten gegen den Graben, also gegen die Feindseite, als auch nach Norden einige ähnliche doppelte Fenster mit reichen Mittelsäulen und Spitz- bzw. Kleeblattbogen, wie sie der große Palas hat. Dies betont seine Wichtigkeit, und man wird annehmen dürfen, daß der mit seiner Familie und seinem Gefolge hier ständig wohnende Burghauptmann von recht bedeutendem Rang gewesen ist. Daß dieser Bau der ständig bewohnte Teil der Burg war, zeigt die Tatsache, daß er neben verschiedenerlei Wohnräumen eine größere Zahl von Wirtschaftsräumen enthielt. So hat er jenes für staufische Bauten typische Untergeschoß, welches vom Hof her über eine Rampe nach unten zugänglich ist, sich nicht vollständig unter dem Boden befindet und mit einer Balkendecke, also nicht massiv gewölbt, abgeschlossen ist, ein Wirtschaftsgeschoß, dessen Zweck bis heute noch nicht völlig geklärt ist. Auch das Erdgeschoß mit einem möglichen Halbgeschoß darüber scheint vorwiegend für Zwecke der Hauswirtschaft und des Gesindes gedient zu haben, wogegen das erste Obergeschoß, dem Saalgeschoß des Palas entsprechend, ebenfalls über eine Freitreppe vom Hof von außen zugänglich war. Es besaß, aus den reichen Fenstern zu schließen, nahe dem Eingangsbereich und gegen die Ringmauer zwei repräsentative Räume mit nicht verschließbaren gekuppelten Fenstern und dazwischen einen weiteren mit einem offenen Kamin heizbaren Raum, welcher so kleine Fensteröffnungen hatte, daß sie auch in jener Zeit einwandfrei in der schlechten Jahreszeit verschließbar waren. Wie das oder die darüber befindlichen Obergeschosse in staufischer Zeit ausgebildet und eingeteilt waren, läßt sich infolge späterer Veränderungen nicht mehr einwandfrei sagen. Das erwähnte, vom Hof über die Freitreppe zugängliche Hauptgeschoß jedenfalls hatte ebenfalls seinen

Aborterker in der Ostwand, war also durchaus für die Bequemlichkeit eines entsprechenden Bewohners zugeschnitten.

Wie schon oben erwähnt, reichte der große Palas mit seinen Obergeschossen über das Tor an der Westseite hinweg. Von hier muß zum anderen Wohnbau entlang der Nordmauer eine Verbindung bestanden haben, denn einmal ist aus diesem Bau heraus in dieser Richtung eine heute vermauerte Tür vorhanden, zum anderen zeigt die Nordmauer auf Höhe des Hauptgeschosses des zweiten kleineren Wohnbaues nach außen eine Pforte, welche eindeutig zum staufischen Bestand gehört und die über dem Zugangsweg liegt. In ihrer Leibung konnte der Verfasser das einzige Steinmetzzeichen an diesem Bau finden. Es ist auffällig, daß eine große Zahl anderer etwa gleichzeitiger staufischer Bauten mit Steinmetzzeichen übersät ist, wogegen hier in Leofels nur dieses eine gefunden wurde. Die Bedeutung dieser Pforte nach außen, wo nie ein Auf- oder Eingang bestanden haben kann, auch keinerlei Anzeichen für einen Austritt, einen Erker, Balkon oder ähnliches feststellbar sind, bleibt ungeklärt. Eine entsprechende Pforte findet sich ebenfalls im ersten Obergeschoß und an der Zugangsseite auf der Burg Hohenrechberg. Auch dort ist deren Bedeutung völlig ungeklärt. Man sieht daraus, daß auch die neuere Burgenkunde, bei allem von der Forschung gemachten Fortschritt, der Zukunft noch manches Rätsel zur Lösung übrig läßt.

Der dritte erwähnte wesentliche Bauteil ist der Bergfried, ein quadratischer Turm, welcher dem an der grabenseitigen Ostmauer Palas und Wohnbau verbindenden Flügelbau an dessen Hofseite, dicht neben dem Wohnbau, eingegliedert war. Hier erreichten die jüngsten Arbeiten, wohl mangels präziser Untersuchung, leider keine endgültige Klarheit. Soviel scheint sicher zu sein, daß der Turm, welcher noch in einer Abbildung vom Jahre 1607 die ganze Anlage stark überragt, in staufischer Zeit nicht frei stand. Heute ist nur noch ein kümmerlicher Stumpf von ihm übrig. Er gehört demnach zu den verhältnismäßig wenigen Beispielen, wo Bergfriede, die ja aufgrund ihrer äußerst massiven Bauweise nur sehr schwer zerstörbar waren, nach offensichtlich vorhandenen Zerstörungen und Verfallserscheinungen abgetragen wurden. Jedenfalls kann von ihm mit Sicherheit gesagt werden, daß er einst vorhanden war, wogegen etwa von dem in der Kaiserpfalz in Gelnhausen aufgefundenen Turmstumpf bis zum heutigen Tage nicht exakt zu sagen ist, ob er je ein Bergfried oder nur dessen Ansatz war.

Hier sei eine Bemerkung eingefügt. Es wurde bei beiden besprochenen

66 Fenster vom Palas

Wohnbauten festgestellt, daß sie Räume enthielten mit Fenstern, welche von Anbeginn so konzipiert waren, daß sie nie einen Verschluß durch Glas, durch Holzläden, Pergament oder ähnliches tragen konnten, also immer offen waren und daß es gleichzeitig daneben Räume gab, welche Fenster besaßen, die zweifellos verglast waren, denn die Verglasung, seit der Römerzeit üblich, ist nie mehr in Vergessenheit geraten und die außerdem durch offene Kamine oder ähnliche Feuerstellen heizbar waren. Dies scheint ein Widerspruch in sich zu sein, und man hört des öfteren, sei es auf Burgen, sei es in Klöstern, wie die armen Menschen des 13. Jahrhunderts in jenen nicht verschließbaren und verglasbaren Räumen schrecklich gefroren und sich so Erkältungen geholt hätten, daß sie schon in jungen Jahren gestorben seien. Eine solche Auffassung hieße unsere Altvorderen für wesentlich dümmer zu halten, als sie sicherlich waren, denn die Baugeschichte lehrt, daß die Menschen über Jahrtausende hinweg durchaus in der Lage waren, sich die Bauten zu schaffen, die sie und ihre Zeit brauchten. Wenn also die staufische Zeit vor allem Säle und Repräsentationsräume, in denen sich größere Menschenmassen versammelten — ähnliches gilt etwa für die Kapitelsäle der gleichzeitigen Klöster —, so konstruierten, daß ihre Fensteröffnungen nicht verschließbar waren, so hatten sie dafür zweifellos guten Grund. Dieser wird mit zwei Tatsachen erklärbar sein; die eine ist die, daß durch Pollenanalyse nachgewiesen werden konnte, daß das 13. Jahrhundert und die vorausgehende und die nachfolgende Zeit ein sehr viel milderes Klima besaßen, als es heute in unseren Breiten herrscht, ein Klima, wie es etwa heute noch in Rom, der Campania und ähnlichen Gebieten zu finden ist. Der daraus folgende zweite Grund ist der, daß man in Anbetracht der größeren sommerlichen Wärme und der damaligen hygienischen Zustände durchaus darauf Wert legte, Räume, in denen sich größere Menschenmengen versammelten, mit einer natürlichen, nicht zu unterbindenden Durchlüftung zu versehen. Für den Aufenthalt im kleineren Kreis und auch bei schlechterer Jahreszeit gab es daneben sowohl in den Burgen als auch in den Klöstern Räume, die sehr wohl verschließbar und heizbar und damit entsprechend bequem zu benutzen waren.

Leofels ist demnach eine Burg, welche als Reichsburg ganz speziell auf die Benutzung durch den Kaiser oder dessen Gefolge zugeschnitten war. Einen sich nach dieser Burg nennenden Ministerialenadel gab es nie. Nach dem Zerfall der staufischen Reichsmacht gegen Ende des 13. Jahrhunderts ist es deshalb konsequent, daß Leofels als ein vom

Herzog von Franken, welcher in Personalunion Bischof von Würzburg war, zu vergebendes Lehen erscheint. So bezeichnet der von 1303 bis 1314 in Würzburg residierende 46. Bischof daselbst, Andreas von Gundelfingen, in seinem Lehenbuch die Burg Leofels als dem Luitpold von Weiltingen übergeben. Weiltingen wiederum gehörte zu jenem Adel, welcher als eine Art von Dienstadel in der Reichsstadt Rothenburg die Rechte der staufischen Kaiser vertrat. Man sieht daraus, wie solcherlei ehemalige Reichsbesitzungen noch lange in den im Reich eine große Rolle spielenden Familien verblieben. Später, in der zweiten Hälfte des 14. Jahrhunderts, gelangte Leofels unter die Oberhoheit von Württemberg. Danach wurde dann die Burg an die Herren von Vellberg verkauft. Dieser seit 1409 andauernde Besitz, welcher über längere Zeit währte, scheint für die Burg von gewisser Bedeutung gewesen zu sein.

In der heutigen Ruine lassen sich zweierlei Dinge ablesen; das eine ist dies, daß in nachstaufischer Zeit — es sei dahingestellt, ob unter württembergischer oder vellbergischer Herrschaft — sowohl im großen wie im kleinen Palas Gewölbe eingezogen wurden. Für den großen Palas ist eindeutig nachweisbar, daß das Erdgeschoß des an die Türnitz nach Osten anschließenden Teils nachträglich mit einem Tonnengewölbe eingewölbt wurde, welches, wie sich auch anderwärts aus nachstaufischer Zeit nachweisen läßt, nur in einer kleinen, aus der Mauer ausgehauenen Nut sein Auflager hatte. Das ehemals flachgedeckte, vom Hof her zugängliche Halbuntergeschoß des kleineren Wohnbaues wurde ebenfalls in jener Zeit und mit der gleichen Technik völlig eingewölbt, wobei sein Fußboden soviel tiefer gelegt wurde, daß ein Teil des Felsens zutage trat, außerdem wurde diesem Wohnbau in Richtung zum Tor hin, unter dem ehemaligen Verbindungsgang, ein weiterer kleiner Keller vorgelegt. Dies sind Maßnahmen, wie sie ähnlich auf anderen gleichaltrigen Burgen nachweisbar sind und welche letzten Endes ihren Hauptsinn in wirtschaftlichen Zwecken haben, denn die Verwandlung solcher Burgen in einen Familiensitz bedingte eine größere Zahl von sicheren Wirtschafts- und Lagerräumen, als sie vorher vorhanden waren.

Eine weitere Veränderung in der Burg Leofels ist dadurch nachweisbar, daß in dem erhaltenen kleineren Wohnbau an dessen Innenwänden sehr starke Brandrötungen am Stein festzustellen sind. Er muß demnach zu einem nicht genau datierbaren Zeitpunkt ausgebrannt sein. Dieser Zeitpunkt lag zwischen der staufischen Zeit und einem an diesem Bau eindeutig nachweisbaren Umbau in der Spätgotik, d. h. im

67 Wieder freigelegtes Fenster am kleinen Wohnbau

späten 15. Jahrhundert. An den staufischen Teilen, zum Teil an den Mittelsäulen, der genannten doppelten Fenster ist an ihrer Innenseite diese Brandrötung nachweisbar, wobei diese Fenster dann beim spätgotischen Umbau von innen vermauert wurden. Da vom großen Palas außer seiner Außenmauer, also der Ringmauer, nichts mehr vorhanden ist, vielmehr der im Westen über dem Eingang ebenfalls in spätgotischer Zeit errichtete Bauteil keinerlei Rücksicht auf diesen Palas nimmt, so wird man annehmen dürfen, daß bei jener Brandkatastrophe auch der Palas soweit zerstört wurde, daß sein Innenmauerwerk nunmehr abgebrochen und als Baumaterial für neue Bauteile verwendet worden ist.

Dieser spätgotische Umbau, welcher einerseits in dem kleinen weitgehend erhaltenen Palas seine Spuren hinterlassen hat, andererseits in einer Reihe von Vorwerken nachweisbar ist, muß gekoppelt werden mit dem am mittleren Torbau erhaltenen Datum 1481. Er erfolgte also in den letzten Jahrzehnten des 15. Jahrhunderts. Der Bergfried muß damals noch mindestens soweit intakt gewesen sein, daß sein oberer Abschluß wieder hergestellt wurde, er könnte sonst ja 1607 nicht noch abgebildet sein. Warum er dann in späterer Zeit bis auf einen Stumpf abgetragen wurde, wird sich wohl kaum noch klären lassen. Dieser offensichtlich unter den Herren von Vellberg vorgenommene Umbau der Burg nach der nicht mehr datierbaren sehr erheblichen Brandkatastrophe begnügte sich damit, den anscheinend sehr viel besser erhaltenen kleineren Palas wiederherzustellen und mit dem Abbruchmaterial des großen Palas an der Nordseite einen schmalen Verbindungsbau an der Westseite über dem alten Eingangstor, also nach rückwärts gelegen, einen weiteren Wohnteil zu schaffen. Die Gesamtverhältnisse auf der Burg allerdings waren wesentlich bescheidener geworden, andererseits legte man dafür größeren Wert auf eine verstärkte Auswärtsverteidigung. So wurde vom Haupttor her der Aufweg zum alten Burgzugang entsprechend verstärkt. Das erste Tor jenseits des Halsgrabens scheint verstärkt worden zu sein. Es entstand hinter ihm ein Torzwinger mit umlaufendem Wehrgang, welcher sowohl nach Norden zum Tal als auch nach Westen zum rückwärtigen ehemals für das Heerlager dienende Gelände einen Wehrgang hatte und nach dorthinaus auch ein Tor, dessen Flügel ihren Angeln nach zu schließen nach außen, also nach rückwärts aufschlugen. Des weiteren wurde im Aufweg nach oben ein weiteres Tor mit einer darüber befindlichen Torstube, welche Schießscharten in den genannten Zwinger hatte, errichtet. Schließlich wurde die innere Burg sowohl nach Osten gegen den Graben als auch nach Süden mit einem knappen Zwinger umgeben, der an der Südwestecke mit einem halbrund vorspringenden Verteidigungsturm endete. Auf dem gegen den Talsporn hin gelegenen, durch die genannten zusätzlichen Befestigungsanlagen noch weiter geschützten, ehemals für ein Heerlager dienenden Gelände wurde in jener spätgotischen Zeit eine Kapelle errichtet. Über der Substruktion dieser spätgotischen Kapelle befindet sich das heutige Forsthaus. Die derzeitige Forschung bezweifelt, daß es sich hier um eine Kapelle handele oder gehandelt haben könnte, doch hat Bodo Ebhardt in seiner Deutung zweifellos recht, wenn er diesen Bauteil als eine solche anspricht. Das Mauerwerk des heutigen Untergeschosses zeigt ganz eindeutig die Merkmale des spätgotischen Sakralbaues, außerdem handelt es sich um einen verhältnismäßig flachen Rechteckbau mit wenig eingeschnürtem ebenfalls rechteckigem nach Osten weisendem Chor. Die Situation scheint demnach völlig eindeutig, denn durch die Brandkatastrophe in der Hauptburg wurde die ehemals vorhandene Kapelle in der Nähe des Tores zerstört und dort aus Nützlichkeitsgründen dann ein Wohnbau errichtet, so daß die Erstellung einer Kapelle wiederum erforderlich geworden war. Bei Schumm erwähnte Aktenhinweise deuten auf die Existenz dieser Kapelle hin.

Die weiteren Schicksale der Burg Leofels sind verhältnismäßig uninteressant. Sie kam von dem Haus Vellberg an das Haus Hohenlohe und diente lediglich noch als Verwaltungssitz. Da der Zustand des Baues immer schlechter wurde, so wurden im Jahr 1864, als es der Linie Hohenlohe-Kirchberg angehörte, alle beweglichen Teile wie Dachziegel, Holzwerk und ähnliches zur Versteigerung ausgeschrieben und an entsprechende Interessenten versteigert, was den Abbruch einer bis dahin noch in spätmittelalterlichem Zustand erhaltenen, zwar reparaturbedürftigen, aber noch einigermaßen intakten Anlage bedeutete. Der Abbruch allerdings betraf nur die Entfernung der beweglichen Teile, so daß glücklicherweise alles Massive erhalten blieb und bereits vor und nach dem Ersten Weltkrieg durch erhebliche Aufwendungen, insbesondere aber durch Erneuerungsmaßnahmen nach dem Zweiten Weltkrieg und in jüngster Zeit so erhalten wurde, daß die Reichsburg Leofels noch heute auch in ihrem ruinösen Zustand ein so bedeutendes Beispiel der staufischen Architektur ist, daß ein Besuch sich lohnt.

18 Burg Stetten ob Kocherstet

Für Stetten, über dem Kochertal auf einer Bergzunge gelegen, hat sich die Bezeichnung „Schloß“ eingebürgert, obwohl es bis heute eine Burg geblieben ist und zu den ganz wenigen Anlagen zählt, die seit ihrer Erbauung im Hochmittelalter nie zerstört wurde. Nahezu einmalig dürfte sogar sein, daß es bis heute in ununterbrochener Folge von der Familie bewohnt wird, welche einst die erste Anlage erbaute, und so ist Stetten wie selten eine Anlage geeignet, den Eindruck einer intakten mittelalterlichen Burg zu vermitteln, und man kann daran die Entwicklung ablesen, die eine Ministerialenburg von der Zeit Barbarossas bis herein in die Gegenwart durchlaufen hat.

Es wird in der Literatur bezweifelt, ob die um 1090 nachweisbaren edelfreien Herren von Stetten, welche Beziehungen zu den damals bedeutenden Herren von Stein hatten und zu denen von Buchenbach, mit dem späteren Rittergeschlecht in Zusammenhang stehen, das noch nicht 100 Jahre später, 1166, erstmals auftritt. Ein naheliegender Grund für diesen Zweifel scheint nicht gegeben. Als faßbare Person erscheint erstmals 1166 ein Sifridus Zurech de Stetten, verwandt mit den im nahen Künzelsau ansässigen Herren von Bartenau, weswegen die Stetten die „Barten" (Streitäxte) im Wappen führen. Die Stetten waren Lehensleute der Hohenlohe, welche es im Stauferreich zu großem Ansehen und hohen Stellungen brachten und demzufolge auch in ihrer Heimat entsprechende Macht ausübten. Auch die Stetten profitierten von dieser Blütezeit des Deutschen Reiches, indem es ihnen möglich wurde, über Kocherstetten eine recht bedeutende Burg zu erbauen, welche in der heutigen inneren Burg noch weitgehend erhalten ist. In der Literatur steht zu lesen, der 1166 genannte Sifridus sei wohl der Bauherr gewesen, doch werde sich die Fertigstellung der Burg bis gegen 1200 hingezogen haben. Das wäre immerhin reichliche 30 Jahre Bauzeit, was völlig unwahrscheinlich ist.

Es gibt eine Reihe von gesicherten Beispielen im Burgenbau des späteren 12. und des 13. Jahrhunderts, wonach diese Anlagen in wenigen Jahren (ca. zwei bis max. sechs Jahre) errichtet wurden. Dies bestätigt der Baubefund der meisten noch einigermaßen erhaltenen Anlagen dieser Zeit durch völlige Einheitlichkeit der Steinmetz- und Mauertechnik und offensichtlich einheitliche Planung. Auch mußte der Erbauer daran interessiert sein, möglichst rasch eine voll funktions- und verteidigungsfähige Burg zu besitzen.

Es ist anzunehmen, daß der heutige staufische Kernbau einen Vorgänger hatte. Jener 1166 genannte Sifridus Zurech de Stetten war nicht der erste seines Geschlechts, und es bestand wohl schon eine wenn auch bescheidene Burg. Die erhaltenen ältesten Teile von Stetten aber sind mit der Zeit wenig vor 1200 sicher richtig datiert. Inwieweit Teile vom angenommenen Vorgängerbau verwendet wurden, ist nicht mehr genau feststellbar, da außer den sauber gearbeiteten glatten und gebuckelten Quadern der Zeit vor 1200 nur Bruchsteinmauerwerk aus den Kalksteinbrüchen der Umgebung verwendet wurde, welches im 15. und 16. Jahrhundert noch genauso verarbeitet wurde wie schon im 12. Jahrhundert.

Durch einen breiten und tiefen, wohl immer gefütterten Halsgraben, der leicht abgewinkelt verläuft, wird der Burgplatz von der Hochebene abgetrennt. Auf ihm ist die innere Burg errichtet, mit dem Grundriß eines etwas zum Trapez verschobenen Rechtecks, dem anzumerken ist, daß die Grundidee eine rechteckige Anlage war, deren Abweichungen vom Gelände diktiert sind. Eine in gleichmäßiger Stärke umlau-

69 Bergfried und Schildmauer

fende Ringmauer umzieht an den Flanken und gegen das Tal den inneren Bering, während zum Graben hin eine Schildmauer von gewaltiger Stärke ausgebildet ist, verstärkt an der am weitesten vorgeschobenen Nordostecke durch einen mächtigen quadratischen Bergfried. Unmittelbar neben diesem führt an der Berg- und damit Feindseite das Tor in den Burghof. Dies konnte man sich leisten, da bis zum Graben noch ein Vorfeld verbleibt, in das der Bergfried sich vorschiebt. Inwieweit und ob diese zwingerartige Vorzone in der ersten Bauphase durch eine Wehrmauer oder gar Türme gesichert war, ist nicht mehr feststellbar. Desgleichen ist von der alten Brücke nichts mehr erhalten, da in jüngerer Zeit ein Teil des Grabens aufgefüllt und diese beseitigt wurde.

Außer einer hohen Ringmauer, die gar wie hier in Stetten an der Bergseite noch durch Schildmauer und Bergfried gesichert war, bedurfte eine

70 Burghof

Burg um 1200 keines nennenswerten weiteren Schutzes, da die zu Gebote stehenden Schußwaffen und mauerbrechenden Apparate hiergegen nichts ausrichten konnten. Den Zugang an der Feindseite als einzige Öffnung dieses Mantels nach außen konnte man sich angesichts dieser Tatsachen erlauben, zumal noch der große Halsgraben vorgelagert war.

Genauso wie heute war der von der Ringmauer geschützte innere Burgplatz immer dreiseitig von Gebäuden umzogen, so daß nur noch ein enger schachtartiger Hofraum verblieb. Wenn auch die heutigen Wohnbauten wesentlich jünger sind, so ist doch der Eindruck im wesentlichen unverändert geblieben. Auch die mittelalterlichen Bauten werden, wie die jetzigen, vorwiegend Holz- und Fachwerkbauten gewesen sein, denn hätten sie gegen den Hof massive Mauern gehabt, wie dies etwa auf der Reichsburg Leofels der Fall war, so wären diese sicher nicht alle spurlos verschwunden. Offen bleibt, wie die Kernburg nach oben abgeschlossen war. Hier besteht noch eine Lücke in der Burgenforschung, die wohl mangels sicheren Beweismaterials niemehr ganz zu schließen sein wird und die auch nicht durch eine generelle Entscheidung zu klären ist, da die Zeit des 12. und 13. Jahrhunderts neben Sattel- und Pultdächern in Holzkonstruktion und mit Ziegeldeckung auch die flache Eindeckung mit umlaufendem Zinnenkranz kannte (damals des milderen Klimas wegen praktikabel).

Für Stetten läßt sich mit Sicherheit nichts Genaues mehr aussagen. Beachtenswert ist einerseits die Feststellung, daß nur Schildmauer und Bergfried Buckelquadermauerwerk zeigen, die damals von außen unzugängliche Ringmauer nicht, womit einmal mehr der repräsentative Charakter dieser Steinmetztechnik erhärtet ist. Zum anderen ist die Schildmauer auch ohne den jüngeren Wehrgang etwas höher als die anschließende Ringmauer, so daß die heutigen Satteldächer der Gebäude hinter ihr versteckt liegen. Die Schildmauer war mit ihrem enormen Bauaufwand nur sinnvoll, wenn sie immer einen Wehrgang trug, der möglicherweise offen und mit Zinnen ausgestattet war. Ob ein solcher auch auf der Ringmauer umlief und die Gebäude dahinter mit Pultdächern anschlossen, ist fraglich, da er des Bergabfalls wegen entbehrlich war. Zum Bergfried führt etwa in der Höhe des heutigen zweiten Obergeschosses vom geschützten Hof von Westen aus der noch original erhaltene Zugang. Er ist heute über eine jüngere Wendeltreppe erreichbar, zuvor wohl direkt von einem Burghaus her. Dafür spricht die Beobachtung, daß an der Hofseite nur der oberste Teil des Bergfrieds in Buckelquadern ausgeführt ist, wogegen er von unten auf aus glatten Quadern errichtet wurde. Anderweitige Beobachtungen an gleichzeitigen Burgen zeigen, daß sowohl nach außen als nach innen in Buckelquadern gearbeitet wurde, soweit das Mauerwerk offen und sichtbar war. Dort aber, wo Bauten und damit Räume anschlossen, wurde es begreiflicherweise glatt gearbeitet. Für Stetten bedeutet dies soviel, daß der Bergfried bis hinauf zu seinem Eingang vom Hof her zugebaut war. Seine Pforte führt in einen gewölbten Raum.

Von diesem geht ein Durchschlupf ins oberste massive Stockwerk. Ob das darüber einst befindliche, 1820 abgetragene Fachwerkgeschoß immer vorhanden war, ist mangels Abbildungen nicht mehr zu klären, muß aber bezweifelt werden. Ebenfalls nicht mehr voll zu klären ist der Sinn der Pforte an der Südseite des obersten massiven Stocks, die weder der in der Literatur behauptete alte Bergfriedzugang ist, noch mit dem jüngeren Wehrgang in Verbindung gebracht werden kann. Eine Erklärung wäre nur dadurch zu gewinnen, daß die romanische Schildmauer in einem leichter konstruierten, möglicherweise mit zwei übereinander liegenden Wehrgängen versehenen Teil reichlich ein Geschoß höher war als die heutige und ihren Zugang vom Bergfried her hatte. Für diese Annahme spricht etwa der jüngste Befund an der Burg Löwenstein.

Insgesamt zeichnet sich so das Bild einer stolzen Ministerialenburg der Zeit um 1200 ab, welche offenbar über lange Zeit den an sie gestellten Anforderungen entsprach, denn erst um 1400 — nach zwei Jahrhunderten — gibt es wieder Anhaltspunkte über bauliche Veränderungen. Auch dies ist eine normale Erscheinung in der Entwicklung des Burgenbaus. Die staufische Zeit hatte so mächtige — für ihre Zeit zu mächtige — Burgen errichtet, daß sie noch bis in den Beginn der Zeit der Feuerwaffen hinein völlig ausreichend waren. Erst mit der voranschreitenden Entwicklung dieser neuen Waffenart mußte man neue Maßnahmen treffen. Einmal wurde in zunehmendem Maße die Auswärtsverteidigung wichtig, und außerdem mußte, um den immer weiter tragenden Waffen vorzubeugen, die erste Verteidigungslinie immer weiter nach außen vor die Hauptburg vorgeschoben werden.

Das führte etwa ab 1400 in Stetten zu umfänglichen Baumaßnahmen, welche sich fast über ein Jahrhundert hinweg in zwei erfaßbaren Phasen hinzogen, da im 15. und 16. Jahrhundert sich die Waffentechnik so rasch entwickelte, daß Befestigungen, kaum vollendet, schon wieder überholt waren.

Eine erste, wohl bald nach 1400 beginnende Phase legte einen zweiten Halsgraben an, breiter als den ersten, ebenfalls gefüttert und auch leicht abgeknickt in der Richtungsführung. Zwischen ihm und dem inneren Graben bleibt ein inselartiges, ringsum von Futtermauern gefaßtes Landstück als Vorburg stehen mit einem runden, vorkragenden Verteidigungserker an der Südostecke und dem Torturm. Im Jahr 1412 wird erstmals das „Äußere Haus" genannt, ein Wohnbau im Nordteil der neuentstandenen Vorburg. Dem Hans von Stetten wird von seinem Lehensherrn, dem Grafen Albrecht von Hohenlohe, gestattet, seine Gattin mit 200 fl. Heimsteuer auf dieses „Neue Haus" zu verweisen. Offenbar kamen die Ehepartner auf diese Weise besser miteinander aus.

Auch die innere Burg wird verstärkt, indem entlang dem inneren Graben eine hohe Zwingermauer entsteht mit einem mächtigen, halbrunden Turm wenig nördlich vom Bergfried, einem kleinen Rundturm an der Nordspitze und einer rings die Hauptburg umziehenden Zwingermauer. Dabei wird das bisher wohl einigermaßen gleichmäßig steil abfallende Gelände so verformt, daß die neue Zwingermauer gleichzeitig Stützmauer wird und ringsum die Hauptburg so angefüllt ist, daß der neugeschaffene Zwinger nur wenig abfällt, das Gelände am Fuß der Zwingermauer dagegen mehrere Stockwerke tiefer liegt.

Die zweite Ausbauphase, nicht mehr genau datierbar, jedoch aufgrund vergleichbarer Bauten nicht vor der Mitte des 15. Jahrhunderts anzusetzen, hat sicher manchen Bauteil der zu Anfang des 15. Jahrhunderts entstandenen Befestigungen wieder entfernt. Es entstanden im Verlauf der inneren Zwingermauer drei quadratische Türme; an der Südecke beim inneren Graben der jetzige Archivturm, nach Südwesten der sogenannte Brigittenturm und nach Nordwesten ein weiterer Turm. Alle sind sie vom Zwinger aus in ihrem obersten Geschoß zugänglich, das über einem Kehlgesims wenig auskragt. Über schmale, interne Treppen kann man von hier mehrere Stockwerke hinabsteigen in die einzelnen mit Schießscharten versehenen Wehrgeschosse bis hinab zum Fuß der Zwingermauer. Entsprechend wird die Vorburg durch beidseitig vorgezogene, analog ausgebildete, diesmal runde Flankentürme verstärkt, welche durch Wehrgangstücke, welche beidseitig benutzbar sind, mit der seitherigen Vorburg verbunden werden. Diese Wehrgänge kragen auf Konsolen mit darüber angeordneten Segmentbögen wenig über die Mauerflucht vor, mehr formale und dekorative Ausbildung als wehrtechnische Maßnahme. Genauso werden die oberen Geschosse des Torturmes ausgebildet, und auf der Schildmauer entsteht ein neuer Wehrgang. Vor dem äußeren Graben, wo längst zahlreiche Wirtschaftsgebäude entstanden, wird ein großes Areal ebenfalls ummauert und an den Talflanken mit Türmen bewehrt.
Mit dieser zweiten Ausbauphase von Vorburg und Zwinger kann man vielleicht die in einer Urkunde des Jahres 1475 überlieferte Nachricht in Verbindung bringen, daß das „Neue Haus" von Götz (gest. 1451) und Eberhard (gest. 1457) von Stetten ausgeführt worden sei. Sie könnten die Bauherren der verstärkten Vorburg und der inneren Zwingertürme sowie der Befestigung des Vorhofes gewesen sein.

So wird im Laufe von drei Jahrhunderten die Burg als ständiger Wohnsitz einer meist zahlreichen Familie als wirtschaftlicher und Verwaltungsmittelpunkt des Familienbesitzes nicht nur in ihrem Verteidigungswert erhöht und den neuen Bedürfnissen angepaßt, sondern in ihrem Umfang um ein Vielfaches vergrößert. Schon um 1436 entsteht im Vorbereich der inneren Burg eine Kapelle, welche den halbrunden Turm als Chor benutzt. Sie wird 1436 von Bischof Johann von Würzburg confirmiert. Während des ganzen 16. Jahrhunderts, als der Verteidigungswert der Burg schon in den Hintergrund tritt, werden schrittweise die Gebäude der inneren Burg erneuert. Dies beginnt 1516 mit dem Neubau des Nordflügels in sehr schönem alemannischem Fachwerk. 1582 wird der Bergfried mit einer Wendeltreppe erschlossen, der Südflügel erneuert und ebenfalls durch eine Wendeltreppe zugänglich gemacht, und 1590 durchbricht Hans Reinhard von Stetten die Schildmauer, um einen zweigeschossigen Erker vorzubauen und damit den Wohnräumen Sicht gegen die Bergseite zu verschaffen. Die Kapelle erhält 1677 ein neues, bescheidenes Schiff mit einer figurengeschmückten Kanzel und Emporen, und schließlich entsteht 1715/16 nach einem Brand ein neues „Äußeres Haus", weitgehend unter Verwendung der alten Keller und Grundmauern. Zimmermeister Wolf aus Steinbach bei Comburg war der Baumeister.

Das Portal mit dem Allianzwappen Stetten-Ellrichshausen ist reich behandelt. Eine Freitreppe mit Balustraden führt zu ihm hinauf. Das Innere mit Mittelflur und bequemem zweiläufigem Treppenhaus hat ein- und zweiachsige Zimmer von angenehmer Größe.

Außer dem Abbruch des Fachwerkgeschosses des Bergfriedes, dem teilweisen Auffüllen des inneren Grabens — beides um 1820 — und dem Entfernen des romanischen Tores um 1870 zugunsten eines wenig schönen breiten Tores zur Einfahrt mit der Kutsche, wurde an der Burg in jüngerer Zeit kaum etwas verändert. Im Sockelgeschoß des „Äußeren Hauses" entstand zwischen den beiden Weltkriegen die erste Burggaststätte in Deutschland, gegründet und noch bis in die jüngere Zeit herein betrieben von Baron Norbert von Stetten. Sie floriert heute noch, und der junge Burgherr, Baron Dr. Wolfgang von Stetten, bemüht sich, den Familienbesitz zu erhalten.

Aus der Geschichte der Burg und der Familie sind vor allem einige Begebenheiten aus der zweiten Hälfte des 15. Jahrhunderts interessant. Damals war die Burg befestigungstechnisch auf neuesten Stand gebracht. Andererseits war die Zeit so unruhig und unsicher wie kaum zuvor, was unter anderem auch zu dem — meist überschätzten — Raubritterunwesen führte. Im Vordergrund stand wohl weniger, daß sich zahlreiche Ritter nur durch Raub hätten ernähren können, sondern daß infolge der territorialen und machtmäßigen Zersplitterung das Fehdewesen — bzw. -unwesen — immer mehr zunahm und Raubzüge meist weniger der Beute als der Schädigung eines Kontrahenten galten. So wurde am 18. Februar 1483 von der Burg Stetten aus ein Wagenzug überfallen, der im Geleit des Pfalzgrafen Friedrich fuhr. Der Überfall geschah allerdings weit entfernt auf der Straße von Schwäbisch Hall nach Sulzbach an der Murr. Da auf so große Entfernung die Bergung von Beute sicher schwierig war, darf man auch hier vorwiegend einen Racheakt oder etwas ähnliches annehmen. Als Sanktion wollten der Pfalzgraf und die mit ihm Verbündeten, der Erzbischof Adolf von Mainz und der Bischof Rudolf von Würzburg, das „böse Nest" Stetten erobern. Dem Grafen von Hohenlohe gelang es, die Herren zu beschwichtigen und damit Stetten zu verschonen.

Wenig später allerdings gab es dann eine längere Fehde zwischen den Stetten und ihren Lehensherren, den Grafen von Hohenlohe. Sie entzündete sich an der Ablösung der nahegelegenen Burg Tierberg, welche die Herren von Stetten von den Hohenlohe als Pfand innehatten und nicht zurückgeben wollten. Die Hohenlohe zogen vor die Burg Stetten, und es gelang ihnen, zu Weihnachten, am 24. Dezember 1488, den Vorhof und den Zwinger der Burg zu erobern. Gemeint sind wohl der Vorhof und die Vorburg. Tags zuvor wurde Sigmund von Stetten bei der Verteidigung der Burg verwundet und zusammen mit Kaspar von Stetten gefangengenommen. Eine Eroberung der hartnäckig verteidigten inneren Burg wurde verhindert dadurch, daß Markgraf Friedrich von Brandenburg-Ansbach und Erzbischof Berthold von Mainz intervenierten. Zusammen mit den auf seiten der Hohenlohe stehenden Pfalzgraf Friedrich und Graf Eberhard von Württemberg bildeten sie eine gemeinsame, aus Pfälzern, Markgräflern und Württembergern bestehende Besatzungstruppe, welche die ganze Burg besetzte. Nach langen Verhandlungen konnte die Fehde beigelegt werden. Der Burg entstand dabei kein Schaden. Ihre „militärische Laufbahn" war damit allerdings weitgehend beendet.

Die spätere Entwicklung des Hauses von Stetten verlief ruhiger. Die mehrfach verzweigte Familie, der längst auch die nahe im Jagsttal gelegene Burg Buchenbach gehörte, war gegen die Mitte des 17. Jahrhunderts auf einen einzigen männlichen Nachkommen, Wolf Eberhard von Stetten, geschrumpft, der 1644 starb.

Er hinterließ allerdings genügend Nachkommen, so daß sich bald wieder drei Linien bildeten, das „Innere Haus", das „Äußere Haus" und Buchenbach. Das „Innere Haus" teilte sich zeitweilig, zu Ende des 18. und zu Anfang des 19. Jahrhunderts, noch in den „Rittmeisterlichen" und

71 *Burgkapelle*

den „Leutnantschen" Zweig. Ersterem entstammte der Großherzoglich Badische Oberhofmeister Eberhard Ludwig Max von Stetten (gest. 1838), letzterem Heinrich August Ferdinand (gest. 1867), der Königlich Württembergischer Landesoberstallmeister war.

19 Burg Neipperg

Eine der eigenartigsten Burgen unseres Landes ist Neipperg, die zu den beidseitig des Neckartals auf verhältnismäßig engem Raum konzentrierten Anlagen gehört. Wurde schon berichtet, daß die in Magenheim fast auf jedem Buckelquader festzustellenden Steinmetzzeichen in gleicher Form und ebenfalls sehr zahlreich in Hohenbeilstein anzutreffen sind, so kann man konstatieren, daß sie auch in Neipperg auftreten, was ganz zweifellos alle drei auch formal zusammengehörigen Anlagen in engen zeitlichen und vielleicht auch dynastischen Zusammenhang bringt.
Die wohl um und nach 1220 in ihrer hochmittelalterlichen Form erbaute Burg Magenheim war der Sitz der mächtigen hochadeligen Freiherren von Magenheim, die damals im Zabergäu, zu dem auch Neipperg gehört, den Ton angaben. So ist es sicher kein Zufall, daß Mitglieder der 1212 erstmals namentlich faßbaren Familie von Neipperg (Niberch, Niberc, Nyperch, Nipperg u. a.) um die Mitte und in der zweiten Hälfte des 13. Jahr-

hunderts des öfteren in magenheimischen Urkunden meist als Zeugen auftreten. Diese offensichtliche Verbindung zum Hause Magenheim erklärt die gleichen Steinmetzzeichen, also wohl den gleichen Bautrupp und das Auftreten der Magenheimer Halbmonde in der Burg Neipperg zusammen mit dem Neipperger Wappenzeichen.

Kann man somit annehmen, die Neipperger seien in einem Dienstverhältnis zu den Magenheimern gestanden, so waren sie damit auch in die Verpflichtungen gegenüber dem Reich und dem Kaiserhaus eingespannt, dem die Magenheimer ihrerseits verpflichtet waren. Die Burg Magenheim mit ihrem außergewöhnlich großen Palas oder Steinhaus wird man vorwiegend als festen Wohnsitz bezeichnen, wogegen bei dem jenseits des Neckars gelegenen Lichtenberg der Vorrang der Befestigungen eindeutig ist. In Hohenbeilstein ist beides etwa gleichwertig vertreten und hier ist ganz offensichtlich der Charakter eines Kastells mit Unterbringungsmöglichkeit für größere Menschenmengen festzustellen. Ähnlich wie in Leofels wird man hier an eine direkte Verwendung durch einen Mächtigen zu denken haben, da kein Adel dieses Namens existierte.

Diese Dinge sind hier rekapituliert, um einen Schlüssel zur Erklärung der Anlage von Neipperg zu finden. Hier handelt es sich nämlich um zwei unmittelbar beieinanderliegende und auch zusammengehörende, trotzdem baulich völlig getrennte Burgen. Als Abschnittsburg auf einem Vorsprung des Höhenzuges des Heuchelbergs über dem gleichnamigen Dorf angelegt, sind das markanteste dieser Burg zwei weithin sichtbare Türme, allenthalben in der Literatur als zwei Bergfriede bezeichnet, was, wie wir sehen werden, nicht richtig ist. In alten Urkunden ist von der „Unteren und der Oberen Burg“ die Rede, wobei diese Teile wechselweise als „vordere und „hintere“ Burg bezeichnet werden, je nachdem, ob der Schreiber von oben oder vom Tal her blickte. Auf der leicht abfallenden Bergspitze befindet sich die „untere Burg“ mit einer Ringmauer und einem quadratischen Bergfried, der frei im Mauerbering steht, nahe an die Bergseite gerückt, wo ein Halsgraben die Burg beschützt. Weitere Gebäude oder Reste von solchen sind nicht vorhanden.

Bergseitig von diesem Graben folgt die „obere“ Burg mit rechteckiger, fast quadratischer Ringmauer, abermals durch einen Graben vom Berg getrennt mit einem mächtigen, quadratischen Wohnturm oder „Donjon“ an der meist gefährdeten bergseitigen Ecke. Der Eingang führt, wie auch in Beilstein oder Stetten, direkt von der Grabenbrücke neben dem „Steinhaus“ wie der Turm 1489 zutreffend bezeichnet wird, in den Hof. Die Seite gegenüber dem Wohnturm ist von einem, wohl auch zum Altbestand gehörigen niederen Wirtschafts- und Mannschaftsgebäude eingenommen. In einem die obere Burg umschließenden, wohl im späteren Mittelalter entstandenen äußeren Bering hat sich eine größere Zahl jüngerer Wirtschaftsgebäude des Gutshofes angesiedelt, welche zusammen mit Veränderungen und Teilabbrüchen insbesondere die ursprünglich sehr klare Disposition der „Oberen Burg" nicht mehr auf Anhieb erkennen lassen. Es handelt sich um das gleiche Prinzip, das auch in Magenheim angewandt ist und wo der Wohnbau an der gefährdetsten Stelle im Zuge der Ringmauer errichtet, gleichzeitig der Verteidigung dient und damit einen Bergfried ersetzt. Daß in Neipperg hartnäckig von einem Bergfried geredet wird, kommt von der Turmform des hier viel kleineren Steinhauses her.

73 *Offener Kamin des 13. Jahrhunderts im Wohnturm*

Neben dem Steinhaus muß die feind- und grabenseitige Ringmauer stets bebaut oder mit einem Wehrgang versehen gewesen sein. Von hier aus erreichte man den im 2. Obergeschoß an dieser Seite gelegenen Eingang. Man betritt einen fensterlosen, nur mit Luftschlitzen versehenen Raum und ist erstaunt, in ihm einen großen und prächtigen wohlerhaltenen offenen Kamin aus der Erbauungszeit anzutreffen, die etwa gleichzeitig mit Magenheim nach 1220 anzusetzen ist. Es handelt sich also um den heizbaren Wohnraum, die Kemenate (von Kamin gleich Heizung. Der Begriff Kemenate gleich Frauengemach ist nur insoweit richtig, als die Frauen sich vielleicht länger und häufiger im geheizten Raum aufhielten). Ob in diesem Kamin, wie zuweilen zu hören ist, auch gekocht bzw. gebraten wurde, ist zu bezweifeln. Sicher war im Wirtschaftsflügel eine Küche vorhanden und der Aufweg zum Turm so ausgebaut, daß die Speisen hierher serviert werden konnten. Der Kamin, ein ganz seltenes Stück, hat auch noch den originalen, in die Mauerdicke eingebauten Schlot, der über Dach in dem ebenfalls noch original erhaltenen, mit einem frühgotischen Kreuzdächlein bedeckten Kaminkopf endet, einer Fiale ähnlich und der ein noch größeres Rarum ist als der Kamin selbst.

74 Frühgotischer Schornsteinkopf des Kamins aus Abb. 73

Von diesem Eingangs- und Winterwohnraum kann man hinabsteigen in einen Raum mit kleinen Luftschlitzen, der wohl als Vorrats- und Abstellraum diente. Vielleicht wurden hier auch Waffen und Wertgegenstände aufbewahrt. Zu ebener Erde war der Turm um einen Erdkern herumgemauert worden, enthielt also keinen Raum, was ebenfalls ein Kuriosum ist. Als der Burgherr in jüngerer Zeit diesen Erdkern ausheben ließ, um einen weiteren feuer- und diebessicheren Raum für das Hausarchiv zu gewinnen, zeigte sich, um die Kuriositäten voll zu machen, daß die dem Erdreich zugekehrte Mauerschale aus genauso exakt gearbeiteten Buckelquadern besteht wie die Außenhaut, während sonst das innere Mauerwerk wie üblich glatt gearbeitet ist.

Eine in die Mauerdicke eingelassene Treppe führt nach oben in einen Raum mit kleinen Fenstern und mit einem Gewölbe abgedeckt. Er war zweifellos der Schlafraum, vielleicht auch durch leichte Wände in mehrere Kammern unterteilt. Weiter führt die Treppe nach oben zum ebenfalls gewölbten Sommerwohnraum. Als Saal kann man ihn kaum bezeichnen. Er hat neben verschiedenen kleineren Fenstern nach außen an der Flankenseite zwei Doppelfenster mit Spitzbogen, jeweils unter einem gequaderten Rundbogen zusammengefaßt. Ihre Mittelsäulen und die beidseitigen Halbsäulen zeigen sehr schöne Blattkapitäle und Zungenblätter an den Basen. Sie erinnern an ähnliche Formen in Leofels und anderwärts. Die nur noch in Rudimenten erhaltenen Magenheimer Fenster könnten ähnlich gewesen sein, nur größer. In den inneren Fensternischen sind seitliche Sitzbänke angeordnet. Die Sitznischen liegen erhöht über dem Fußboden des Raumes. Inwieweit die These richtig ist, solche offenen, nicht verschließbare Fenster seien deswegen verhältnismäßig hoch liegend angeordnet, weil dann im Falle einer Belagerung ein Pfeil, falls er diese Höhe überhaupt erreichte, infolge seines ohnehin steilen Einfallwinkels allenfalls die Decke traf und schon einem in der Nähe des Fensters Stehenden nicht mehr gefährlich werden konnte, sei dahingestellt.

Vom großen Wohnraum führt die Treppe weiter auf die flache, noch von alten Zinnen gefaßte Dachterrasse. Dies ist einer der wenigen Fälle, wo bei Gebäuden aus staufischer oder überhaupt hochmittelalterlicher Zeit der originale Abschluß erhalten ist. Da der Wohnturm im äußeren durchweg aus Buckelquadern gebaut ist, kann man eindeutig sagen, daß er ursprünglich freistand. Die an seinen Außenseiten zu erkennenden Dachansätze von inzwischen wieder verschwundenen Gebäuden sind sämtlich aus jüngerer Zeit.

So zeichnet sich eine Burg ab, vorzüglich in der handwerklichen und künstlerischen Ausführung, doch verhältnismäßig klein, geeignet für einen Burgmann mit Familie und wenig Gesinde und Mannen und zweifellos damit beauftragt, die „untere Burg" zu betreuen und für einen höheren Herrn und sein Gefolge bereitzuhalten. Wurde in Leofels, Langenburg oder Lichtenberg beobachtet, daß im Schutze einer Burg auf der Bergspitze ein Platz für eine Zeltstadt blieb, so ist dieser Teil in Neipperg zu einer zweiten Burg ausgebaut. Die Ringmauer hat keine Anzeichen, daß sie je besonders stark gewesen wäre und auf ehemals vorhandene dauerhafte Gebäude deutet ebenfalls nichts hin. Lediglich der Bergfried, wie auch die „obere Burg" vorzüglich aus Buckelquadern gemauert, steht in dem Bering, wohl als dauerhafter Wächter für vorübergehenden Aufenthalt von Hofleuten und Rittern. Sein Eingang liegt hoch und an einer Flankenseite, während er auf gleicher Höhe gegen den Graben einen Erker hat. Da dieser nur ruinös erhalten ist, bleibt fraglich, ob es ein Abort oder ein Gußerker war. Der Turm hatte, wenn man einer älteren Beschreibung glauben darf, mehrere Zwischendecken aus Holzgebälk und seine Mauer gegen die obere Burg ist weniger stark als die anderen. Derzeit ist er nicht begehbar. Auch er hat, wie der Wohnturm, noch den originalen oberen Abschluß mit sauber gearbeiteten Zinnen, hier gegen das Tal hinabgestaffelt und rings in Buckelquadern gemauert stand er immer frei und sein Zugang war wohl nur über leichte Leitertreppen zu erreichen. So war er für die untere Burg und für die ganze Anlage ein Bollwerk und Verteidigungsturm.

20 Schloß Pfedelbach

Der Ort Pfedelbach, nahe bei Öhringen gelegen, kam 1472 zum Besitz des Hauses Hohenlohe. Von 1270 bis 1419 wird Ortsadel genannt, über den selbst und seinen Wohnsitz allerdings bislang nichts weiter bekannt ist. Bis 1472 gehörte Pfedelbach den Herren von Adelsheim. Graf Eberhard von Hohenlohe hatte sich mit seinem älteren Bruder Ludwig Casimir dahingehend geeinigt, daß nach des Vaters Tod 1551 der ältere die Herrschaft Neuenstein, der jüngere Waldenburg übernahm. So wurden sie zu Stiftern der beiden heute noch bestehenden Hauptlinien des Hauses Hohenlohe. Eberhard war bei des Vaters Tod erst 16 Jahre alt. Er vermählte sich 19jährig mit Agathe Gräfin von Tübingen. Da sein Residenzschloß Waldenburg auf hohem Berg mit weitem Blick auf die Hohenloher Ebene nach allen Seiten frei dem Wetter und Wind ausgesetzt war, ist es begreiflich, daß er sich nach einem milderen, geschützten Platz umsah, wo er für die Winterszeit ein Schloß erbauen konnte. Diesen Platz fand er in Pfedelbach, das in ebener Lage nach Südwesten von Bergen geschützt liegt.

Auf einem großen Areal am nordöstlichen Rand des damaligen Ortes entstand ein Schloß, das ohne Rücksicht auf vorhandenen Bestand die Ideale und Bestrebungen der Renaissancearchitektur nach Regelmäßigkeit und nach einer entsprechenden Wohnlichkeit erfüllen konnte. Die Ansicht, das Schloß sei am Platz der Burg der Herren von Pfedelbach errichtet, läßt sich bislang weder archivalisch noch sonstwie stützen. Auch vom Baubefund her und bei den im Zuge langjähriger Erneuerungsarbeiten an den verschiedensten Stellen durchgeführten Grabarbeiten ergaben sich keinerlei Hinweise auf einen Vorgängerbau. Graf Eberhard berief den Steinmetz- und Baumeister Sebastian Mayer aus Heilbronn. In Waldenburg hatte der Heilbronner Stadtbaumeister Balthasar Wolff für ihn gearbeitet, weshalb es nahelag, sich wieder dorthin zu wenden. Wolff aber war 1564 verstorben, und sein Amtsnachfolger war Sebastian Fuchs aus Weilderstadt, unter dessen Leitung Mayer in Heilbronn arbeitete. Man wird annehmen dürfen, daß er schon unter Wolff in Heilbronn tätig und daher dem Grafen bereits bekannt war. Er plante ein Wasserschloß von nahezu vollkommener Regularität. An den Schmalseiten eines langrechteckigen Hofes standen sich zwei gleichgroße, dreigeschossige Häuser gegenüber mit einander parallel laufenden Satteldächern und großen Volutengiebeln. An ihren Außenecken waren sie besetzt mit runden Türmen, ein Stockwerk höher und mit geschweiften „welschen" Hauben gedeckt. Aus den Mitten ihrer Hofseiten trat je ein achteckiger Treppenturm zur Hälfte hervor. Beide Häuser waren verbunden mit Gängen, die über Bogen im Erdgeschoß die beiden oberen Stockwerke miteinander verbanden. Bei gleicher Traufhöhe wie die Hauptgebäude hatten ihre Satteldächer viel niedrigere Firste, so daß die beiden Häuser stark hervortraten. Nach außen mit massiven Mauern hatten sie nach innen sichtbares Fachwerk. Die westliche Galerie hatte nach außen einen halb hervortretenden Rundturm, der die Mitte dieser Front markierte, allerdings nur bis zur Traufe reichte und damit ein Geschoß niederer war als die Ecktürme. An der Gegenseite, der Eingangsseite, trat der rechteckige Torbau vor die Front vor, diese ebenfalls in ihrer Mitte markierend. Er erreicht die Höhe der Ecktürme und hebt damit die Langseite als die Hauptfront hervor. Der sehr breite, gefütterte Graben wiederholt mit weiten Rundungen anstelle der Ecken die Grundform des Schlosses. Gegenüber dem Torbau und der bis auf das letzte Stück, die „Schlagbrücke" in Stein gemauerten Brücke, in gebührender Entfernung streckte sich breit der zweigeschossige „Lange Bau" hin mit Staffelgiebeln an seinen Enden. Eine vollkommen regelmäßige Gesamtanlage, die, als der Bau gerade bis zur Höhe des Erdgeschosses gediehen war, durch eine Planänderung kaum merklich gestört wurde. In dem zentrisch der Langfront vorgelegten Torbau war im Norden die Torwartstube, daneben — also nicht mittig — die Durchfahrt. Um das Rundbogentor her ist die Aussparung für die Schlagbrücke noch zu sehen. Auch die Rollen für die Brückenseile sind noch vorhanden, und darüber befindet sich das große Allianzwappen Hohenlohe-Tübingen. Der Graf ließ nun, wie die Baufuge zeigt, südlich neben der Torfahrt noch eine Wendeltreppe anordnen, nach außen nicht als solche erkennbar. Dadurch verrutschte der nunmehr breiter gewordene Torbau etwas nach Süden aus der Mitte, was aber dem Betrachter nicht auffällt, da jetzt das Tor mittig in den Torbau zu liegen kam. Dieser Schloßbau mit einfachen Horizontalgesimsen gegliedert, verputzt und weiß gekalkt, mit farbig gemalten Rollwerk-Fensterrahmen und Quaderungen auf den Ecken der Treppentürme, wird nach außen wesentlich bestimmt durch die plastische Gliederung, die ihm die Türme und Giebel verleihen. Er entstand verhältnismäßig rasch in den Jahren 1568–1572. Interessanterweise ließ sich seine ursprüngliche Inneneinteilung und die Verwendung der Räume genau rekonstruieren. Der Nordbau war der Wohnbau, der Südbau der Fest- und Saalbau. Unter dem Nordbau befindet sich der Weinkeller, sein Erdgeschoß enthielt die „Hofstube", den Aufenthalts- und Eßraum für das Gefolge, sowie einige Wirtschafts- und Vorratsräume. Der erste und zweite Stock waren gleich eingeteilt. Die Wendeltreppe führte auf eine Diele, von der nach rechts und links zwei Vorzimmer zugänglich waren, von denen aus man auch die Gänge zum Südbau betreten konnte. An der Außenseite war in der Mitte, ebenfalls von der Diele erreichbar, ein großes Wohnzimmer, die „Stube", mit beidseits, auch von den Vorzimmern zugänglichen „Kammern", den Schlafzimmern, von denen aus wiederum die Turmzimmer zu erreichen waren. Der erste Stock war als Wohnung für den Grafen und seine Gemahlin bestimmt mit gemeinsamem Wohnzimmer, von dem aus man auf einen Balkon hinaustreten konnte, getrennten Schlafzimmern, die je in die Mauerdicke eingelassen ein „heimliches Gemach" hatten, sowie je einem Turmkabinett, um sich zurückzuziehen, und einem Vorzimmer für den Durchgang und

76 Renaissance-Malerei im nördlichen Treppenturm

den Aufenthalt eines persönlichen Bedienten. Die gleichen Räume im zweiten Stock, nur ohne Balkon, waren zunächst für die Kinder, später wohl für den Erbgrafen bestimmt. Im Dach waren in den Giebeln und Türmen weitere Räume ausgebaut für den engeren Dienst und Leute aus dem Gefolge.

Gegenüber im Südbau waren im Erdgeschoß die große überwölbte Küche und daneben die ebenfalls massiv überwölbte Bäckerei, je mit einem gewölbten Turmgelaß als Nebenraum. Der erste Stock enthielt einen großen, von zwei achteckigen Holzsäulen getragenen Saal, zu dem hin sich die Ecktürme weit öffneten. Er war der Speisesaal, die „Tafelstube". Auch hier fehlte nicht das in die Mauer eingelassene „heimliche Gemach". Darüber war nochmals ein Saal, dessen Decke freitragend mit Hilfe eines Hängewerks im Dach konstruiert war. Es handelte sich um den Fest- oder Tanzsaal. Da die beiden Säle eine etwas größere Geschoßhöhe hatten als die Wohnstockwerke, so war der Südbau ein wenig höher, eine weitere, jedoch kaum auffallende Unregelmäßigkeit, die hier nicht jene Betonung erfuhr wie später in Kirchberg, wo durch größere Höhe und große Fenster der Saalbau bewußt architektonisch hervorgehoben ist. Hier waren die Säle nach außen nicht als solche zu erkennen. Auch das Dach des Südbaues wird ausgenützt gewesen sein. Im Torbau befanden sich nur verhältnismäßig kleine Dienerschaftsräume sowie ein für diese bestimmter Abort. Um seine Räume unabhängig von den herrschaftlichen Wegen zugänglich zu machen, wurde noch die weitere Wendeltreppe angefügt.

Im Langen Bau vor dem Schloß waren im Erdgeschoß Remise, Stallungen, allerhand Wirtschafts- und Gesinderäume, in einem rückwärts in den leichten Hang hineingebauten Stichflügel ein Keller und im ersten Stock zahlreiche Wohn- und Schlafräume für das weitere Gefolge. So fand in dem nicht sehr großen, aber eindrucksvoll-repräsentativen Bauwerk der ganze gräfliche Hof für die Zeit um 1570 ein bequemes und ausreichendes Unterkommen.

Auch über die ursprüngliche Ausgestaltung der Wohnräume ließ sich einiges ermitteln. Bei den durchweg in Eichenfachwerk ausgeführten Innenwänden war das Fachwerk sichtbar und felderweise verputzt. Ebenso waren an den Decken die Balken sichtbar, jedoch nicht vortretend, sondern wie an den Wänden waren die Zwischenfelder flächig verputzt. In den Wohnräumen war das Holz ockerfarbig gestrichen, die gekalkten Felder mit roten und schwarzen Begleitstrichen versehen, in der Diele wurde die Farbstellung umgekehrt: Das Holz rot in sogenannter „Ochsenblutfarbe", die Begleitstriche in Ocker und Schwarz. An den massiven Außenwänden und in den Türmen waren die Fensternischen ausgemalt und mit ebenfalls gemalten Rahmungen versehen, teils mit Roll- und Beschlagwerk, teils mit Kandelaber- und Rankenornament. Auch das Innere der Treppentürme und deren Türen zu den Dielen waren ebenso reich bemalt, ein recht bunter Eindruck also. Das Mobiliar jener Zeit war allerdings, von Ausnahmen abgesehen, durchweg sehr einfach. Die Fußböden in den Dielen und Vorräumen hatten einen Belag aus Ziegelfliesen, sonst werden es gescheuerte Dielen gewesen sein. Die Decke des Speisesaales wurde, wie schon erwähnt, von zwei achteckigen Holzsäulen mit verstärktem Kopf- und Fußstück getragen. Von Kapitell und Basis kann man bei den nur zimmermannsmäßig bearbeiteten Stützen nicht sprechen. Dem kräftigen Längsunterzug waren bei den Säulen anstelle von Bügen lange Kopfbänder unterlegt, eine insgesamt sehr rustikal wirkende Konstruktion.

Die beiden Deckenfelder müssen verputzt gewesen sein, mit einem umlaufenden Stuckprofil, wie aus Resten zu erschließen war. Ob die Dekkenflächen eine Felderung hatten, ist nicht mehr feststellbar. Auch hier und im oberen Saal wird man eine entsprechende Ausmalung annehmen dürfen, die auch noch in der oberen westlichen Galerie mit dem hier offenen halbrunden Turm und im gewölbten Erdgeschoßraum dieses Turmes nachweisbar ist.

So zeichnet sich hier das Idealbild einer bescheidenen, aber durchaus respektablen Residenz der Renaissancezeit ab. Doch die Wirklichkeit war weniger ideal. In der Karnevalszeit 1570, als der Bau in vollem Gange war, gab der von dem Chronisten als sanftmütig und gutherzig bezeichnete Graf Eberhard im Schloß Waldenburg am 7. Februar ein großes Fest, bei dem die Damen als Engel in weißen Kleidern mit Flügeln und Kronen, in denen Wachslichter brannten, kostümiert waren, die Herren als Höllengeister, Arme und Beine mit pechgeschwärztem Werg umwunden. Die Zeit liebte solche Feste mit Mummenschanz. Beim Tanz fing die Papierkrone einer Dame Feuer. Panik brach aus, und in Kürze stand ein großer Teil der Gäste in Flammen. Viele von ihnen wurden schwer verletzt. Graf Georg von Tübingen starb am 5. März in Waldenburg an den Folgen seiner Verletzungen, und Graf Eberhard selbst, noch nicht einmal 35 Jahre alt, der sich bei seinen Lösch- und Rettungsversuchen so schwer verbrannt hatte, erlag seinen Verletzungen am 10. März. So nahm nicht nur die sogenannte „Waldenburger Fastnacht" ein trauriges Ende, sondern das Schloß Pfedelbach wurde nicht die gedachte bequeme Winterresidenz, sondern der Witwensitz für die junge Gräfin Agathe.

Bis zu ihrem Tode 1609 lebte sie in Pfedelbach, erzog dort ihren Sohn und führte bis zu dessen Mündigkeit die Regentschaft mit großer Tatkraft. Wohl noch von der Gräfinwitwe in die Wege geleitet, erfolgte 1608–1613 durch den hohenlohischen Baumeister Georg Kern eine Veränderung, die lediglich der ästhetischen Verschönerung, nicht der praktischen Verbesserung des Schlosses diente. Anstelle des Fachwerkganges hinter dem Torbau wurde in den beiden oberen Stockwerken eine offene Galerie mit steinernen Säulen, Postamenten und Dockenbalustraden errichtet. Dem Torbau in der Breite entsprechend wird nach innen über den vorhandenen Erdgeschoßbogen ein Risalit ausgekragt und die so gegliederte Galerie im ersten Stock mit toskanischer, im zweiten mit ionischer Ordnung errichtet, wodurch der Hof ein weit prächtigeres Aussehen erhielt. Die Säulenarchitektur bemüht sich, den klassischen

Renaissanceformen nachzueifern. Durch den nach innen vortretenden Risalit wurde auch das oberste Torbaugeschoß vergrößert, und der durch Abbildungen überlieferte große geschweifte Helm mit aufgesetztem Uhrtürmchen, der schon frühbarocke Formen zeigt, muß bei dieser Veränderung entstanden sein. Wie der Torbau zuvor bedeckt war, ist unbekannt. Vielleicht war hier auch wegen der unseligen Ereignisse nur provisorisch Vollendetes in eine endgültige Form zu bringen, was die Gräfinwitwe noch veranlassen wollte. Jedenfalls erfuhr der Schloßhof durch die Kern'sche Steingalerie eine an Südländisches erinnernde Bereicherung.

Der tragisch und früh verstorbene Graf Eberhard hatte nur einen Sohn, Georg Friedrich I., den seine Mutter in Pfedelbach erzog. Er war beim Tode des Vaters erst acht Jahre alt. 24jährig heiratete er 1586 eine Gräfin Reuß von Plauen und hinterließ, als er im Jahr 1600, erst 38 Jahre alt, starb, drei Söhne. Der älteste, der 1590 geborene Ludwig Eberhard, erhielt Pfedelbach, wo er nach dem Tod seiner Großmutter 1610 mit seiner neuvermählten Gemahlin Dorothee Gräfin von Erbach einzog. Er starb 1650. Seine zwei Söhne Friedrich Kraft und Hiskias regierten gemeinsam, bis Friedrich Kraft 1681 kinderlos starb. Danach war Hiskias bis zu seinem Tod 1685 Alleinregent. Sein Sohn wiederum, Ludwig Gottfried, heiratete 1689 seine Cousine Louise Charlotte von Hohenlohe-Neuenstein-Langenburg. Als er 1728 kinderlos starb, war die Linie Hohenlohe-Waldenburg-Pfedelbach zu Ende. Er war auch der letzte der Waldenburger Linie, der evangelisch geblieben war. Die anderen hatten schon zuvor ihren Übertritt zum Katholizismus vollzogen. Außer der Neuausstattung einzelner Räume im gewandelten Zeitgeschmack war in den inzwischen vergangenen eineinhalb Jahrhunderten am Schloß Pfedelbach nichts geschehen. Ab 1728 war es der Linie Hohenlohe-Waldenburg-Bartenstein zugefallen.

Von dort aus wurde der in Bartensteinischen Diensten stehende Bauinspektor H. Wölfling, ein sehr begabter Mann, der zweifellos dem Umkreis von Leopoldo Retti zuzuordnen ist, über den aber bislang trotz mehrfacher Bemühungen genealogisch nichts zu ermitteln war, beauftragt, ein Modernisierungsprojekt auszuarbeiten. Sein Brotherr Karl Philipp von Hohenlohe-Bartenstein war 1744 in den Reichsfürstenstand erhoben worden und hatte wohl nun das Bedürfnis, dieser Würde durch entsprechende Schloßbauten Rechnung zu tragen.

Wölfling beabsichtigte, aus dem Schloß eine zeitgemäße Ehrenhofanlage zu machen, indem er den Torbau samt der steinernen Ostgalerie entfernte, den beiden Hauptbauten auf Höhe der Traufe des Saalbaues ein Mansarddach aufsetzte und die Ecktürme ebenfalls mit gebrochenen Hauben versah. Anstelle der Westgalerie und des dortigen Mittelturms fügte er ein Corps de Logis ein, das in seiner Bautiefe bis zu den Treppentürmen vorrückte, den Hof also ziemlich flach werden ließ, der dafür mit einer Balustrade auf der Grundfläche des alten Torbaus in den Graben vortreten sollte. Dieses neu zu errichtende Corps de Logis zu fünf Achsen sollte mit seinem dreiachsigen Mittelteil um ein Mezzanin über die Traufe geführt werden, so daß sein Mansarddach erst auf Höhe des Walmansatzes der nunmehr zu Flügelbauten gewordenen ehemaligen Haupthäuser ansetzte und mit seinem zeltförmigen, vasenbekrönten Abschluß den dominierenden Mittelpunkt bildete. Der vorhandene gequaderte, aus dem Wassergraben aufsteigende Sockel wurde beibehalten, ebenso das waagerechte Gesims über dem Erdgeschoß, wogegen die genuteten Ecklisenen die beiden Obergeschosse zusammenfassen sollten. Der ebenso gefaßte Mittelrisalit sollte in seiner Mittelachse mit dem Hauptportal nochmals durch breitere genutete Lisenen, die eine Wappentrophäe trugen, betont werden. Während die Erdgeschoßfenster Korbbogen erhalten sollten, waren für die Obergeschosse Rechteckformate mit geohrten Gewänden und Schlußsteinen vorgesehen. Die in den Hofecken vortretenden Treppentürme endeten mit der Dachtraufe. Ein sehr geschickter Entwurf, der unter größtmöglicher Verwendung des Vorhandenen und mit ähnlich sparsamen Gestaltungsmitteln, wie sie Retti in Kirchberg anwendete, einen vollendeten Barockbau aus dem damals als hoffnungslos veraltet empfundenen Renaissanceschloß gemacht hätte. Lediglich auf den Bezug zu einem angegliederten Hofgarten hätte man verzichten müssen.

Auch im Inneren war Wölfling mit Änderungen sparsam. Die Raumeinteilung des Nordflügels, des seitherigen Wohnbaues, war belassen und genauso spiegelbildlich in den Südbau übernommen, dort aus den Sälen somit Zimmer gewinnend. Der neue Mittelteil sollte einen dreiachsigen, die ganze Gebäudetiefe einnehmenden Saal enthalten, von dem man nach außen auf einen Balkon auf dem Stumpf des halbrunden Turmes hinaustreten konnte. Zwischen dem Saal und dem Nordbau war ein über das erdgeschossige Mittelvestibule zu erreichendes dreiläufiges Haupttreppenhaus eingeschaltet und südlich ein Vorzimmer, das zu den Paradezimmern im Südbau führte. Diese Planung muß 1753 oder 1754 entstanden sein, denn schon im März 1755 wird dem Hofzimmermeister Schillinger aus Öhringen ein neues „gebrochenes holländisches Dach" auf den Südflügel samt den zugehörigen Turmhauben verakkordiert. Zuvor, so muß man annehmen, waren bereits die nötigen Fensteränderungen vorgenommen worden. Aus dem, was in den Jahren um 1755 tatsächlich entstanden ist, kann man allerdings eine beträchtliche Reduktion des Wölfling'schen Idealplanes ablesen. Im Erdgeschoß wurden am Süd- und Nordbau anstelle der doppelten Renaissancefenster die korbbogigen Fenster eingebaut. Desgleichen erhielt der erste Stock ringsum und der Südbau auch im zweiten Stock die hochformatigen Rechteckfenster. Waren die unteren mit den Korbbogen noch reich profiliert und mit Masken und ornamentverzierten Schlußsteinen versehen, so setzt oben schon das Sparen ein. Diese Fenster erhalten nur noch einfache, unprofilierte Gewände ohne Schlußsteine. Das Mansarddach mit den stehenden Gauben, die — wie von Wölfling vorgesehen — geschweiften Abschluß haben, und die Turmhauben entsprechen noch der Qualität des Planes. Das Corps de Logis als neuer zentraler Mittelbau aber ist gestrichen und damit der Neuplanung das wichtigste Gestaltungsmoment genommen. Statt dessen wird lediglich die Hofseite des Fachwerkganges verputzt und mit langweiligen, gleichmäßig angeordneten Rechteckfenstern versehen. Da nun ein zentraler Eingang fehlt, der Bau weiter mit den zwei Wendeltreppen auskommen muß und die Verbindung der beiden Bauteile nach neuen Gesichtspunkten ungenügend ist, so wird der Südflügel gegen den Hof so verbreitert, daß beidseits der damit in der Fläche verschwundenen und unter das Mansarddach genommenen Wendeltreppe ein vor die hofseitigen Zimmer gelegter Gang entsteht. Das gleiche war für den Nordbau begonnen. Damit hätte die Dienerschaft die Möglichkeit gehabt, von dem dreiseitig den Hof umziehenden Gang aus die Appartements zu bedienen. Im Südflügel wurden die Säle unterteilt, wobei tatsächlich wie vorgesehen die Einteilung des Nordflügels übernommen wurde. Im ersten Stock blieben die beiden Säulen der Tafelstube in den Wandkreuzungspunkten stehen. Gegen Südwesten erhielt man einen größeren Raum in der Drittelgröße des alten Saales. Der obere Saal mußte entsprechend aufgeteilt werden, da durch den Wegfall des Hängewerks im alten Satteldach die Decke anderweitig unterstützt werden mußte. Damit aber blieb die Barockisierung stecken. Der vorgesehene Abbruch von Steingalerie und Torbau unterblieb. Aus den Wölfling'schen genuteten Ecklisenen wurden gemalte Quaderlisenen.

Zwei Tatsachen dürften maßgebend gewesen sein. Einmal betrieb Fürst Karl Philipp gleichzeitig den Neubau in seiner Residenz in Bartenstein, der 1756–1760 die meisten Mittel beanspruchte. Zum anderen starb er 1763 kurz nach Fertigstellung des Bartensteiner Schlosses und konnte sich nicht mehr verstärkt auch Pfedelbach zuwenden. Außer einigen sporadischen Dekorationsresten ist im Inneren nur die anstelle der alten Hofküche eingebaute katholische Schloßkapelle geblieben. Die Waldenburger Hauptlinie hatte zu Ende des 17. Jahrhunderts durch katholische Heirat diesen Glauben angenommen, durfte aber, ähnlich wie dies in Württemberg der Fall war, die Ausübung der evangelischen Landesreligion durch ihre Untertanen nicht antasten. So blieb nur die Möglichkeit, für sich und das teilweise katholische Gefolge in den Schlössern selbst durch entsprechende Kirchen und Kapellen die Religionsausübung zu ermöglichen.

Um den Raum in seinen gedrückten Proportionen zu verbessern, wurde der Fußboden tiefer gelegt, so daß man vom Hof in die Kapelle hinabsteigen muß. Gleich neben dem Eingang, noch auf Hofhöhe, ist die Fürstenloge und an der Schmalwand, durch einen Nebenraum ebenfalls auf Hofhöhe zugänglich, eine weitere verglaste Loge für die höheren Hofchargen. Hier wurde etwas später eine kleine von rückwärts zu spielende Orgel eingebaut. Zwischen den Fenstern neben der Fürstenloge ist — etwas ungünstig belichtet — der Hochaltar eingebaut, daneben am Eingang zu der am Turm gelegenen Sakristei die Kanzel. Auch ein Beichtstuhl ist vorhanden. Die ganze Ausstattung ist in sehr guter, teils furnierter, teils geschnitzter Schreinerarbeit mit Vergoldungen ausgeführt. Der vorhandene, die Kreuzgratgewölbe tragende Mittelpfeiler ist geschickt einbezogen, so daß er nicht stört. Hier glaubt man noch etwas von dem Geschick zu spüren, aus vorgegebenen Dingen das Beste zu machen, das aus Wölflings Entwurf spricht. Rückblickend bedauert man nicht, daß der größere Teil des Schlosses seine Renaissancegestalt behalten hat. Nachdem der Bau seit der steckengebliebenen Barockisierung, also etwa seit 1760, nur noch von Vögten, Förstern und Pfarrern bewohnt wurde, war seine bauliche Unterhaltung begreiflicherweise in den Hintergrund getreten, und sein Zustand wurde immer schlechter. Schon zu Anfang des 19. Jahrhunderts war die große Haube auf dem Torbau abgegangen und durch ein provisorisches Dächlein ersetzt worden. Als das Schloß gar nach dem Zweiten Weltkrieg zum Armen- und Asozialenasyl wurde, ging der Verfall so rapide voran, daß sich das Haus Hohenlohe-Waldenburg-Bartenstein zum Verkauf gezwungen sah. 1962 übernahm erfreulicherweise die Gemeinde Pfedelbach den Bau und hat seither in unermüd-

77 *Schloß Pfedelbach, Innenhof mit Renaissance-Malereien*

licher Arbeit und mit großem finanziellem Aufwand die durchgreifende Erneuerung soweit vorangetrieben, daß sie in Kürze beendet sein wird. Die Erneuerung ging davon aus, am Nordbau und den beiden Galerien soweit wie möglich die ursprüngliche Renaissanceform wieder zum Sprechen zu bringen, den Südbau aber in seiner barocken Form zu belassen. Der Torbau wird seine mächtige, frühbarocke Haube wieder erhalten. Reichen Lohn erhielt bei diesen Arbeiten der Bauforscher, denn im Hof am Nordbau und den beiden Galerien wurde die Renaissance-Architekturmalerei wiedergefunden und konnte restauriert werden, so daß der Besucher wieder die bunte Lebensfreude dieser Zeit verspüren kann. Auch in den Wendeltreppen des Nordbaus und des Torbaus konnte die reiche Rollwerkmalerei restauriert werden. Des weiteren fand man im Nordbau die oben bereits geschilderte Ausstattung der Räume aus der Erbauungszeit. Man hat sie, samt dem originalen Eichenfachwerk im ersten Stock dieses Baues in der Diele und der dort untergebrachten Ortsbücherei wieder hergestellt, so daß sie heute jedermann zugänglich ist. Im Erdgeschoß dieses Baues, anstelle der alten Hofstube, entstand ein heute häufig und vielseitig benutzter Bürgersaal mit Küche und Nebenräumen. In ihm findet man die teils im Schloß verstreut, teils auf dem Dachboden verrottenden Leinwanddeckenbilder wieder, die wohl teilweise dem Hofmaler Creutzfelder zu Ende des 17. Jahrhunderts zuzuordnen sind, teilweise der Umbauphase der Mitte des 18. Jahrhunderts entstammen. Des weiteren enthält das Schloß großräumige, modern ausgestattete und entsprechend begehrte Mietwohnungen und eine Arztpraxis, ein Beispiel, wie an die Stelle der Fürstenhäuser und Standesherren die Bürger in die Pflicht zur Erhaltung des ererbten Kulturgutes eintreten.

21 Schloß Weikersheim

Etwa zur gleichen Zeit, als sich die Herren von Württemberg ihr Herrschaftsgebiet aufbauten, das dann zur Grafschaft, zum Herzogtum und schließlich zum Königreich aufstieg, entstand im Nordosten davon ein im Mittelalter nahezu gleichgewichtiges Territorium, dasjenige der Herren von Hohenlohe, die ebenfalls bald Grafen wurden, als Fürstentum dann aber 1806 dem Königreich Württemberg einverleibt wurden. Wie die Württemberger verstanden sie die mittelalterliche Glanzzeit unter den Hohenstaufen als deren treue Gefolgsleute auch zu ihren Gunsten zu nutzen, so daß sie am Ende der staufischen Epoche über ein stattliches Herrschaftsgebiet verfügten, das Württemberg kaum nachstand. Wie dieses und wie damals allgemein üblich, war es nicht zusammenhängend. Kleinere Herrschaften waren eingeschlossen. Zu der politischen Bedeutung wie die Württemberger gelangten die Hohenlohe allerdings nie, da es bei ihnen nicht einen allein regierenden Herrscher gab, sondern das Gesamtgebiet in eine wechselnd große Zahl von selbständig regierenden Linien und Nebenlinien aufgeteilt war.

Sucht man nach dem Ursprung des Hauses Hohenlohe, so kommt man nach Weikersheim, dem zweifellos bedeutendsten der noch bestehenden hohenlohischen Schlösser. In einer Würzburger Urkunde des Jahres 1153 erscheinen zum ersten Mal die Herren Konrad und Heinrich von Wikartesheim. Sie waren freie Edelherren, welche im Besitz einer eigenen Grundherrschaft waren. Jener Konrad soll der erste gewesen sein, welcher sich von Weikersheim nannte, jedoch bei weitem nicht der erste des Geschlechtes, das wohl schon seit dem frühen Mittelalter hier einen Herrenhof besaß.

Die Burg Weikersheim hat in dem fraglichen Jahr 1153 zweifellos schon seit einiger Zeit bestanden, was sich aus den im heutigen Schloß noch erhaltenen Teilen schließen läßt. Sie dürfte um oder bald nach 1100 entstanden sein. Da es sich um eine große Wasserburg mit anschließender Siedlung handelte, geschützt durch Tauber und Vorbach, die hier zusammenfließen, darf gefolgert werden, daß die Erbauer dieser frühen und großen Anlage bereits einige Macht besaßen. Doch verlegte die Familie der Herren von Weikersheim schon in den 70er Jahren des 12. Jahrhunderts ihren Hauptsitz nach der Burg Hohenloch über dem Dorfe Hohlach bei Uffenheim. Diese kontrollierte die damals wichtige Handelsstraße von Frankfurt und Würzburg her nach Augsburg, an welcher die Familie das Geleitrecht besaß. Damit verschwindet bald der Name Weikersheim ganz, und die Familie nennt sich von Hohenloch, das dann zum heute noch gültigen Namen Hohenlohe wird. Jedenfalls ist das Schloß Weikersheim als der Stammsitz des Hauses Hohenlohe zu betrachten. Von hier aus erweitert sich der Einflußbereich zunächst im näheren Umkreis, bald aber hauptsächlich nach Südwesten vom Taubergrund in das Jagst- und Kochertal, nach Öhringen und bis an die Waldenburger Berge, weswegen Weikersheim heute am Rande des Hohenlohischen liegt, da die Besitzungen um Uffenheim bald aufgegeben wurden.

Die Burg Weikersheim war eine Ringmauerburg auf der Grundform eines etwas verschobenen Vierecks, von einem breiten Wassergraben umzogen. Der Zugang führte von Osten her, wo der Ort vorgelagert war, an der Hauptangriffsseite durch die Ringmauer. Hier stand auch, mit etwas Abstand von dieser Mauer, der runde Bergfried. Mehrere Gebäude waren von innen an die Ringmauer angebaut. Von 1256 an bildete sich eine selbständige Linie Hohenlohe-Weikersheim, deren erster Vertreter Kraft I. war. Von ihm ist überliefert, daß er die Burgkapelle St. Maria-Magdalena erbaute und die Burg vergrößerte. Allmählich war dann der ganze Burghof mit Gebäuden umgeben, nach Nordwesten, gegen die sumpfige Tauberniederung, wurde ein Zwinger vorgelegt, und zwischen der mittlerweile ebenfalls befestigten Stadt und der Burg entstand eine Vorburg, die von einem weiteren Graben geschützt war und sich möglicherweise auch noch südlich vor die Burg legte. Bis 1394 wohnten die Hohenlohe-Weikersheim ständig dort. Von da an allerdings bis 1494 war die Burg, von geringen Zwischenzeiten abgesehen, verpfändet, erst an Würzburg, dann lange Zeit an das Haus Weinsberg und schließlich noch an die Rechberg. Danach bleibt Weikersheim beim Hause Hohenlohe. An der im 12. Jahrhundert erbauten, im 14. und 15. Jahrhundert erweiterten Burg ändert sich nun nichts Wesentliches mehr. Nach einem zehnjährigen Erbstreit fiel Weikersheim 1555 an den Grafen Ludwig Kasimir von Hohenlohe-Neuenstein, dessen Sohn Albrecht dort Wohnung nahm. Dieser verunglückte 1575 bei einem Turnier in Stuttgart tödlich (das gräfliche Haus Hohenlohe war mit den Herzögen von Württemberg befreundet und verschwägert). Erbe des kinderlos Verstorbenen wurde sein Bruder Graf Wolfgang II. von Hohenlohe, Herr zu Langenburg, der nach erfolgter Erbteilung 1587 seinen Wohnsitz von Langenburg nach Weikersheim verlegte. Mit ihm begann nicht nur für Weikersheim, sondern auch für andere Schlösser eine große Zeit der Neuplanung und Bautätigkeit im Sinne der Renaissance. Adolf Fischer, der bewährte Historiker des Hauses Hohenlohe, sagt 1860 von Wolfgang II.: Er „glänzt in der Geschichte des Hauses durch geistige Klarheit und Energie in seiner Tätigkeit für Haus und Land. Wie denn alle Züge und Umrisse seines Bildes, das im Saal des Weikersheimer Schlosses gemalt ist, den Eindruck ungewöhnlicher Kraft und Tüchtigkeit geben. Im Überblick über Wolfgangs Leben läßt sich alles darin zusammenfassen, daß er ein Kind seiner Zeit, den Besten seiner Zeit genug getan."

Nach einem Studium an der Universität Tübingen reiste der 15jährige 1561 mit einem strengen, aus Friesland stammenden Hofmeister nach Paris, um dort die französische Sprache zu erlernen. Auch erhielt er Tanzstunden von einem italienischen Tanzmeister und Musikunterricht sowie körperliche Betätigung durch „Ballschlagen", eine Art von Federballspiel. Eine Reise durch Frankreich und England folgte, nachdem er am französischen Hof eingeführt worden war. Nach der Rückkehr 1563 hielt sich Wolfgang zunächst am Stuttgarter Hof auf, wo er mit dem jungen Herzog Ludwig Freundschaft schloß, und ging sodann an den kaiserlichen Hof nach Wien. 1566, kaum 21jährig, vermählte er sich auf Verlangen des Vaters mit Magdalena Gräfin von Nassau-Katzenelnbogen. Die bis zu Wolfgangs Tod 1610 dauernde 44jährige Ehe scheint durchaus glücklich gewesen zu sein.

79 Hof mit Saalbau, Altane und Treppenturm

Um seinen Hofhalt in der Burg Weikersheim einigermaßen standesgemäß unterbringen zu können, ließ Graf Wolfgang die Baulichkeiten 1587/88 durch den Zimmer- und Baumeister Lienhard Niebel aus Rimpar modernisieren und instandsetzen. Doch war dies nur als Provisorium gedacht, denn schon vor seiner Übersiedlung hatte er die Absicht, einen Neubau in Weikersheim aufzuführen, dem die Burg allmählich weichen sollte. In Langenburg waren wegen der Lage auf einem Bergsporn über dem Jagsttal die Entfaltungsmöglichkeiten begrenzt. Hier in Weikersheim im ebenen Gelände konnten großzügige Pläne leichter verwirklicht werden und außerdem so, daß wesentliche Teile eines Neubaus im südlichen Vorgelände der Burg entstehen konnten. Nach deren Fertigstellung sollte dann der Hof umziehen, die Burg abgebrochen und der Neubau vollendet werden.

Schon von Langenburg aus korrespondierte er wegen Baumeistern für den Weikersheimer Neubau, so wegen des kurfürstlich mainzischen Baumeisters Georg Robin mit dem Kurfürsten, doch ohne Erfolg. Und zu Ende des Jahres 1586 steht fest, daß der herzoglich württembergische Baumeister Georg Stegle, der schon verschiedentlich für den Grafen gearbeitet hatte, der Planer sein würde. Stegle gehörte zu jener Generation von jüngeren Architekten, die während der reichen Entfaltung einer Bautätigkeit im Sinne der Renaissance unter Herzog Christoph von Württemberg aufgewachsen war und bei dem erfahrenen und souveränen Meister Aberlin Tretsch gelernt hatte. Die Brüder Blasius und Martin Berwart und Georg Beer kamen vom Steinmetzberuf her, Jakob Saltzmann, Elias Gunzenhäuser und Georg Stegle vom Zimmerhandwerk. Beides waren damals Möglichkeiten, in den Baumeisterberuf aufzusteigen. Daß Stegles Name bisher am wenigsten bekannt war, rührt daher, daß seine Kollegen freiberuflich tätig waren, also für jeden Auftrag einen archivalisch nachweisbaren Akkord bekamen, während Stegle fest bestallt war als Bauverwalter im Rang eines Kammerdieners und damit allenfalls in Lohnlisten zu finden ist. Wegen dieser festen Bestallung war es aber auch nicht einfach, ihm Urlaub nach Weikersheim zu erwirken. Erst am 3. August 1588 kann Stegle in Stuttgart aufbrechen, versehen mit einem Entschuldigungsschreiben des Herzogs Ludwig an seinen Freund Wolfgang, das gleichzeitig die Bitte enthält, Stegle nicht zu lange aufzuhalten. Doch läßt dieser nun den Baumeister nicht so rasch wieder ziehen. Mehrere Mahnschreiben des Herzogs werden mit Bitten um Verlängerung beantwortet. Erst am 7. März 1589, nach sieben Monaten, tritt Stegle die Heimreise an. In dieser Zeit entstanden in ständiger Zusammenarbeit zwischen Bauherrn und Architekt Pläne und ein Holzmodell — alles leider nicht erhalten — für einen Neubau, der auch in seiner nur teilweisen Vollendung zu den bedeutendsten Renaissanceschlössern Deutschlands gehört. Wäre er gänzlich nach den damals konzipierten Plänen ausgeführt worden, so würde er weit über Deutschland hinaus Bedeutung erlangt haben.

Von 1587 an, also schon vor der fertigen Planung, bis 1593 erfolgen umfängliche Baumateriallieferungen; Bauholz, Steine zu Werkstücken, Dachziegel und Backsteine. Der Baubeginn verzögert sich aber immer wieder, da es dem Grafen nicht gelingt, einen ständigen Bauleiter zu finden. Stegle konnte diese Aufgabe seiner Verpflichtungen in Stuttgart wegen nicht wahrnehmen, und den in seinem ständigen Dienst stehenden Leuten, dem Maurermeister Jakob Kauffmann aus Herzberg in Thüringen, dem Steinmetzmeister Servatius Körber aus Bonn und dem schon genannten Zimmermeister Lienhard Niebel traute er dies offenbar nicht zu. Doch waren es dann diese drei, welche die Ausführung bewerkstelligten, denn Verhandlungen mit dem vom Grafen von Solms empfohlenen Baumeister Cornelius (genannt Gilles) Cardon aus Douay in Flandern schlugen fehl. Eine zu Ostern 1595 zustande gekommene Bestallung des Würzburgischen Baumeisters Wolfgang Beringer, die erfolgte, nachdem der Bau schon begonnen war, wurde schon am 21. September des gleichen Jahres wieder gelöst, da der Bischof seinen Baumeister nur sporadisch und immer verspätet nach Weikersheim reisen ließ. So kommt den drei wackeren Handwerksmeistern das Verdienst zu, die vom Grafen Wolfgang wesentlich selbst bestimmten, von Stegle ausgearbeiteten Pläne in die Tat umgesetzt zu haben.

Geplant war ein völlig regelmäßiger Bau auf dem Grundriß eines gleichschenkligen Dreiecks, der mit gleich breiten dreigeschossigen Flügeln einen geschlossenen Hof umgeben sollte. Nach außen sollten die Fronten durch je drei große Ziergiebel gegliedert sein, an den Hofseiten durch je einen gleichgestalteten Mittelgiebel. Die längere Grundseite des gleichschenkligen Dreiecks war der nach Süden ausgerichtete Hauptflügel, der den großen Rittersaal, die Tafelstube, die Kapelle und die große Hofstube enthielt, während in den beiden Flügeln an hofseitigen Korridoren die Wohn- und Schlafräume angeordnet waren und im Erdgeschoß Küche, Wirtschafts- und Handwerkerräume u. ä. Das Kellergeschoß unter dem Hauptflügel enthielt, ebenfalls von einem Korridor erschlossen, ein Bad mit Umkleide, Ruheraum und Einrichtung zum Heizen und Warmwasserbereiten, ferner Vorratsräume und den direkt von der Sakristei zugänglichen Kirchenkeller mit dem Abendmahlswein. Unter den Flügeln waren große Weinkeller. Zugänglich sollte der Hof durch die abgeflachte Nordspitze sein, und die Stockwerke wurden durch die Treppen in den drei Ecken erschlossen. Als repräsentativer Zugang zum Saalbau entstand in der Südostecke eine große, zweiläufige, massiv überwölbte Treppe, die sogenannte „Reittreppe". Solche Treppen waren damals neu in Deutschland, und Wolfgang kannte die Reittreppe in Stuttgart. In der Südwestecke war ein Treppenturm mit einer Wendeltreppe angeordnet, und in die Nordspitze neben der geplanten Hofeinfahrt war der Bergfried, zu einem

Treppenturm umgebaut, integriert. Er sollte der einzige Teil der mittelalterlichen Burg sein, der in den Neubau übernommen wurde, als Zeichen der alten Tradition. Solche Fälle gibt es des öfteren, die zeigen, wie man die Störung der regelmäßigen Neuplanung in Kauf nahm, um die Tradition des Ortes und des Geschlechtes zu dokumentieren.

Mit der geschilderten Grundkonzeption steht der Bau an der Schwelle von der Renaissance zum Barock. Durch die völlig regelmäßige, streng geometrische und stereometrische Anlage mit dem geschlossenen Innenhof, umgeben von einem zwingerartigen Umgang mit breitem, gefüttertem Wassergraben, erfüllt er die Ideale der Renaissance-Schloßarchitektur. Zumeist bedient sich diese des Rechtecks oder des Quadrats als Grundrißform. Es kommen auch ausgefallenere Grundformen wie das Fünfeck oder das Achteck vor. Das in Weikersheim gewählte Dreieck mit der außerdem streng vorgenommenen Trennung in den Hauptflügel mit den Repräsentationsräumen und die Seitenflügel birgt bereits das barocke Ehrenhofprinzip in sich. Das Quadrat etwa oder das Achteck sind Grundfiguren mit mehreren Symmetrieachsen, wogegen das gleichschenklige Dreieck nur eine solche hat, die im vorliegenden Fall durch die Mitte des Saalbaues verläuft. Hier brauchen nur die Flügel auseinandergebogen zu werden, und das mit einer Hauptachse auf seine Umgebung bezogene Ehrenhofschloß des Barock ist da. Im vorliegenden Fall ist die Bezugnahme auf die Umgebung allerdings kaum gegeben.

Abgesehen von dem verzögerten Baubeginn standen der vollen Verwirklichung des Projekts verschiedene Dinge im Wege. Schon beim ersten, Anfang 1595 begonnenen Bauabschnitt, der an der Südostecke der Burg beim Bergfried ansetzte, wurde geändert, indem der schräg nach außen laufende Flügel nach etwa einem Drittel seiner Länge abgeknickt und damit die Dreiecksgrundseite verkürzt wurde. Der Grund hierfür waren wohl Fundierungsschwierigkeiten im alten, aufzufüllenden Burggraben und die Rücksichtnahme auf Gebäude der Vorburg. Genau läßt sich dies nicht mehr feststellen. Der zweite Bauabschnitt, der ohne Unterbrechung in Angriff genommen wurde, umfaßte den Saalbau, den Treppenturm und den Ansatz des westlichen Flügels, des sogenannten Küchenbaus, bis an die südwestliche Ringmauer der noch bestehenden Burg. Diese Bauten mit der genannten Änderung, etwa zwei Drittel des Gesamtprojekts ausmachend, waren im Sommer 1598, mehr als drei Jahre nach Baubeginn, unter Dach, und es wurde nunmehr der Ausbau betrieben. Der Saalbau wird allerdings erst Anfang 1600 eingedeckt. Das Neue Schloß war in seinen wesentlichen Teilen südlich der Burg, in der zwischen Stadt und Tauber befindlichen ebenen Niederung geplant, so daß ohne Abbrüche und damit ohne Minderung der bisherigen Räumlichkeiten die wichtigsten Teile des Neubaus erstellt werden konnten. Auch die sechs großen Ziergiebel auf dem Saalbau waren damals fertig. Sie sind der einzige Schmuck und die gliedernden Elemente der sonst völlig schmucklosen, nur mit einigermaßen regelmäßig angeordneten Fenstern versehenen Baukörper, die, aus Bruchstein gemauert und mit profilierten Sandstein-Fenster- und Türgewänden versehen, für Verputz gedacht waren, der aber nie zur Ausführung kam. Der Putz sollte zweifellos hell gekalkt und mit Ornamentmalerei um die Fenster und an den Ecken versehen werden. Wir bedauern heute nicht, daß dies unterblieb, denn der Bau ist in sich so monumental, daß er dieses damals üblichen Aufputzes nicht bedarf. Für die ornamentale und architektonische Ausbildung der Giebel, die neben wenigen Portalen die einzigen durchgegliederten Bauteile sind, besorgte Stegle Risse von Blasius Berwart dem Älteren. Da er selbst als Zimmerer in diesen Steinmetzdingen offenbar weniger bewandert war, wandte er sich an diesen, der ab 1587 für den Markgrafen von Brandenburg-Ansbach dessen Residenzschloß durch große Ziergiebel mit Gesims- und Pilastergliederung und reicher Roll- und Beschlagwerkrahmung zu einem prächtigen Aussehen verholfen hatte. Dieselben Giebel mit kaum merklichen Veränderungen übernimmt Stegle nach Weikersheim, eine Sache, die damals nicht ungewöhnlich war.

Alsbald wurde der Ausbau vorangetrieben und 1605 in allen wesentlichen Teilen vollendet. Ab 1602 wurde an der Hofseite des Saalbaues noch die — wohl schon von Stegle geplante — gequaderte Altane aufgeführt. Auch wurde in diesem Zusammenhang die Durchfahrt durch den Saalbau und die Brücke über den Graben in den südlich vor dem Schloß angelegten Garten gebaut. Damit endete die Bautätigkeit unter Graf Wolfgang II. Was den völligen Umzug des Hofes in den Neubau, den Abbruch der Burg und die Fertigstellung des Bauwesens verhinderte, ist den überlieferten Akten nicht zu entnehmen. Eine gewisse Rolle spielte sicher die Tatsache, daß der als Regent sehr gewissenhafte Graf erst wieder Gelder ansammeln wollte, um eine starke Verschuldung zu vermeiden. Am 28. März 1610 starb er, knapp 64 Jahre alt, und damit war der Weiterbau endgültig unmöglich geworden. Der Erbe, der dritte Sohn Georg Friedrich, war wie seine älteren Brüder Offizier. Der älteste, Philipp Ernst, war wie sein Onkel Philipp, der Bruder Wolfgangs, Feldherr in den Niederlanden; der zweite, Ludwig Kasimir, eben-

80 *Schloß Weikersheim, Gartenseite*

81 Rittersaal mit Eingangsportal

falls Offizier, fiel 1604 in den Türkenkriegen, wogegen Georg Friedrich, der ebenfalls gegen die Türken kämpfte, zurückkehrte, jedoch keinen Sinn für Bauten hatte. Der 30jährige Krieg und die seit der Planung inzwischen verstrichenen Jahrzehnte taten das übrige.

Graf Wolfgang II. war selbst nicht mehr in den Neubau übersiedelt. Schon bald nach dem Einzug in die Burg Weikersheim hatte er sich im Nordwestflügel eingerichtet. Dort hatte er in unmittelbarer Nähe seiner bescheidenen Privaträume den Ratssaal sowie eine Apotheke und ein Laboratorium, denn er war nicht nur ein gebildeter Mann und ein guter Regent, sondern auch naturwissenschaftlich und alchimistisch interessiert. An seine Gemächer angefügt, in den alten Zwinger hinausgebaut, befand sich dieses massiv überwölbte Laboratorium. Es waren zwei Räume, die an ihrer gemeinsamen Wand vier in einen großen Schlot führende Feuerstellen hatten, und zwar die Schmiedeesse, den Brennofen, den Goldofen und den Destillierapparat. Gold herzustellen scheint aber auch ihm nicht gelungen zu sein.

An der Ausstattung des Neubaues, die sich vorwiegend auf den Saalbau konzentrierte, arbeiteten sehr qualifizierte Künstler. Das Herzstück des Schlosses, der große Rittersaal, der sich nach außen durch hohe Fenster mit rosettenförmigen Okuli als zwei Geschosse hoher Raum markiert, ist stützenlos dank des Hängewerks, das Elias Gunzenhäuser darüber konstruierte. Die Kalkschneidearbeiten (Stukkaturen aus Haarkalkmörtel) an den Wänden samt dem reichen Eingangsportal besorgten Christoph Limmerich und Gerhardt Schmidt, die so gut zusammenarbeiteten, daß eine einheitliche Dekoration entstand. Für die farbenprächtige Fassung dieser Stuckarbeiten zeichnet Kaspar Dietrich aus Weikersheim verantwortlich, und die Deckenbilder der Kassettendecke malte Balthasar Katzenberger aus Würzburg. Den Prunkkamin aus feinem Buchener, Königshöfer und Andernacher Sandstein schnitt Michael Juncker aus Miltenberg. Von „hauen" kann man bei der Feinheit der Arbeit nicht sprechen. Der große, über der Empore gemessen fast 40 m lange, 11,70 m breite und 8,25 m hohe Saal macht einen überaus prächtigen Eindruck, ohne von bedrückender Überfülle zu sein, da sich sein Schmuck auf die Schmalseiten, die Oberzone der Längswände und die Decke beschränkt. Vom Thematischen her ist er ein Jagdsaal. An den Längswänden sind in flachem Relief lebensgroße naturalistische Jagdtiere modelliert, deren Köpfe vollplastisch aus der Wand hervortreten und echte Gehörne und Geweihe tragen. Über der Tür zur Altane springt ein Bär aus einer Wandnische hervor, und neben der Tür zum Küchenbau ist gar ein lebensgroßer Elefant zu sehen. Die Bilder der Kassettendecke zeigen in Haupt- und Nebendarstellungen die verschiedenen Arten der Jagd. Das Portal von der Tafelstube zum Saal wird von gekrönten Fürsten und bewaffneten Kriegern bewacht. Darüber spielt sich eine Reiterschlacht ab, und zu oberst besiegt St. Georg den Drachen, ein letzter Rest der mittelalterliche Burgeingänge schützenden Michaels- oder Georgskapellen.

Am gegenüberliegenden Kamin geht die Darstellung ins Religiöse. In bezug auf damals aktuelle Ereignisse wird neben der zentralen Darstellung von Gottvater auf der Weltkugel einerseits das salomonische Urteil als weise Herrschertugend, andererseits die Eroberung einer von den Türken besetzten Stadt gezeigt, als Hinweis auf den Sieg des Christentums über die Heiden. Beidseits dieses Kamins ist, wieder in Kalkschneidetechnik, der Stammbaum des Grafen Wolfgang und seiner Gemahlin dargestellt. Alle diese Darstellungen sind von reichem Roll- und Beschlagwerkornament und von Guirlanden und Fruchtgehängen eingefaßt und geziert. Eine Empore über dem Eingang diente der Placierung der Musik. Unter dieser durch führt der gangartige, gewölbte Zugang von dem heutigen Vorsaal zum Rittersaal. Dieser Vorsaal war mit den beiden östlich anschließenden, später von ihm abgetrennten Zimmern die immerhin 18,10×11,70 m große Tafelstube, d. h. der Speisesaal, deren Decke auf vier Säulen ruhte. Sie kann direkt von der Reittreppe her betreten werden. Unter der Empore, zwischen Saal und Tafelstube, befinden sich zwei kleine Räume, die Anrichte, von der Küche über Wendeltreppe und Altane direkt erreichbar, und die „Schenkstatt" oder das „Schwenkkämmerle," durch eine Tür im Durchgang erreichbar. Beide hatten Fensteröffnungen zur Tafelstube und niedrige, breite, in die Wanddekoration einbezogene Öffnungen zum Saal, die durch hochklappbare Tischplatten verschließbar sind. So konnte man wahlweise nach beiden Seiten von der Anrichte die Speisen und von der Schenkstatt die Getränke ausgeben, die schon zuvor dorthin gebracht worden waren. Auch konnte man Gläser und Pokale dort spülen („schwenken"). Damit war bei Hoftafel und Festen eine diskrete Bedienung gewährleistet. Nur die Tafelkellner waren sichtbar, eine Einrichtung, wie sie im Frankreich des späten 17. und 18. Jahrhunderts in den raffiniert angelegten Degagements entwickelt wurde. In der deutschen (und auch sonstigen) Renaissance um 1600 dürfte eine solche Einrichtung einmalig sein. Über diesen Diensträumen und unter der Musikempore, von dieser aus durch eine Falltür erreichbar, befinden sich Räume, welche hinter den Wandornamenten des Saales versteckt Holzschieber haben, die — schiebt man sie beiseite — Auslugöffnungen in den Saal freigeben, von denen aus man, ohne selbst gesehen zu werden, das festliche Treiben beobachten konnte.

Westlich an den Saal schließt sich die evangelische Hofkapelle an. (Das Haus Hohenlohe führte schon Ende der 20er Jahre des 16. Jahrhunderts die Reformation ein.) Sie hat im Hauptgeschoß die Herrschaftsempore, wobei es keine eigene Loge für den Grafen gibt. Das vom Hof her zugängliche Erdgeschoß diente dem Gefolge. Die Kanzel ist an der Schmalseite über dem Altar angeordnet nach bewährtem protestantischem Schema. Gegenüber ist eine Zwischenempore für die Kirchenmusik mit einer kleinen Orgel eingefügt. Die Brüstungen der auf korinthischen Säulen ruhenden dreiseitig umlaufenden Empore tragen Stuckreliefs von Gerhardt Schmidt mit jeweils thematisch zusammengehörenden Szenen aus dem Alten und Neuen Testament. Abgedeckt ist die Kapelle mit drei Jochen von Kreuzrippengewölben auf toskanischen Säulen, allerdings aus Kalkstuck. Die Verwendung gotisierender Formen in protestantischen Kirchen und Schloßkapellen des 16. und 17. Jahrhunderts hat ähnliche traditionalistische Wurzeln, wie die sogenannte „Echtergotik" der gleichzeitigen Gegenreformation, bei uns repräsentiert durch den Würzburger Bischof Julius Echter von Mespelbrunn.

In dem Stumpf des Westflügels, dem sogenannten Küchenbau, befinden sich im Hauptgeschoß zwei Zimmer mit reichen Stuckdecken, datiert 1598 mit Darstellungen aus der römischen Geschichte. Beide Räume waren Gästezimmer, die je in der Stärke der Außenwand eingelassen, ein sogenanntes „heimliches Gemach" haben. Hier in Weikersheim — und auch in vielen anderen Renaissanceschlössern — ist es so, daß jeder Schlafraum einen Abort hat, eine Errungenschaft, die später wieder abhanden kam. Ein normales „Gemach", d. h. ein Appartement, bestand aus der „Stube", dem heizbaren Wohnraum, und der „Kammer", dem unheizbaren Schlafraum mit Abort. In den „Gemächern" des Ostflügels, des später sogenannten Langenburger Baues, kommt noch eine Vorkammer hinzu. Für Tafelstube und Saal war das „heimliche Gemach" auf dem halben Podest der Reittreppe angeordnet. Diese „heimlichen Gemächer" waren durch Tapetentüren verschlossene Zellen in den dicken Außenmauern. Zu ihrer Belichtung und Belüftung hatten sie nach außen plastisch vortretende, von innen ausgehöhlte Löwenmasken, deren Augen und Lefzen durchbrochen waren. Die in der Mauerdicke nach unten geführten Schächte mündeten in den damals ständig von Flußwasser durchströmten Schloßgraben. Um Geruchsbelästigung in der Kammer zu vermeiden, hatten sie je nach Steighöhe einen oder mehrere Entlüftungsschlitze. So zeigt sich, daß mit Aborten und Badeeinrichtungen für die Hygiene mit den Mitteln der Zeit optimal gesorgt war.

Interessant ist noch zu bemerken, daß in der großen Küche an der Wand in der gleichen Technik wie im Saal ein Rind stukkiert ist. Neben dem großen Herd und dem Brotbackofen gab es noch einen eigenen Pastetenbackofen. Unter der Küche war neben Vorratskellern ein solcher für den Würzwein vorhanden. Die damaligen Weinernten zielten vorwiegend auf die Quantität ab. Der qualitativ so schlecht ausgefallene und damit im Naturzustand ungenießbare Wein wurde durch Gewürzzusätze genießbar gemacht.

Zusammenfassend kann man feststellen, daß das Schloß Weikersheim in die große Reihe derjenigen Renaissance- und Barockschlösser gehört, wo ein einzelner Großes plante, so groß, daß die volle Verwirklichung seine Möglichkeiten überstieg. Nachfolgende Generationen hatten dann andere Gedanken und Ideen und beließen entweder den angetroffenen unfertigen Zustand oder veränderten ihn nach ihren gewandelten Gesichtspunkten. Ähnlich erging es auch dem Schloß Weikersheim. Georg Friedrich, der dritte Sohn Wolfgangs II., der nach des Vaters Tod 1610 die Herrschaft Weikersheim übernahm, weilte selten dort. Während des 30jährigen Krieges verfiel er zweimal der kaiserlichen Acht, so daß von 1620 bis 1623 sein Bruder Kraft seine Stelle vertrat. Nach der zweiten Ächtung erfolgte 1634 die Sequestration der Besitzungen durch den Deutschorden. Erst 1637 wurden sie wieder freigegeben. Graf Georg Friedrich, welcher längere Zeit Generalstatthalter des Königs Gustav Adolf von Schweden im schwäbischen Kreis war, starb 1645 in Langenburg.

Ab 1663 besaß die Herrschaft Weikersheim Graf Siegfried von Hohenlohe, Enkel Wolfgangs II. und Sohn des Grafen Kraft. Er nahm, nachdem lange Zeit nichts geschehen war, ab 1679 den Baumeister Paul Platz aus Belfort in seinen Dienst. Dieser war schon seit 1672 in würzburgischen und schwarzenbergischen Diensten. 1662 war der Torturm der Vorburg, der noch immer wie in mittelalterlicher Zeit durch die enge Burgstraße den Zugang von der Stadt zum Schloß vermittelte, ausgebrannt. Der Brand scheint nur eine Nebenerscheinung eines Stadtbrandes gewesen zu sein, der den Teil zwischen der spätgotischen Stadtkirche und der Vorburg einäscherte. Dieser ist (außer dem Torturm) nicht archivalisch, aber archäologisch nachweisbar durch einen entsprechenden Brandhorizont. Dadurch wurde plötzlich sichtbar, daß es möglich sein müßte, zwischen der ursprünglich irgendwo in der Stadt erbauten Kirche und dem beziehungslos neben der Stadt stehenden Schloß eine Verbindung herzustellen. Eine solche Sinn- und Achsenverbindung im Sinne des nunmehr auch in Deutschland aufkommenden Barock zu gewinnen, schickten sich Graf Siegfried und Paul Platz an. Sie erkannten zwei Dinge:

Erstens war es nötig, den Eingang zum Schloß in die nunmehr sichtbar gewordene, vom Westgiebel der Kirche zum Schloß verlaufende Achse zu verlegen, und zweitens war es erforderlich, dieser Achse, die einigermaßen zufällig auf den abgeknickten Langenburger Bau traf, gegen die Stadt und den dort zwischen Schloß und Kirche neu zu gestaltenden Brandplatz eine repräsentative Front zu geben. So planten der Graf und sein Baumeister, die bereits vorhandene gerade Front der Vorburg gegen die Stadt zu einem fast 100 m langen, dreigeschossigen Bau zu

82 *Chinesisches oder Spiegelkabinett*

machen, der das Schloß verdeckte und durch dessen Mitte repräsentative Portale über die damals neu erbaute Brücke über den äußeren Graben führten. Die Durchfahrt durch diesen Neubau traf aber genau auf den nicht ursprünglich beabsichtigten Knick im Langenburger Bau, weswegen die damals ebenfalls neu und nachweislich später angelegte Durchfahrt durch diesen Flügel des Hauptschlosses etwas aus der neuen Achse verschoben ist. Der neue Flügel sollte über den reichen Portalen ein Zwerchhaus mit Giebeln erhalten, wie sie ja auch noch der frühe Barock gekannt hat. In seinem südlichen Teil enthielt er unten einen Keller, nördlich der Durchfahrt den ebenerdigen Marstall. Der alte Torturm sollte ein Treppenturm werden. Die Arbeiten waren in vollem Gange, und im inneren Schloßhof wurde der Südflügel der alten Burg abgebrochen, wodurch aus dem alten Burghof und dem Teilschloßhof des Neubaus, die bisher keinen räumlichen Zusammenhang hatten, der heutige Schloßhof entstand. Da starb am 26. April 1684, kaum fünf Jahre nach dem hoffnungsvollen Beginn neuer großzügiger Bauarbeiten, Graf Siegfried. Der gerade ein Stockwerk hoch gediehene Neubau wurde unter ein provisorisches Dach gebracht, und die für den Neubau bestimmten Schrifttafeln für die Portale wurden so irritierend angebracht, daß der Eindruck entstand und in die Literatur Eingang fand, Platz habe den Langenburger Bau errichtet. Dies ist unzutreffend, und dem Grafen und seinem Baumeister geschieht Unrecht, hatten sie doch vor, im Sinne des frühen deutschen Barock das Schloß und die Stadt in eine entsprechende Beziehung zu setzen und das Schloß beträchtlich zu erweitern.

Diese durch den Tod des Grafen Siegfried und die Rückkehr Platzens nach Würzburg zum Erliegen gekommenen Bauideen wurden — wenn auch in modifizierter Form — erst wieder aufgegriffen, als durch die Erbteilung vom 30. 5. 1708 die Herrschaft Weikersheim an den Grafen Carl Ludwig fiel, der am 16. Januar 1709 dort seinen festlichen Einzug hielt. Er muß zwar ein Monarch im Sinne des durch Ludwig XIV. von Frankreich bestimmten Barock, aber dennoch ein sehr kluger und besonnener Mann gewesen sein. Das ihm zugefallene Schloß, mittlerweile über 100 Jahre alt, entsprach sicherlich nur sehr unvollkommen seinen Vorstellungen von einer zeitgemäßen Residenz. Dennoch begnügte er sich — und wohl in der Erkenntnis seiner finanziell begrenzten Möglichkeiten — damit, nur diejenigen Räume im Geschmack der neuen Zeit reicher ausstatten zu lassen, die Wolfgang II. als einfache Gebrauchsräume nur mit einem Minimum an Dekoration versehen hatte. Für uns resultiert daraus der glückliche Umstand, daß die wesentlichen Räume der Renaissance nahezu unverändert erhalten blieben. Carl Ludwig versuchte vielmehr in kluger Voraussicht dem überkommenen Bestand einen entsprechenden äußeren Rahmen zu geben. So ließ er seit 1709 anstelle des bescheidenen Renaissancegartens vor der Südseite des Saalbaues nach dem Entwurf des Saarbrückener Hofgärtners Mathieu den Hofgarten mit zahlreichen Skulpturen und Brunnen von der Hand der Künzelsauer Bildhauer Georg Christoph und Philipp Jakob Sommer anlegen. Eingefaßt wurde der Parterregarten am Schloßgraben von den die Ecken flankierenden Bauten des Gewehr- und des Gärtnerhauses mit einer entlang des Grabens dazwischen liegenden Figurenbalustrade und gegen den Taubergrund von zwei Eckpavillons, alle wohl nach Entwürfen des Esslinger Baumeisters Johann Jakob Börel erbaut. Schließlich wurde — zehn Jahre später — das Gartenprojekt gekrönt durch die von dem aus Öttingen berufenen Ingenieur und Baumeister Johann Christian Lüttich erbaute Orangerie.

Zwei symmetrische Flügelbauten mit Säulengliederung und Arkaden ersetzen den zu erwartenden, dominierenden Mittelbau als gegen den Taubergrund abschließende Architekturkulisse durch eine von den einschwingenden Flügeln noch betonte Lücke, die den Blick durch die Hauptachse in die Landschaft freigibt und in der das vergoldete Reiterstandbild des Grafen aufgestellt werden sollte. Damit ist der Bezug zwischen Schloß und umgebender Landschaft mit sparsamsten Mitteln sinnfällig gemacht.

Die Orangeriegebäude sind von edlen architektonischen Formen und gleichzeitig technisch sinnvoll gestaltet. Beide Flügel können beheizt werden, so daß in beiden Pflanzenhallen unterschiedliche, den dort aufzubewahrenden Pflanzen angemessene Temperaturen erzeugt werden konnten. Außerdem konnten die unsichtbar hinter der Architektur kaschierten Pultdächer abgenommen werden, so daß im Frühjahr und Herbst die Pflanzen zwar Sonne hatten, aber dennoch geschützt standen. Schließlich konnte man auch noch aus den großen Arkaden die Fenster herausnehmen, so daß der Bau sehr vielseitig verwendbar war. Begreiflicherweise wurden auch die barocken Gedankengänge des Grafen Siegfried und seines Baumeisters Paul Platz wieder aufgegriffen. Das abgebrannte Areal zwischen Vorburg und Stadtkirche wurde zu einem großen Architekturplatz, dem heutigen Marktplatz, ausgestaltet mit beidseitigen, gewissen Regeln unterworfenen Gebäuden, die teilweise dem Hof dienten als Gästehaus oder Zehntscheuer, teilweise von Bürgern errichtet waren. In der Platzmitte entstand ein Brunnen. Lüttich schließlich fing die Hauptachse unter Belassung des nach Siegfrieds Tod verbliebenen Provisoriums in einer diesem Brückenportal vorgelegten Komposition auf, die den langrechteckigen Marktplatz durch zweigeschossige Gebäude mit Mansarddächern faßt, die in eingeschossigen Arkaden halbrund zu dem derben Portal zurückschwingen. Dahinter steigt das sich nach hier unregelmäßig gebende Schloß reizvoll auf. Eine Meisterleistung, barocke Achsialität und Umgebungsbeziehung mit Vorhandenem zu einer überzeugenden Einheit zu verschmelzen.

In den Plastiken des Hofgartens und der Orangerie war mit Hilfe von vielerlei allegorischen Figuren ein thematisches Programm entwickelt, das den Monarchen selbst, den Namen Hohenlohe und die fürstlichen Tugenden verherrlichte. Im Schloß war hierfür keine Gelegenheit gegeben, wie dies bei Neubauten der Fall war. Carl Ludwig ließ im Langenburger Bau, dessen Einteilung mit hofseitigem Gang und daran aufgereihten Zimmern auch nach hundert Jahren noch modern war, seine Hauptwohnräume einrichten. Die sechs Zimmer des ersten Stocks gaben seine und seiner Gemahlin Wohnung ab, darüber erhielt der Erbprinz seine Räume. Je am Anfang und Ende des Korridors lagen die Schlafzimmer. Es folgten die Wohnzimmer, und mit den Vorzimmern stießen die Appartements zusammen. Breite zweiflügelige Türen verbanden die Räume im Sinne einer Enfilade. Sie wurden aufs kostbarste ausgestattet mit frühbarockem Stuck an den Decken, geschnitzten Türrahmungen, Wandbespannungen und bemalten Ledertapeten. In jahrelanger Arbeit wurden kostbare eingelegte Möbel teils beschafft, teils angefertigt. Reiche venezianische Spiegel, von Trägern auf dem Rücken über die Alpen gebracht, Lüster, Vorhänge und was nur Kostbares aufzutreiben war, sammelte der Graf in seinen Räumen an. Über der Tafelstube im Saalbau entstanden die Gobelinzimmer mit flämischen Wandteppichen und eingelegten Fußböden, sowie das Spiegelkabinett in chinesischer Art mit zahlreichen kleinen Porzellanen. Auch eine Reihe großer Öfen mit gußeisernen reliefierten Feuerkästen und Steinfüßen und stark plastisch modellierten Tonaufsätzen entstanden in der Zeit von 1709 bis 1720. Die von der alten Burg verbliebenen Bauteile, der an den Langenburger Bau anschließende sogenannte Prinzessinnenbau und der Beamtenbau blieben im wesentlichen in der Form, in der sie Graf Wolfgang hinterlassen hatte. Sie dienten dem engeren Hofstaat als Unterkunft. Im Schloßhof entstand ein Brunnen.

So entwickelte auch im Ablauf des täglichen Lebens Graf Carl Ludwig einen Hofhalt, wie er in seiner behäbig-feierlichen Art bezeichnend war für den sehr gemilderten Absolutismus eines Monarchen eines kleinen Landes, mit einigermaßen bescheidenen Mitteln, ohne deswegen provinziell oder derb-lächerlich gewesen zu sein, wie die Zeit um und nach 1900 diese Fürstenhöfe als „Versailles im Duodezformat" abzuqualifizieren suchte.

Zur Vervollständigung seiner Residenz ließ Carl Ludwig auf einer Anhöhe über dem Tauber- und Vorbachtal, wo sich schon länger ein Wildpark befand, ein Lusthaus errichten. Das Ganze erhielt den Namen Carlsberg. Nach den Plänen Lüttichs entstand seit 1727 ein Schlößchen über quadratischem Grundriß, zweigeschossig mit flachen Frontons und einem runden Mittelsaal im Obergeschoß, an den sich ringsum Räume anschlossen. Der Saal war zweistöckig und durchbrach das Dach mit einem belichteten Tambour und kuppelartigem Abschluß. Das Schlößchen stand in einem Achsenkreuz. Umgeben war es von einer kreisförmigen Anlage, in den Diagonalen mit vier ebenfalls quadratischen Kavaliershäusern für Gefolge, Küche u. a. besetzt. 1736 konnte das ebenfalls reich ausgestattete Schlößchen für zurückgezogenen Sommer- und Jagdaufenthalt bezogen werden. So war alles vorhanden, was eine Residenz des Barock brauchte.

Carl Ludwig war 1674 geboren. Nach mancherlei privatem Unterricht in Öhringen kam der 19jährige 1693 für zwei Jahre auf die Ritterakademie nach Wolfenbüttel. 1695 machte er als Fähnrich des fränkischen Kreises einen Feldzug am Rhein mit und trat Ende dieses Jahres eine Italienreise an. Zur Karnevalszeit 1696 in Venedig, zu Ostern in Rom, fuhr er von da zu Schiff nach Neapel. Auf der Rückreise verweilte er zwei Monate in Siena, wo er seine italienischen Sprachkenntnisse vervollständigte, und kehrte im Oktober 1696 nach Öhringen zurück. Doch schon im Sommer 1697 ist er in den Niederlanden. Der Feldzug, den er mitmachen wollte, war allerdings gerade zu Ende gegangen. So ging die Reise weiter nach Paris. Im März 1699 kehrte er zurück, nachdem er neben der französischen Sprache Tanzen, Fechten, Geographie, Geschichte, Festungsbau und Waldhornblasen gelernt hatte. Sein greiser Vater klagte, daß der junge Herr bei einem so unsteten Leben nie einen guten Haushalter abgeben werde. Im Rheinfeldzug des spanischen Erbfolgekrieges 1702, den Carl Ludwig als Kapitän mitmachte, wurde er verwundet. Zu Ende dieses Jahres konnte er in Öhringen den Vater und den im gleichen Feldzug schwerverwundeten älteren Bruder begraben. Damit fiel ihm die Regierung des väterlichen Landesteiles zunächst kommissarisch zu. Eine 1707 unternommene Reise nach Norddeutschland brachte ihn mit dem gerade in Sachsen weilenden König Carl XII. von Schweden zusammen, sowie mit König August II. von Polen in Dresden und mit König Friedrich I. von Preußen in Berlin. Nach der 1708 erfolgten Erbteilung mit seinem Bruder zog er dann nach Weikersheim als ein Mann, der — 34jährig — für die damalige Zeit gebildet und weit gereist war.

Am 5. August 1711 vermählte sich der bis dahin Unverehelichte mit der Prinzessin Dorothee Charlotte von Brandenburg-Kulmbach, die jedoch schon am 18. März 1712 am Nervenfieber starb. Am 11. November 1713 vermählte er sich aufs neue mit der Prinzessin Elisabeth Friederike Sophie von Öttingen. Am 24. März 1716 wurde dann der Erbe geboren, der den Namen Albrecht erhielt. Carl Ludwig ließ ihm eine gebührliche Ausbildung angedeihen mit einem Studium an der Universität Tübingen, wobei er im herzoglich-württembergischen Collegium illustre untergebracht war. Reisen nach Belgien, den Niederlanden und England folgten. Noch nicht 20 Jahre alt, vermählte er sich 1735 mit Christiane Luise Herzogin von Schleswig-Holstein-Plön. Doch nach neunjähriger kinderloser Ehe verunglückte er tödlich bei einem nächtlichen Ritt auf den Carlsberg; ein schwerer Schlag für den Vater, der den Sohn noch lange überlebte. Carl Ludwig starb im Alter von 80 Jahren am 5. Mai 1756 in Weikersheim nach über 50jähriger Regierungszeit. Mit seinem Tod stand im Schloß Weikersheim die Geschichte still. Zwei Jahre nach ihm starb auch seine Gemahlin, und die Herrschaft Weikersheim fiel an die Linie Hohenlohe-Neuenstein-Öhringen, was bedeutete, daß das Schloß nie mehr ständig bewohnt war und damit in dem Zustand auf die Nachwelt kam, wie es Carl Ludwig hinterlassen hatte. Als 1945 Prinz Constantin von Hohenlohe aus Böhmen nach Weikersheim kam, wurde das Schloß allmählich aus seinem Dornröschenschlaf erweckt. Der Prinz, selbst bildender Künstler und kunstsinniger Mann mit einem Gefühl für die Verpflichtung, die einer standesherrlichen Familie in den überkommenen Bauten und Kunstschätzen auferlegt ist, begann in rastloser Arbeit die Räume zu restaurieren und das Schloß neben der Werbung für erhöhte Besucherzahlen mit kulturellem Leben zu erfüllen.

Wer das Schloß in seinem Dornröschenschlaf kannte, wird sich bei aller Anerkennung für das Geleistete und in der Einsicht, daß dies zum Erhalt des Baues nötig ist, einer gewissen Wehmut nicht erwehren können.

Obwohl es Prinz Constantin gelungen war, durch kluge und sparsame Haushaltsführung aus den Einnahmen, die das Schloß durch Führungen und Veranstaltungen erbrachte, einen jährlichen Betrag für Restaurierungen zu erübrigen, empfand das fürstliche Haus Hohenlohe-Langenburg das Schloß als Last und entledigte sich des Stammschlosses des Gesamthauses nach dem Tode Constantins. Um die in Aussicht gestellte Verauktionierung des kostbaren Inventars zu verhindern, trat das Land Baden-Württemberg in seine kulturelle Verpflichtung ein, kaufte das Schloß um eine respektable Summe und unterstellte es der Obhut des württembergischen Landesmuseums, womit sein Fortbestand gesichert ist.

22 Schloß Kirchberg a. d. Jagst

Wenn man von dem Neubau des Schlosses Weikersheim in der Renaissancezeit und seinem Bauherrn, dem Grafen Wolfgang II., spricht, so kann man dies nicht tun, ohne auch einen Blick auf das Schloß Kirchberg an der Jagst zu werfen, das mit seinem Namen genauso eng verknüpft ist wie Weikersheim und das innerhalb der südwestdeutschen Renaissance-Architektur ebenfalls einen wichtigen Platz beanspruchen kann.

Auf einer von der Jagst umflossenen Bergzunge entstand in staufischer Zeit, gegen 1230, eine von den Herren von Kirchberg angelegte Burg. Diese waren verwandt mit denen von Sulz und von Hornberg, beide ebenfalls in der Nähe begütert. Bereits 1313 kam Kraft II. von Hohenlohe in den Lehensbesitz dieser Burg. Sein Enkel Kraft IV. erhielt von Kaiser Karl IV. 1373 die Erlaubnis, auf der Bergzunge im Anschluß an die Burg eine Stadt zu bauen. Das hohenlohische Herrschaftsgebiet hatte damit eine wichtige Erweiterung erfahren, denn aus dem Lehen war inzwischen Besitz geworden. Er wurde allerdings 1384 durch Ulrich von Hohenlohe an die drei Reichsstädte Rothenburg, Hall und Dinkelsbühl verpfändet und schließlich 1398 an sie verkauft. Die neuen Besitzer bauten die Burg festungsmäßig aus und errichteten die heute noch teilweise vorhandene Stadtbefestigung mit einer schildmauerartigen, von zwei Wachtürmen flankierten Mauer gegen den bergseitigen Graben, der vor dem Burggraben das Gesamtareal schützte.

Erst 1562, mehr als eineinhalb Jahrhunderte nach dem Verkauf, erwarb Johann Kasimir von Hohenlohe, der Stammvater der Neuensteiner Hauptlinie, das Amt Kirchberg samt Burg und Stadt zurück. Doch andere wichtigere Dinge standen im Vordergrund, so daß Kirchberg erst in den Kreis näheren Interesses rückte, als es 1590 an den Bruder des Grafen Wolfgang II., den Grafen Philipp, Generalleutnant in den Niederlanden, fiel. Da dieser sich infolge seines anderweitigen Engagements nicht um seinen Besitz kümmerte, befaßten sich Graf Wolfgang II. und seine Mutter, die Gräfinwitwe Anna geb. von Solms-Laubach, mit dem Ausbau des Schlosses. Es sollte einerseits ein festes Schloß in Verbindung mit der befestigten Stadt werden, andererseits ein würdiger Witwensitz für die Gräfinwitwe, der später dem Sohn und Bruder Philipp zur Residenz dienen konnte. Am 1. Juli 1590 bereits beginnen die Bauakten und damit die Arbeiten, zu einer Zeit, als die Planung für Weikersheim zwar erstellt, der dortige Bau aber noch nicht begonnen war. Eine Planung lag offenbar schon früher vor, denn 1583 war Kirchberg zunächst an Friedrich gefallen, der 1590 starb. Auch hier hatte der ältere Bruder Wolfgang die Hand im Spiel und ließ durch den Stuttgarter Baumeister Georg Stegle, der zwischen 1583 und 1586 mehrfach bei ihm in Langenburg weilte, eine Neuplanung ausarbeiten, die man — wenn man so will — als Vorübung für das 1588/89 ausgearbeitete große Projekt in Weikersheim betrachten kann.

Die mittelalterliche Burg, eine Ringmauerburg, die möglicherweise gegen den Berg eine Schildmauer hatte, muß bereits den heute vom inneren Schloß eingenommenen fast rechteckigen Platz umfaßt haben. Zwei Hauptgebäude lehnten sich vorne und hinten quer zum Hang an die Ringmauer an. Ob der Turm in der Südostecke des Hofes, also nahe der Schildmauer, ein Bergfried war, ist fraglich. Eher wird er ein Treppen- und Auslugturm gewesen sein, da Bergfriede zumeist in die Neuplanung der Renaissancezeit übernommen wurden (siehe Weikersheim, Neuenstein, Waldenburg, Morstein, Aschaffenburg u. a.). Die äußerste Bergspitze nahm die 1407 erbaute Bastion „Schindengaul“ ein und ein vor die Nordostecke vorgebauter Turm von 1504. Vor dem Halsgraben der Burg, zwischen diesem und der Stadt lag die „Schütt“, ein freier ummauerter Platz, der mit einem Tor und einem weiteren Graben zur Stadt abgeschlossen war. Einen solchen „Schütt" bezeichneten Platz zwischen Burg und Stadt gibt es auch anderwärts (siehe Mergentheim, Langenburg). Er muß eigentlich „Schied" heißen, denn hier wurden Gericht und Versammlungen abgehalten.

Der Neubau, den Graf Wolfgang II. mit Georg Stegle zusammen plante, hielt sich an die Grundfläche der inneren Burg mit ihrem leicht ins Trapezförmige verschobenen Rechteck und sah zwei quer zum Hang stehende Hauptbauten mit je drei Stockwerken, Satteldächern und großen, jeweils nach den Langseiten zeigenden Ziergiebeln vor. Verbunden waren sie durch schmale Galerieflügel, die zum Hof offene, hölzerne Verbindungsgänge mit gedrehten Säulen hatten. Bei gleicher Traufhöhe wie der vordere Querbau waren ihre Firste infolge der geringeren Breite wesentlich niedriger, so daß die beiden Hauptbauten mit ihren Giebeln dominierten. Gesteigert wurde dies noch dadurch, daß der talseitige Bau in seinem obersten Stock den großen Saal enthielt, durch große Fenster nach außen markiert, der mit seiner größeren Stockhöhe um fast ein Geschoß höher war, so daß der Saalbau die Gesamtanlage überragte. Der bergseitige Bau hatte über seiner Mitte, durch welche die Durchfahrt in den Hof führte, nach außen und innen einen kleineren Zwerchgiebel. Ebensolche Zwerchgiebel hatte auch der Saalbau. Die Ecken des bergseitigen Flügels waren verstärkt durch bastionsartige Vorbauten über spitz zulaufendem, trapezförmigem Grundriß, die in den breiten gefütterten Halsgraben vortraten. Sie waren gleichhoch wie der Flügelbau und trugen Zeltdächer.

So entstand zwar ein wehrhaftes Schloß, jedoch nicht die zunächst beabsichtigte Festung, vielmehr ein Schloßbau, der das Seinige zu den Bestrebungen der Renaissancearchitektur nach Regularität beitrug. Seine Giebel mit Gesims- und Lisenengliederung sind von S-Schwüngen gefaßt, gehören also nicht zu jener reich mit Roll- und Beschlagwerk arbeitenden Gruppe, wie sie Blasius Berwart d. Ä. vertrat. Im Hofe links der Einfahrt war ein Wendeltreppenturm, der den vorwiegend als Wohnbau dienenden bergseitigen Flügel erschloß. In der nordwestlichen Bastion befand sich die Küche und darüber bei der Wendeltreppe und der Galerie die Tafelstube. Im Erdgeschoß des Saalbaus war die Hofstube, und eine weitere kleine Wendeltreppe befand sich östlich am Saal bei der dortigen Galerie. Ausgeführt wurde der Neubau von den bei Graf Wolfgang II. in Weikersheim bestallten Handwerkern, dem Steinmetzmeister Servatius Körber aus Bonn, dem Maurermeister

84 Ehrenhof

Jakob Kauffmann aus Herzberg in Thüringen, auch dem Maurer und Felsenbrecher Kaspar Zeiher aus Schweinfurt, sowie dem Zimmermeister Lienhard Niebel aus Rimpar bei Würzburg. Die Bauleitung hatte zunächst Michael Herwart, „Steinmetz und Bürger zu Löwenstein". Nach einer Begutachtung des Bauwesens 1591 durch Stegle aus Stuttgart forderte Herwart höheren Lohn, vielleicht bestärkt durch ersteren. Dieser wurde ihm nicht gewährt, vielmehr übertrug der Graf die Bauleitung an Körber und Herwart, der als Steinmetzunternehmer am Bau weiterarbeitete und schließlich 1593 nach Löwenstein zurückging. Die Neuensteiner Räte, als Vertreter des abwesenden Grafen Philipp, beanstandeten Körbers Bauleitung, weil er sich „... mit jedermann ... gemein machet, als daß kein Ansehen bei ihm und der geringste Junge keine Furcht vor ihm hat ...". Trotz dieses Mißtrauens und entstandenen Rissen in der Talbastei, die sogar zum Einsturz eines Gewölbes führten, blieb er als Bauleiter im Amt, und 1597 wurde der Schloßbau fertig. Die Bastei und der alte Turm auf der Bergspitze sowie die vereinzelt auf der Schütt stehenden Gebäude blieben unverändert, nur der

Graben der Schütt gegen die Stadt wurde vertieft und ein neues, repräsentatives Tor erbaut.
Über die Ausstattung der Räume des Schlosses ist nur bekannt, daß die Decke des Saales von sechs Säulen mit geschnitzten Kapitellen getragen wurde. Ansonsten wird die Ausstattung verhältnismäßig einfach gewesen sein. Bereits seit 1594 wohnten im Südflügel die Gräfinwitwe Anna und ihre verwitwete Schwiegertochter, Witwe des Grafen Friedrich, Elisabeth Herzogin von Braunschweig-Lüneburg. Auch weiterhin wurde der Bau ähnlich verwendet. Von 1623 bis 1634 wohnte hier die Schwiegermutter des Grafen Philipp Ernst, eines Sohnes Wolfgangs, mit der Erziehung ihrer Enkel beschäftigt. Sie war eine verwitwete Gräfin von Solms. 1693 mußte eine wichtige Reparatur vorgenommen werden. Der Saalbau erhielt einen neuen Dachstuhl, da der alte auf die Außenwände geschoben hatte. Der neue war ein Hängewerk, wodurch die Säulen im Saal entfielen. Doch nochmals mußte 1682 eine Reparatur durchgeführt werden, bei der die beiden Zwerchgiebel entfielen. Bei dieser Gelegenheit erhielt der Saal die große kassettierte Decke mit Bildern aus dem höfischen und bürgerlichen Leben, die der Pfedelbacher Hofmaler Joachim Georg Creutzfelder ausführte.

Von 1650 bis 1675 wohnte der unverehelichte Graf Joachim Albrecht, der sich von Hohenlohe-Kirchberg nannte, im Schloß ohne etwas verändern zu lassen. Sein Erbe trat sein Bruder Heinrich Friedrich von Hohenlohe-Langenburg an, der den Saal erneuern ließ, jedoch nie ständig hier weilte. Zum zweiten Mal gab es eine eigene Kirchberger Linie seit 1701 mit dem Grafen Friedrich Eberhard. In seiner bis 1737 dauernden Regierungszeit ließ er, um mehr Raum zu gewinnen, den östlichen Galerieflügel zum Hof hin so verbreitern, daß er für nach außengehende Zimmer und einen hofseitigen Flur Raum bot. Er erhielt wiederum ein Satteldach. In ihm wurden die Staatszimmer mit reichen Stuck- und Schnitzarbeiten und eingelegten Fußböden eingerichtet. Eine Verbesserung im Sinne des Barock war damit allerdings nicht erreicht.

Erst Friedrich Eberhards Sohn, Graf Carl August, hatte Größeres im Sinne mit dem nahezu 150 Jahre alten, ehrwürdigen Bau. Er war 1725, mit 18 Jahren, von seinem Vater für einige Zeit zur Ausbildung nach Paris geschickt worden und hatte dort kennengelernt, was barocke Baukunst war. Um eine einheitliche, großzügige, gleichzeitig aber im Rahmen seiner finanziellen Möglichkeiten liegende Planung zu erhalten, wandte er sich an den mit dem Haus Hohenlohe verwandten Markgrafen Carl Wilhelm Friedrich von Brandenburg-Ansbach. Bei diesem stand seit 1730 Leopoldo Retti im Dienst als Baudirektor. Dieser in Ludwigsburg bei seinem Onkel Frisoni ausgebildet, war ein junger und moderner Architekt von großen Fähigkeiten. Er ließ zunächst von seinem Zimmermeister und Ingenieur Friedrich Koch eine genaue Bestandsaufnahme herstellen, und im März 1738 legte er seinen Plan vor. Mit Scharfblick und Treffsicherheit wußte er die auf der Bergzunge begrenzten Möglichkeiten meisterlich auszunutzen ohne sonderlichen Aufwand. Unter Belassung des Schlosses sollte aus der mit einigen zufälligen Gebäuden besetzten Schütt ein Ehrenhof werden mit zweigeschossigen, leicht nach rückwärts zusammenlaufenden Flügeln mit Mansarddächern, welche den Hof tiefer erscheinen ließen. Diese Divergenz der Flügel war durch das Gelände vorgegeben und wurde dadurch noch weiter gesteigert, daß die Verbindungsbauten von den neuen Flügeln zu den Eckpavillons des Südflügels entgegengesetzt auseinanderstrebten. Sie überbrückten auf Gewölben den Graben. Der Südflügel und seine Pavillons erhielten anstelle der Sattel- und Zeltdächer ebenfalls Mansarddächer, und statt des die Mitte des Südflügels markierenden Zwerchhauses entstand ein dreiachsiger Vollstock mit Fronton. Die Grabenbrücke ist von Schilderhäusern flankiert. So entstand von der Stadt her kommend für den Betrachter das Bild eines Ehrenhofschlosses von großer Weite, mit zweigeschossigen Avantcorps und dreigeschossigem Corps de Logis. Der Halsgraben ist optisch kaschiert, und das alte Hauptschloß tritt gar nicht in Erscheinung. Hier wird vor allem zur Gewinnung eines repräsentativen Treppenhauses auch der westliche Galerieflügel verbreitert. Beide Verbindungsflügel erhalten ebenfalls Mansarddächer, und dem Südflügel wird hofseitig eine Altane vorgelegt. Daß der innere Hof nunmehr fast schachtartig eng geworden ist, wird in Kauf genommen, da die Räume des Hauptschlosses fast durchweg an den Außenseiten liegen und der neue, großzügige Schauplatz jetzt der vordere Ehrenhof ist. Wohl einem Wunsche des Bauherrn folgend, mußte Retti in seinem Entwurf den Graben zwischen Schütt und Stadt belassen und den so großzügig konzipierten Ehrenhof mit einer einschwingenden Mauer und einem mittleren Torbau abschließen. Im Laufe der Ausführung entschloß sich dann der Graf, den Graben auffüllen zu lassen und die Flügel um eingeschossige Anbauten, ebenfalls mit Mansarddächern, zu verlängern. Auch das neue Wachthaus, das nun nicht mehr den festungsmäßigen Charakter des zuerst geplanten Torbaues hatte, rückte um die Grabenbreite vor. Es blieb allerdings in der Mitte, so daß der Hof nur beidseits des

Wachhauses betreten werden kann und nicht in der Mittelachse. Heute sind die abschließenden Mauern durch Gitter ersetzt, wodurch sich schon von der Stadt her optisch der Hof öffnet. Daß zunächst ein stärkerer Abschluß vorhanden war, hat wohl einmal den Grund, sich gegen die bürgerliche Stadt gebührend abzugrenzen, zum anderen aber ganz real auch denjenigen, daß damals noch nicht der heutige platzartige Freiraum vorhanden war und somit die jetzige optimale Wirkung gar nicht erzielt werden konnte.

1738 begannen die Bauarbeiten mit dem östlichen Flügel, dem Witwenbau, einem reinen Wohnflügel. Ab 1741 folgte der gegenüberliegende Marstallflügel, der oben ebenfalls Wohnräume enthielt. 1745 waren die Arbeiten, von einheimischen Handwerkern ausgeführt, vollendet. Die Mitten der beiden neuen Flügel wurden von Wandbrunnen mit darüber gebauten offenen Brunnenhallen markiert. Die Angleichung des Südflügels nahm man erst 1756 — nach den Plänen des damals bereits verstorbenen Retti — in Angriff. Da Leopoldo Retti ein Mann des beginnenden Klassizismus war, bediente er sich in seiner Architektur einer sparsamen, strengen Formensprache. Seine Fassaden gliederte er vorwiegend nur mit Gesimsen oder Gurten, mit genuteten Ecklisenen und einfachen Fensterrahmungen, sowie allenfalls flachaufgelegten Felderungen. Als Baumaterial verwendete er vorwiegend verputztes Mauerwerk und nur wenig Werkstein. Eine solche Ausführung kam dem knappen Budget eines kleinen Hofhaltes sehr entgegen, und wenn auch der Graf bei der Ausführung manches noch einfacher machen ließ, so kann man doch das Schloß Kirchberg als ein Werk bezeichnen, das voll im Sinne Rettis ausgeführt wurde, auch wenn er die Ausführung nicht selbst überwachen konnte und die Fertigstellung nicht mehr erlebte. Allerdings ist Rettis Konzeption ganz auf den Blick in den Ehrenhof abgestellt. Die Wirkung des Schlosses vom Jagsttal aus, in der Renaissancezeit die eines prächtigen Palastes auf dem Berge, ist zwangsläufig vernachlässigt und heute mehr die einer Kaserne als eines Residenzschlosses. Im Inneren ließ Carl August noch vielerlei Räume neu dekorieren, wobei ihm die für die Renaissancezeit fortschrittliche Raumeinteilung des Südflügels mit einem hofseitigen Flur sehr zugutekam. Außer einigen bemerkenswerten Einzelräumen kam aber hier keine großzügige Gesamtlösung zustande.

Das Bemühen des Grafen um einen Hofgarten stieß begreiflicherweise auf Schwierigkeiten, da ein hierfür geeignetes Areal nur weit entfernt vom Schloß auf dem breiter werdenden Bergrücken zwischen westlichem

85 Treppenhaus

Talhang und der östlich vor der Stadt entstandenen Vorstadt zur Verfügung stand. Ein reizvoller Orangeriebau, heute dem Verfall nahe, bildete den Bezugspunkt dieses Gartens.

Der Sohn und Regierungsnachfolger des 1767 verstorbenen Grafen Carl August, der Graf, spätere Fürst Christian Friedrich Carl, war ein aufgeklärter Monarch, der sich im Schloß um die Ausgestaltung intimer, klassizistischer Wohnräume kümmerte und versuchte, den Abhang nordwestlich des Schlosses im Sinne des englischen Gartens auszugestalten und damit einen Garten wenigstens einigermaßen in Verbindung mit dem Schloß zu haben. Im übrigen begnügte er sich mit der

Erhaltung des überkommenen Bestandes. Auch auf dem gegenüberliegenden Sophienberg ließ er englische Gartenanlagen schaffen.
Bis 1861 blieb Hohenlohe-Kirchberg eine selbständige Linie, ohne daß an Schloß und Gärten Nennenswertes geändert worden wäre. Danach führte es ein Schattendasein. Erst nach dem Zweiten Weltkrieg wurde es einem neuen Zweck zugeführt als Altenheim des Hilfswerks der Evangelischen Kirchen, dem das Schloß zunächst überlassen, dann verkauft wurde. Der neue Besitzer hat sich neben unvermeidlichen Veränderungen im Inneren sehr bemüht, das Äußere des Schlosses wieder entsprechend zur Geltung zu bringen, und man spürt noch etwas von dem, was Leopoldo Retti hier gestaltet hat. Daß das Haus Hohenlohe beim Verkauf sämtliche bewegliche Habe mitnahm und das meiste davon heute im Hohenlohe-Museum im Schloß Neuenstein der Allgemeinheit zugänglich ist, muß als selbstverständlich betrachtet werden; daß im großen Saal die Deckenbilder ausgebaut und die leeren Kassetten zurückgelassen wurden, obwohl der Saal als Ganzes auch bei der neuen Verwendung erhalten blieb, muß bedauert werden und wäre nach den heutigen gesetzlichen Möglichkeiten der Denkmalpflege nicht mehr denkbar.

23 Das Schloß Öhringen

Wenn man von Graf Wolfgang II. von Hohenlohe spricht und von seinen maßgebenden Impulsen, die er dem Schloßbau der Renaissance im Hohenlohischen verlieh, so darf man das Schloß in Öhringen nicht auslassen. Zwar wurde es erst nach seinem Tode errichtet, und er hatte somit keinen direkten Einfluß auf seine Planung, doch ist sein Geist in dem Bau zu spüren, der als Witwensitz für seine Gemahlin Magdalena geb. Gräfin von Nassau-Katzenelnbogen entstand. In 44jähriger harmonischer Ehe mit Wolfgang hatte sie von 1566 bis 1610 die ganze Entwicklung dieses bedeutenden Mannes miterlebt und an seinen Planungen und Bauten Anteil genommen. So erscheint die Wahl ihres Witwensitzes völlig konsequent.

Graf Wolfgang hatte in seinem Testament zwei Orte zur Wahl gestellt, Schrozberg und Öhringen. In Schrozberg gab es ein großes, aus allerhand heterogenen Teilen unregelmäßig zusammengesetztes Schloß. Selbst wenn man es entsprechend instandgesetzt hätte, so wäre Gräfin Magdalena in dem kleinen, abseits gelegenen Ort vom Lauf der Welt abgeschnitten gewesen, was der Gemahlin eines so weltoffenen Mannes kaum zuzumuten war. In Öhringen gab es zwar kein Schloß, doch war die Stadt so bedeutend, daß man, lebte man hier, nicht von der Welt und den kulturellen und politischen Ereignissen ausgeschlossen war. Außerdem hatte das Fehlen eines Schlosses den Vorzug, daß sich die Gräfin nicht mit einem zurechtgemachten Altbau zufriedengeben mußte, sondern einen Neubau in ihrem und des verstorbenen Grafen Sinne erstellen konnte.

Der Besitz Öhringen war für das Haus Hohenlohe von großer Bedeutung, und daß es bei der Landesteilung von 1551, bei welcher die beiden Hauptlinien Neuenstein und Waldenburg entstanden, an erstere fiel, war für diese ein großer Vorteil. Am Platz ehemals wichtiger römischer Kastelle und der römischen Siedlung Vicus Aurelianus entstanden Stift und Ort Öhringen, die 1037 erstmals urkundlich erwähnt werden. 1253 erhält das dem staufischen Kaiserhaus treu ergebene Haus Hohenlohe die Vogteirechte über das Stift und die kurz zuvor zur Stadt erhobene Siedlung Öhringen verliehen. Das Vogteirecht aber bedeutete die nahezu unumschränkte Gewalt über Stift und Stadt. Mit dem Niedergang des staufischen Hauses verstanden es die Hohenlohe, wie viele andere Territorialherren auch, aus dem Vogteirecht über die Stadt Eigentum zu machen. Die anderweitig engagierten Habsburger als Nachfolger der Staufer ließen dies wohl oder übel geschehen. Den Stiftsbesitz dem Hause Hohenlohe zuzuspielen, verhalf die Reformation. Man ließ zwar die noch vorhandenen Chorherren in ihren Pfründen, aber ab 1556 unterstand die Stiftsverwaltung der weltlichen Regierung. Damit war Hohenlohe in vollem Besitz von Stadt und Stift Öhringen. Somit gehörten auch die den Kern der Stadt um Stiftskirche und Marktplatz ausmachenden Curien, die Pfründhöfe der Stiftsherren der weltlichen Herrschaft.

Darin liegt der Schlüssel für den Bauplatz des in Öhringen neu zu errichtenden Schlosses. Die Söhne des Grafen Wolfgang II., Georg Friedrich, Kraft und Philipp Ernst, in Weikersheim, Neuenstein und Langenburg ansässig, beschlossen, zweifellos nach detaillierten Angaben ihrer Mutter, die südlich der Stiftskirche am Marktplatz gelegene Curie „Prope Scholastica" und das anschließende Schulhaus abzubrechen und an dieser zentralen Stelle den Witwenbau errichten zu lassen. Als Architekt wurde der Baumeister Georg Kern ausgewählt, ein Mann, der damals die Stelle des Burgvogts von Neuenstein innehatte und der 1583 als Sohn des Werkmeisters Michael Kern I (geboren um 1555) in Forchtenberg geboren war. Er gehörte zu einer Familie von Baumeistern, Steinmetzen und Bildhauern, die besonders in dem frühbarocken Bildhauer Leonhard Kern, einem Bruder des Georg, internationalen Ruf erlangte. Dieser Georg Kern war geschickt genug, die sicher sehr präzisen Vorstellungen der Gräfin Magdalena über einen würdigen und zeitgemäßen Witwensitz im Zentrum Öhringens in die Tat umzusetzen. Rückwirkend ist es nicht mehr möglich festzustellen, wer welche Gedanken beisteuerte. Jedenfalls entstand ein Bau, ganz im Sinne der Renaissancearchitektur, wie sie auch Wolfgang II. in Kirchberg, Weikersheim und andernorts zu verwirklichen versuchte.

Auf dem Gelände der abgebrochenen Bauten entstand ein einflüglig-rechteckiger Komplex, teils von der Stiftskirche verdeckt, teils frei vom Marktplatz her sichtbar, dessen Platzfront streng symmetrisch ausgebildet war. In drei Geschossen hatte er regelmäßig angeordnete gekuppelte Fenster. Die Mitte war betont durch das große rundbogige Einfahrtstor, während an den Enden über je zwei Fensterachsen große Volutengiebel mit reichem Roll- und Beschlagwerk, sowie Obelisken aufstiegen, wie sie für die Erbauungszeit 1611–1614 typisch sind.

Diese Betonung der Flügelenden ist nicht nur flächig gesehen, sondern sie erfolgt, wie etwa in Weikersheim, räumlich dadurch, daß das Ostende des Baues nach Norden zur Kirche, nach Osten und nach Süden solche Giebel hat, also vollplastisch gesehen wird. Am Westende entspricht dem nördlich zum Marktplatz gerichteten Giebel ein solcher nach Süden. Daß er nach Westen fehlt, rührt daher, daß das Schloß Mauer an Mauer an die noch bestehende „Curia prope Ossarium" anschloß. So entsteht ein imposanter Bau, der einen ganz wichtigen Akzent im Öhringer Stadtgefüge des beginnenden 17. Jahrhunderts setzt.

Nach Süden, gegen Stadtmauer und Ohrn zu, wo sich über dem Niveau der Stadtmauer ein hochgelegener Hof ergab, war die Symmetrie dadurch ein wenig gestört, daß der halb vor die Front vortretende achteckige Treppenturm neben die Mitteldurchfahrt aus der Achse verschoben werden mußte. Der gegen die Ohrn, die Stadtmauer und die Südseite zu gelegene Hof wurde durch gewölbte Substruktionen in eine gehörige Größe gebracht. Auch verstand es Georg Kern, den zwei Stockwerke tiefen Abstand zur Stadtmauer hinab durch ein Bauwerk zu überwinden, das Wirtschafts-, Bedienten- und Gästeräume enthielt. Seine nach der Fertigstellung des Baues 1614 sorgfältig aufgezeichneten, im Hohenlohe-Archiv noch vorhandenen Bestandspläne geben genauen Aufschluß über die Raumeinteilung des Baues. Das Erdgeschoß war teils von der Durchfahrt her, teils vom Hofe aus zugänglich und enthielt in seinem an die „Curia prope Ossarium" anschließenden westlichen Teil die Bäckerei mit Nebenräumen und der Wohnung des Bäckers. Bis zur Durchfahrt folgte die große „Unnder Hoff Stube", der Speise- und Aufenthaltsraum des gehobenen Gefolges, der mit den oberen Stockwerken durch eine kleine, versteckt angeordnete Wendeltreppe verbunden war. Jenseits der Durchfahrt kam die „Gering Hoff Stub" samt einem Vorraum. Beide Hofstuben hatten große Kachelöfen und ein „Heimblich Gemach" (Abort). Am Ostende des Baues folgte, nur vom Hof her zugänglich, die große Küche samt zwei respektablen Speisekammern. Der Hauptteil der Küche mit dem großen Herd war vor den einflügeligen Bau in den Hof vorgeschoben und hatte über sich den großen Schlot. Eine Wendeltreppe in der Ecke führte in einen kleinen Gewölbekeller darunter, und im Hof vor der Küche war der Brunnen.

Vor der östlichen Schmalseite des Baues war ein Gärtlein mit sich kreuzenden Wegen angelegt mit einem Brunnen in der Wegekreuzung und einem hölzernen Gartenhaus. Unter dem ganzen Bau befand sich ein großer Keller, der entstand, nachdem sich die drei Brüder geeinigt hatten, die vorhandenen Keller der alten Gebäude nicht zu verwenden. Er ist vom Hof zugänglich, wo der Kellerhals durch den Treppenturm nach unten führt. Außerdem hat er unter dem Küchenkeller hindurch einen Ausgang zum unteren Niveau bei der Stadtmauer und der Ohrn. Hier ließen sich reiche Weinernten unterbringen.

Die oberen Stockwerke erreichte man über den „Groß Schneckhen", die große Wendeltreppe. Sie führte im ersten Stock auf einen Flur, von dem einerseits der „Ball Saal" zu erreichen war, der die ganze Tiefe des Baues einnahm, an jeder Seite drei Fenster hatte, dessen Decke von zwei Säulen getragen war und in dem die kleine Wendeltreppe von der Hofstube her mündete. Hinter dem Saal, am Westende des Baues und damit etwas abgelegen, befanden sich noch eine Stube, zwei Kammern und ein „heimliches Gemach", also ein Logis für mehrere Personen. Von dem genannten Gang nach Osten wurden zwei Stuben mit zugeordneten Kammern und „heimlichen Gemächern" erschlossen. Hier hat man zweifellos die Wohnung der Gräfinwitwe Magdalena und ihrer engsten Begleiterinnen zu sehen. Bemerkenswert ist, daß die wichtig-

87 Renaissance-Giebel gegen den Marktplatz

sten Räume sich nach Süden, zum Hof hin orientieren, und nicht nach Norden, gegen den städtebaulich wichtigeren Marktplatz.

Entsprechend ist auch das zweite Obergeschoß eingeteilt. Wieder gelangt man von der großen Wendeltreppe auf einen Stichflur, der zu einem langen Gang an der Platzseite führt. Von dessen westlichem Ende betrat man die „Große Fraun Zimmer Stuben", die je ein Fenster zum Platz und zum Hof hatte. Hinter ihr am gleichen Flügelende lagen eine Stube und drei Kammern mit „heimlichen Gemächern", auch von der kleinen Wendeltreppe zugänglich, also ein Logis für mehrere Hofdamen, da in einer Kammer meist nicht nur eine Person schlief. Zwei weitere große Kammern folgen nach Osten bis zum Stichgang. Am Ostende des Flügels folgt — entsprechend dem darunter befindlichen Quartier der Gräfin — nochmals ein anspruchsvolleres Logis mit zwei Stuben und zwei Kammern.

Neben der reichlichen Ausstattung des Baues mit „heimlichen Gemächern", mit Aborten also, fällt auf, daß Kern in seinen Plänen in den

Kammern „Nachtsteine“ vermerkt. Das sind kleine Wandnischen, die im heutigen Bau nicht mehr vorhanden, anderweitig aber nachweisbar sind. Diese mit einem kleinen Holzladen verschließbaren Wandnischen sind aus einem Stein gearbeitet, und in ihnen stand das Nachtlicht, eine kleine Öllampe. Durch Öffnen des Ladens war die Kammer minimal erhellt, und es bestand wegen des Monolithes keine Feuersgefahr. So konnte derjenige, der bei Nacht das „heimliche Gemach“ aufsuchen mußte, sich zurechtfinden und seine Kerze am Nachtlicht entzünden. Bei Tag wurden die Öllampe gelöscht und der Laden geschlossen.

So zeichnet sich aus dem Baubestand und den Plänen des Georg Kern ein Hofhalt ab, der zwischen biederer Behäbigkeit und weltoffener Aufgeschlossenheit angesiedelt ist. Jedenfalls verstand es die Gräfinwitwe Magdalena, in ihrem 1616 bezogenen Witwensitz in Öhringen — einem modernen Neubau — würdigen Hof zu halten. 17 Jahre dauerte die Idylle, bis die Gräfin am 16. Mai 1633 — 23 Jahre nach ihrem Gemahl — starb.

Damit war die erste Glanzzeit des Schlosses beendet. Es stand zeitweilig leer, und schließlich brachte der seit längerem währende 30jährige Krieg eine neue Verwendung. Durch Kriegsereignisse obdachlos gewordene Untertanen wurden in den leerstehenden Bau eingewiesen. Er soll dadurch sehr gelitten haben.

Durch eine Teilung im Jahr 1677 wurde das Schloß Öhringen dem Grafen Johann Friedrich I. von Hohenlohe-Neuenstein-Öhringen als Residenz zugeteilt. Der ganz speziell auf die Bedürfnisse eines Witwensitzes aus dem Anfang des 17. Jahrhunderts zugeschnittene Bau war für die Bedürfnisse einer Residenz des frühen Barock, wie er sich nach langer, durch den 30jährigen Krieg bedingten Pause hierzulande abzeichnete, nicht geeignet und auch zu klein. Als Erweiterungsmöglichkeit boten sich die nach Westen und Süden an das Schloß anschließende „Curia prope Ossarium“ (beim Beinhaus) und weitere Curiengebäude an. So entstand 1681–1683 der sogenannte Südflügel, ein Bauteil, der im fast rechten Winkel dem bestehenden Bau im Westen angefügt ist, seine Platzfront um eine Gebäudebreite verlängert und nach Süden zur Ohrn hin bis zum Ende des Hofes vorstößt. Sowohl sein unregelmäßiger Grundriß als auch die nicht zum Oberbau passenden Kellerteile zeigen, daß hier sehr viel mehr Altbestand verwendet wurde als beim Neubau von 1611.

Für den Erweiterungsbau gewann der Graf den Baumeister Paul Platz aus Belfort, der seit 1672 in würzburgischen und schwarzenbergischen

Diensten war und der ab 1679 für den Grafen Siegfried von Hohenlohe in Weikersheim arbeitete. Parallel zu seiner Weikersheimer Arbeit, die 1684 mit dem Tode Siegfrieds endete, plante und baute er in Öhringen.

Die Aufgabe war nicht leicht, da ein in sich geschlossener Bau an einer Stelle zu erweitern war, wo eigentlich von der gegebenen Disposition her gar keine Erweiterungsmöglichkeit bestand. Georg Kern hatte seinen Witwenbau so geplant, daß er sich nach Westen gegen die bestehenden Gebäude abschloß. Paul Platz sollte gerade dort erweitern. Im Außenbau löste er seine Aufgabe recht geschickt. Gegen den Marktplatz wurde die Schloßfront so verlängert, daß der westliche Giebel abgebrochen und über der Erweiterung wieder errichtet werden konnte. Dadurch war die Mitteldurchfahrt zwar aus der Mitte verschoben, doch war die Platzfront weiterhin so dominierend, daß dies nicht groß auffiel. Unter dem auf der Verbreiterung wieder errichteten Giebel ordnete Platz drei statt bisher zwei Achsen gekuppelter Fenster an. Um die Symmetrie einigermaßen wieder herzustellen, brach er unter dem Ostgiebel ebenfalls Mittelfenster ein. Im Erdgeschoß, wo die Einteilung der gewölbten Räume dies verbot, ordnete er ein Blendfenster an. Den westlichen Südgiebel des alten Witwenbaues verwendete er dazu, ihn auf dem Südende des neuen Flügels wieder zu errichten. Damit war aus dem einflüglig-regelmäßigen Renaissancebau ein nicht mehr ganz regulärer Winkelhakenbau geworden.

Im Erdgeschoß enthielt der neue Flügel einen den ganzen Bau einnehmenden Marstall, der vom Marktplatz her durch ein markantes, gequadertes Tor mit dem Allianzwappen des Grafen Johann Friedrich I. und seiner Gemahlin Luise Amöne von Schleswig-Holstein zu betreten war. So notwendig diese Maßnahme für die Residenz insgesamt gewesen sein mag, so ungünstig war sie für die oberen Geschosse. Diese konnten mangels eines Zuganges von unten nur als Appendix an die bestehende alte Disposition angehängt werden. Lediglich eine Wendeltreppe vom 1. zum 2. Obergeschoß läßt sich noch für diese Zeit in Anspruch nehmen. Ansonsten ist die Raumeinteilung nicht bekannt. Bei gleicher Traufhöhe wie der Witwenbau hat das 2. Obergeschoß etwas größere Stockhöhe als der 1. Stock, so daß es denkbar ist, daß hier — ganz altertümlicher Gepflogenheit folgend — ein Saal angeordnet war, wofür auch die Lage der Wendeltreppe an der Westwand spricht. Im Äußeren glich Paul Platz seinen Neubau völlig dem Bestand an, und im Inneren konnte er kaum große Dispositionsideen verwirklichen, so daß man sagen muß, die Erweiterung des Schlosses war zwar dem Volumen nach recht beträchtlich, brachte jedoch sicher keine Verbesserung im Sinne des beginnenden Barock. An dieser schwierigen, räumlich beengten Gesamtsituation krankten auch alle weiteren zur Verbesserung des Schlosses vorgenommenen Baumaßnahmen.

Johann Friedrich I. war am 31. Juli 1617 kurz vor dem Beginn des 30jährigen Krieges geboren. Sein Vater Graf Kraft starb 1641, als er 24 Jahre alt war, so daß er neben seiner Mutter Vormundschaftspflichten für die jüngeren Geschwister zu übernehmen hatte. 1639 war er zeitweilig von Kroaten gefangengehalten worden. 1659 wurde er nach der Thronbesteigung Kaiser Leopolds I. dessen Kommissär und nahm an dessen Statt die Huldigungen der Reichsstädte Wetzlar und Gelnhausen entgegen. Damals lebte er vorwiegend in Ohrdruff bei Gotha, der Hauptstadt der Grafschaft Gleichen, welche der Neuensteiner Linie gehörte. Erst 1665, schon 48 Jahre alt, verlobte er sich mit Luise Amöne Herzogin von Schleswig-Holstein-Nordburg, die bei ihrem Onkel, dem Herzog Christian Ludwig von Braunschweig-Lüneburg, erzogen wurde. Am 28. August 1665 fand im Schloß in Neuenstein die Hochzeit statt. Obwohl die Braut des 48jährigen erst 22 Jahre alt war, starb sie, gerade 42jährig, schon 1685, zwei Jahre nach Vollendung des Erweiterungsbaues in Öhringen, während ihr Gemahl das hohe Alter von 85 Jahren erreichte und am 17. Oktober 1702 in Öhringen starb. Da sowohl er als auch seine zahlreichen Brüder keine Erben hinterließen, fiel Öhringen dann an die Hauptlinie Neuenstein zurück, und ab 1708 nahm der 1683 geborene Graf Johann Friedrich II. hier seine Residenz.

Für ihn mußte die 25 Jahre früher schon unbefriedigende Erweiterung des Schlosses noch unbefriedigender gewesen sein, weswegen er 1714/15 versuchte, den Bau den neuen Bedürfnissen einer barocken Hofhaltung anzupassen. Um den offensichtlichen Mangel einer brauchbaren Verbindung des Renaissance-Witwenbaues mit dem Marstallbau von 1681–1683 untereinander zu beheben, ließ er dem alten Bau an der Hofseite Korridore vorlegen. Im Erdgeschoß als Arkaden mit flachen Bögen ausgebildet, ist das Bauprojekt mit geschlossenen Gängen im 1. und 2. Obergeschoß ganz in verputztem Holzfachwerk ausgeführt. Durch diese vorgelegten Korridore verloren die Räume an der zum Hof gelegenen Südseite des alten Baues ihr direktes Licht und wurden damit zu Diensträumen nach dem Muster modernster französischer Dispositionskunst. Zu Haupträumen wurden nunmehr die Zimmer gegen den

Marktplatz. Hier wurden offensichtlich gewisse Veränderungen vorgenommen, indem der dort in beiden Geschossen befindliche Gang der Renaissancezeit aufgelassen wurde und man dafür Zimmer anordnete. Erhalten blieb der Ballsaal. Er wurde lediglich neu dekoriert, wie bei jüngsten Arbeiten im Schloß nachgewiesen werden konnte. Seine Decke wurde im Sinne des Wessobrunner frühbarocken Stuckes unter Beibehaltung der durch Säulen und Unterzüge vorgegebenen Felderung neu stukkiert, und der Verputz des Sockels erhielt eine Bemalung mit Akanthusranken.

Welche Veränderungen im neueren Marstallbau vorgenommen wurden, ist nicht mehr feststellbar. Der ganze Bau erhielt anstelle des seitherigen Satteldaches ein Mansarddach unter Beibehaltung der Renaissance-Volutengiebel. Dadurch entstand ein großes zusätzliches Stockwerk mit reichlichen, an einem Mittelflur angeordneten Räumen für das Gefolge. Gegen den Marktplatz hin ist noch ein kleiner Raum mit einer Stuckdecke mit den typischen Formen des frühen 18. Jahrhunderts, mit Akanthus, Guirlanden und ohrmuschelartigen Formen erhalten. Der Architekt dieses Umbaues ist bis dato nicht bekannt.

Die für die Gräfinwitwe Magdalena angenehme, zentrale Lage des Schlosses am Marktplatz gegenüber der Stiftskirche und innerhalb der Stadtmauer war für einen barocken Monarchen insoweit hinderlich, als ein auch noch so nach besten Kräften modernisiertes Schloß keinen Bezug zu einem Garten oder zur Landschaft gewinnen konnte. Zwar wurde ab 1717 südlich von Ohrn und Stadtmauer ein Garten angelegt, zu dem aber das Schloß, vor allem nachdem seine Hauptorientierung nunmehr zum Marktplatz ging, keine brauchbare Beziehung hatte. Auch gelangte man nur über eine kleine Brücke unten an der Stadtmauer in diesen Garten.

Johann Friedrich II. suchte zunächst insoweit einen Ausgleich, als er 1736 in Cappel, wenig östlich von Öhringen gelegen, den dortigen mit Landwirtschaft, Schäferei und Brauerei ausgestatteten Besitz um einen Lustgarten mit Orangeriegebäude bereichern ließ. Georg Peter Schillinger (1698–1774), der Hofzimmer- und -baumeister, lieferte den Entwurf.

Doch schon 1743, also nach sieben Jahren, wurde anläßlich einer Erweiterung des Hofgartens nach Süden dort eine Baugruppe ungefähr in der Achse des Schlosses als Point de Vue errichtet. Der Architekt war wiederum Georg Peter Schillinger. Das Zentrum bildete ein Lusthaus mit betonter Mitte, zwei vorspringenden, pavillonartigen Treppenbau-

ten, Erdgeschoß, Mezzanin und hohem Obergeschoß. Alle Geschosse sind durch eine Kolossalordnung aus genuteten Lisenen zusammengefaßt. Das Mansarddach war durch Gauben belebt. Nach Schillingers erhaltenem Entwurf war die dreiachsige Mitte in der Dachzone durch einen geschweiften Aufbau markiert. Ebenso hatte nach überlieferten Abbildungen die Rückseite eine entsprechende Markierung ihrer Mitte. Entwurf und Ausführung decken sich in allen wesentlichen Teilen. Nach Schillingers Planung sollte der Bau im Erdgeschoß nach Süden eine Orangerie, allerdings ohne die großflächige Verglasung, wie sie in Cappel ausgeführt war, enthalten, nach Norden einige Zimmer und eine kleine Küche. Das hohe Obergeschoß enthielt zweifellos einen Saal, wogegen das Mezzanin Dienstr äumen vorbehalten war. Eine offensichtlich um 1770 anzusetzende Veränderung machte den Saal im Obergeschoß zu einem kleinen Theater, wogegen im Erdgeschoß ein Saal mit zwei Seitenräumen entstand, der das Mezzanin mit einbezog und über den Seitenräumen Zuschaueremporen hatte. Er war wohl der Rahmen für Gartenfeste.
Beidseits dieses Lusthauses entstanden zwei Orangerie- und Gärtnerhäuser mit großer, schrägliegender Verglasung nach Süden. Sie sind zweigeschossig mit Mansarddächern. Damit war am Ende des erweiterten Hofgartens auf leichter Anhöhe eine Schaufront von großem Reiz und ein geschickt genutztes Gartenensemble entstanden.

Am Rande sei erwähnt, daß es etwa eine Wegstunde entfernt nördlich von Öhringen noch das Jagdschloß Friedrichsruhe gab, das einst mit zahlreichen Nebengebäuden und mit dem längst verschwundenen Schlößchen Carolinenlust eine respektable Anlage bildete. Seine Baugeschichte harrt noch der Bearbeitung.

Ab 1770 ist Öhringen die Residenz des Fürsten Ludwig Friedrich Karl. Nachdem die letzten Veränderungen reichlich ein halbes Jahrhundert zurücklagen, sah auch er die Notwendigkeit, solche vornehmen zu lassen. Eine für nötig befundene abermalige Vergrößerung des Schlosses wurde dadurch bewerkstelligt, daß ein weiteres, nach Westen an das Schloß angrenzendes ehemaliges Stiftsgebäude abgebrochen wurde. Der auf diesem Gelände ab 1770 entstehende sogenannte Remisenbau, benannt nach den Remisen im Erdgeschoß, versucht nicht, die durch Paul Platz im Sinne Kerns erweiterte Marktplatzfront zu vergrößern, sondern reiht sich neben das bestehende Schloß, als sei er ein zufällig angefügtes Bürgerhaus. Nur der aufmerksame Beobachter sieht, daß die Geschosse durchgehen. Zwangsläufig bringt diese dezente Erweiterung

88 Illusionistische Wandmalerei von Johann Jacob Schillinger um 1782

damit keine wesentliche Veränderung des Gesamtgefüges, sondern nur einige recht ungünstig angehängte Räume mehr. In seinem äußeren Habitus ist der Remisenbau mit seiner vornehmen Zurückhaltung dem Klassizismus verpflichtet und damit für seine Zeit modern. In seinem Inneren enthält er im zweiten Obergeschoß die Bibliothek in ganz vorzüglicher Rokokoausstattung; ein Raum, der damals schon hoffnungslos unmodern war. Ein Zusammenhang mit den drei ebenso qualitätvollen, gleichzeitigen Rokokozimmern im Schloß Weikersheim ist kaum von der Hand zu weisen.

Neben der 1775 erfolgten Vollendung des Remisenbaues tat Fürst Ludwig Friedrich Karl einen wesentlichen Schritt zur Verbesserung des Schlosses. Er ließ in diesem Jahr dem Marstallflügel an der Hofseite die große, beidseits mit zwei Läufen aufsteigende Freitreppe vorlegen, wodurch dieser Flügel und sein Erweiterungsbau endlich eine eigene repräsentative Erschließung erfuhren.

1782 gelang es Fürst Ludwig Friedrich Karl, die Herrschaft Öhringen durch Zukauf wesentlich zu erweitern. Als Folge wird auch wieder im Schloß gearbeitet. Der 1753 in Schwäbisch Hall geborene Architekt und Ingenieur Johann Wilhelm Glenck, Baurat und Salinendirektor, wird nun der Baumeister des Fürsten. Selber mehr Techniker als Architekt, wußte er sich doch guter Künstler zu bedienen, so etwa des Sohnes des Hofbaumeisters Georg Peter Schillinger, des 1750 in Öhringen geborenen Johann Jacob Schillinger, eines begabten Malers, Schüler des Stuttgarter Theatermalers Scotti und des Hofmalers und Lehrers an der Hohen Carlsschule in Stuttgart Nicolas Duibal. Er konnte im Anschluß an diese Ausbildung auf Kosten des Fürsten drei Jahre in Italien, vorwiegend in Mailand, studieren.

Ab 1782 wurde der seitherige Saal im alten Witwenbau in zwei Salons mit sehr qualitätvoller Louis-Seize-Ausstattung aufgeteilt. Im zweiten Stock entstand — eine frühere einfachere Ausstattung überdeckend — das sogenannte Landschaftszimmer mit gemalten Bespannungen, gegliedert durch eine gemalte Pilasterordnung. Sie zeigen gekonnt gemalte romantische Landschaften mit antiken Ruinen und Staffagefiguren. Es handelt sich um die fast einzigen erhaltenen Bilder Schillingers, und sie verraten die Schülerschaft bei Guibal und manche Verwandtschaft mit Harper, der ebenfalls Guibalschüler war.

Als ab 1812 Fürst August hier residierte, wurde die längst fällige bessere Verbindung zwischen Schloß und Hofgarten dadurch gewonnen, daß vom Schloßhof eine Treppenbrücke über die Ohrn hinunter geschlagen wurde. Unter diesem Fürsten erfuhr auch das Schloß seine letzte Erweiterung, indem ein an den Remisenbau anstoßendes ehemaliges Stiftsgebäude abgebrochen und 1812/13 durch einen streng klassizistischen Bau ersetzt wurde, der sich — wie schon der Remisenbau — als Einzelhaus gibt und nur durch die zusammenhängende Geschoßhöhe die Zugehörigkeit zum Schloß verrät. Er enthielt die Wohnung des Erbprinzen. So wird das Schloß zunehmend verbürgerlicht, eine Erscheinung, die wohl einzigartig sein dürfte.

Nochmals finden 1847 Bauarbeiten statt. Der alte, in den Hof vorgeschobene Küchenbau wird durch einen neuen ersetzt und der bis dahin mit der welschen Renaissancehaube bedeckte Treppenturm erhöht und flach mit einem Belvedere abgedeckt. Auch werden die Hofarkaden mit genuteten Bogen verkleidet. Schließlich erfährt die Raumflucht gegen den Marktplatz 1860 eine letzte Verbesserung. Anstelle mehrerer kleinerer Räume entsteht durch Höherlegen der Decke wieder ein Saal, der sogenannte „Blaue Saal", mit einer heute wieder akzeptierten Dekoration der Gründerzeit, einer Mischung aus italienischer Renaissance und frühem Barock. In der Flucht folgen die beiden Louis-Seize-Salons, als Speise- und Empfangszimmer benutzt. Weiter nach Westen, entlang dem Marktplatz, folgte das Blaue Zimmer, ein Raum mit zart gemalten, delikaten Empireornamenten an der Decke und einer blauen Papiertapete. Er hatte gegen den Flur hin eine Bogenstellung, die zu kleinen, intimen Kabinetten führte. Das folgende Teezimmer mit apsisartiger Nische im Hintergrund war maurisch dekoriert, allerdings ohne plastische Ausführung, nur mit Tapete und Malerei. So befanden sich an der recht düsteren Raumflucht nach Norden gegen den Marktplatz die Paradezimmer, während die freundlicheren Räume im Südflügel dem Wohnen dienten.

Nachdem der 1816 geborene Fürst Hugo von Hohenlohe-Neuenstein-Ingelfingen-Öhringen seit dem 15. Februar 1853 die Würde eines Herzogs von Ujest erworben hatte, wohnte die Familie den größten Teil des Jahres über auf den dazugehörigen Besitzungen bei Oppeln in Oberschlesien. Für das Schloß Öhringen bedeutete dies ein Dornröschendasein. Nur zu gelegentlichen kurzen Besuchen kam der Fürst nach hier. Erst mit dem Ende des Zweiten Weltkrieges übersiedelte die Familie notgedrungen wieder nach Öhringen, in ein Schloß allerdings, das durch die Zeit bereits gezaust worden war.

So blieb auch dem Schloß Öhringen, wie vielen anderen Schloßbauten, der Abstieg nicht erspart. Schließlich sah sich das Haus Hohenlohe-Öhringen zum Verkauf gezwungen. Erfreulicherweise erwarb die Stadt Öhringen Schloß, Hofgarten und Gartenbauten, und nach fast zehnjähriger, mehr provisorischer Nutzung erfolgt seit Ende 1975 eine durchgreifende Erneuerung mit dem Ziel, die gesamte in jüngster Zeit stark gewachsene Stadtverwaltung in dem zentral gelegenen Schloß unterzubringen. Begreiflicherweise ist dies nicht ohne einige Eingriffe in die ohnehin nicht sehr glückliche Einteilung möglich, doch können andererseits die wichtigen erhalten gebliebenen Repräsentationsräume so restauriert und integriert werden, daß sie selbstverständlicher und benutzbarer Bestand des „Neuen Schloß-Rathauses" sind. War die zentrale Lage am Marktplatz der Erbauerin, der Gräfinwitwe Magdalena, ein willkommener Vorteil, der barocken Residenz aber ein spürbarer Nachteil, so ist sie jetzt geradezu der Schlüssel für eine sinnvolle und langfristige Rettung des Schlosses vor dem Verfall, ja überhaupt die Möglichkeit, den neben der Stiftskirche das Stadtbild beherrschenden Bau in das Leben der Stadt einzugliedern.

24 Schloß Langenburg

Der kunstgeschichtlichen Forschung ist zwar seit langem bekannt, daß das Ziel der Renaissancearchitekten die Erreichung regelmäßig gestalteter Baukörper war und daß sie nicht nur danach strebten, die Bauformen, die Säulenordnungen, Bogenarchitekturen und Ornamente der römischen Antike entsprechend wieder zu verwenden, sondern vor allem den Bauten sowohl im Grundriß als auch im Aufriß, d. h. als vollplastisch gestaltete Baukörper eine möglichste Regelmäßigkeit zu verleihen. Dies wird für die italienische Renaissancearchitektur allenthalben unumschränkt anerkannt. Aus der besonders in Deutschland stark ausgeprägten romantischen Auffassung des 19. Jahrhunderts heraus sah und schätzte man in der deutschen Renaissance vorwiegend das Romantisch-Malerische, also diejenigen Bauwerke, die nicht den Idealen der Renaissancearchitektur nachstrebten, sondern die Merkmale zeigten, welche den Romantikern als Inbegriff „teutscher Baukunst“ vorkamen. Eine ganz hervorragende Rolle spielte hier das Schloß Heidelberg, das den Gefühlen der Romantik noch insoweit entgegenkam, als sein malerischer Eindruck dadurch erhöht wurde, daß es eine Ruine war. Zu Zeiten, als es noch intakt war, bildete es für die Zeitgenossen alles andere als das Idealbild eines Renaissanceschlosses, was mehrere Gründe hatte. Einmal ermöglichte die Lage am Berg nur begrenzt eine entsprechende Regularität, zum anderen entstammen die verschiedenen Bauteile unterschiedlichen Zeiten. Es handelt sich also nicht um eine einheitliche Anlage und darüber hinaus spielte der Wehrcharakter eine große Rolle. Trotzdem sollte bei aller romantischer Betrachtung nicht übersehen werden, daß die Architekten des Ottheinrichbaues oder des Friedrichsbaues wenigstens in diesen Einzelteilen durchaus den Idealgedanken der Renaissance nachstrebten.

Damit sei nur allgemein eine Einstellung umrissen, die bis zum heutigen Tage noch nicht völlig verschwunden ist und die ganz wesentlich dazu beigetragen hat, daß nicht nur unter den Schlössern des Hauses Hohenlohe, sondern allgemein unter den Schlössern des nordöstlichen Württemberg das Schloß Langenburg eine ganz besonders wichtige Stelle einnimmt. Mehrere Dinge spielen hier zusammen: So ist es einmal die dominierende Lage auf einem Bergsporn hoch über dem Jagsttal, besonders von Bächlingen aus imposant anzusehen, wie das Schloß auf der Bergspitze aufsteigt und sich in dem auf dem Bergrücken hinziehenden Städtchen fortsetzt. Zum anderen ist es die Mischung aus wehrhafter, burgartiger Anlage und einem prächtigen Schloß, die den Fremden immer wieder anzieht. In dieser aus Teilen verschiedener Zeiten zusammengesetzten Anlage in landschaftlich dominierender Position verwirklicht sich das, was sich durch die geschilderte romantische Auffassung des 19. Jahrhunderts als Idealbild eines deutschen Renaissanceschlosses herausgebildet hat. Für den Bauforscher, sei es, daß er den mittelalterlichen Wehrbau bearbeitet, sei es, daß er den Renaissanceschlössern nachgeht, hat Langenburg verhältnismäßig wenig zu bieten. Hier sind ganz andere Anlagen von Interesse. Was das Mittelalter betrifft, so sind es Bauwerke, die ihre mittelalterliche Form weitgehend bewahrt haben; was die Renaissance anlangt, sind es Anlagen, in denen die Ideale der Renaissancearchitektur in sehr viel stärkerem Maße verwirklicht worden sind. Es sei hier nur an Weikersheim, Kirchberg, Pfedelbach oder Neuenstein erinnert. Wie hartnäckig sich diese romantische, malerische Auffassung eines deutschen Renaissanceschlosses hält, zeigt u. a. die Beliebtheit des Schlosses Neuenstein seit es Bodo Ebhardt in dieser Richtung umgestaltet hat.

Doch nicht nur diese Publikumswirksamkeit des Schlosses Langenburg ist der Grund, es hier zu besprechen, sondern die Tatsache, daß es dennoch ein wichtiger Bau in der Kette der hohenlohischen Schloßanlagen ist. So wie etwa Waldenburg und Neuenstein ist es eine Anlage, welche in der Blütezeit des deutschen Reiches unter den Stauferkaisern entstand. Im Jahr 1201 wird erstmals ein Waltherus von Langenberc als Besitzer dieser Burg benannt, was besagt, daß die Burg im 12. Jahrhundert, eben in der genannten Blütezeit entstanden sein muß. In ihrer Lage ähnelt sie Waldenburg, indem sie eine Abschnittsburg ist, die durch Gräben getrennt auf der äußersten Spitze einer von der Jagst in einer Schleife umflossenen Bergzunge liegt. Die auf dem weiteren Bergrücken anschließende, ebenfalls befestigte und durch einen Graben vom Hauptberg abgetrennte Siedlung war schon 1226 Stadt, muß also in unmittelbarem Anschluß an die Burg entstanden sein. 1235 kommt Gottfried von Hohenlohe in den Besitz von Burg und Stadt Langenburg, nachdem schon vorher verwandtschaftliche Beziehungen zu den Herren von Langenburg bestanden hatten, deren Name danach verschwindet, was ihr Aussterben bedeutet. Sowohl Burg wie Stadt Langenburg scheinen von Anbeginn an eine verhältnismäßig große Bedeutung gehabt zu haben, denn das heute noch durch zwei Gräben vom Berg getrennte Areal der Burg ist sehr groß. Danach folgt, wie das anderwärts ebenfalls üblich war, ein verhältnismäßig großer freier Raum, an seinen Bergflanken selbstverständlich ummauert, welcher benötigt wurde als Vorfeld zur Verteidigung der Burg und schließlich folgt dann die ebenfalls langgezogene Stadt, die ihrerseits durch einen Quergraben vom anschließenden Gelände getrennt ist, eine Anlage, die auf dem Merian'schen Stich sehr eindrucksvoll dargestellt ist und diese Dreigliederung sehr deutlich zeigt.

Da die Burg Langenburg seit der staufischen Zeit ununterbrochen im Besitz des Hauses Hohenlohe war und von diesem auch bewohnt wurde, erfuhr sie so viele Umgestaltungen, Erweiterungen und Veränderungen bis hinein in das 19. Jahrhundert, daß es dem Bauforscher selbst bei größter Akribie heute nicht mehr möglich ist, die Baugeschichte präzise zu erforschen, vielmehr kann man vor allem für die mittelalterliche Geschichte nur ungefähre Anhaltspunkte feststellen. So ist bekannt, daß 1226 bereits Langenburg „castrum et oppidum" genannt wird, was bedeutet, daß damals Burg und Stadt bereits vorhanden waren. Schon 1234 wird diese aus dem 12. Jahrhundert stammende Burg zerstört, aber ab 1235 bereits wieder aufgebaut. Die Annahme, bei der 1234 zerstörten Burg habe es sich um die auf der äußersten westlichen Bergspitze vorhandenen Teile des heutigen Schlosses gehandelt, welche in der sogenannten Bastion „Lindenstamm" enthalten sind und diese sei durch einen eigenen Halsgraben vom Berg getrennt gewesen, ist sicher falsch, denn wie vorhin gesagt, bestanden bereits 1226 Burg und Stadt Langenburg. Jeder vergrößerte Wiederaufbau der Burg hätte eine Verschiebung des Stadtareals nach Osten, zum Berg hin bedeutet, was außerhalb der Realität liegt. Vielmehr gibt es eine Reihe von Hinweisen, daß Abschnittsburgen des 12. und 13. Jahrhunderts gar nicht auf die äußerste, meist bereits wieder abfallende Spitze einer Bergzunge vorgeschoben waren, sondern weiter bergwärts lagen und dieses durch die Burg wiederum gedeckte, etwas tiefer gelegene, durch den Abhang geschützte Gelände für vorübergehende Zeltstädte eines Gefolges hochgestellter Gäste oder für die zeitweilige Unterbringung von Truppen verwendet wurde. Man wird also als einigermaßen sicher annehmen dürfen, daß bereits die älteste Burganlage in Langenburg etwa den Platz einnahm, den heute noch die östlich gegen die beiden Gräben und gegen die Stadt zu gelegenen Teile des Schlosses als die Hauptteile des Baukomplexes markieren.

Es ist demnach sicher richtig, anzunehmen, daß aus dem seit 1235 erfolgten Wiederaufbau der Burg Langenburg eine Anlage hervorging, welche in ihrem Umfang dem heutigen Schloßkomplex entsprach. Die Erweiterung allerdings wird — so jedenfalls scheint es mir wahrscheinlicher — nicht bergwärts erfolgt sein, sondern zur Bergspitze hin. Jedenfalls entstand damit ein sehr respektabler, etwa rechteckiger Burgkomplex. Da Gottfried von Hohenlohe und sein Bruder Conrad von Kaiser Friedrich II. für besonders treue Dienste mit den Grafschaften Molise und Romagna belehnt worden waren und das Recht hatten, diese Titel zu führen, so darf man annehmen, daß sie Italien und die dort unter den Stauferkaisern, besonders aber unter Friedrich II. entstandenen Bauten mindestens teilweise gekannt haben. Dies ist zweifellos auch die in wirtschaftlicher und gestalterischer Hinsicht gültige Erklärung dafür, daß verhältnismäßig früh in Langenburg eine so große Burganlage entstand, in der unverkennbar Bestrebungen zu regulärer Gestaltung gesehen werden dürfen. Eine Rechteckanlage mit Vierecktürmen, an die süditalienischen Stauferkastelle gemahnend, wird man allerdings nicht annehmen dürfen, selbst wenn die Betrachtung des Grundrisses des Schlosses dazu verführen könnte. Die vier runden Ecktürme sind in ihrer Lage, ihrer

Struktur und ihrer Anbindung an die Gesamtanlage zu unterschiedlich, als daß eine einheitliche Entstehung angenommen werden könnte. Allerdings muß auch die Annahme als falsch bezeichnet werden, der Archivturm und der Hutzelturm seien die bergseitigen Flankierungstürme der Uranlage gewesen. Sie weisen gerade die größten Unterschiede untereinander auf. Betrachtet man die gleichzeitig mit Langenburg, in der ersten Hälfte des 13. Jahrhunderts, also in der Ära Friedrichs II. von Hohenstaufen in unserem südwestdeutschen Raum entstandenen Burganlagen, so findet man nirgends einen Bau, der die bei den italienischen Stauferkastellen mehrfach nachweisbaren runden Ecktürme verwendete, vielmehr handelt es sich durchweg um sogenannte Ringmauerburgen, d. h. Burgen, deren Areal mehr oder weniger regelmäßig, womöglich so regelmäßig wie es das Gelände erlaubt, umschlossen ist. Allenfalls ist ein Bergfried, d. h. ein starker Turm entweder in den Bering einbezogen oder nahe der Ringmauer an der Angriffsseite plaziert. Auch gibt es sogenannte Schildmauern gegen die Angriffsseite. Der Grundriß des Schlosses Langenburg legt die Vermutung nahe, daß die beim Wiederaufbau ab 1235 entstandene Burganlage ein großes, nahezu regelmäßiges Rechteck innerhalb einer Ringmauer gewesen sei, dessen Bergseite möglicherweise durch eine Schildmauer gesichert war. Gewisse Hinweise in den Substruktionen der heutigen Anlage lassen diese Vermutung als wahrscheinlich erscheinen. Mit einiger Sicherheit führte der Zugang vom Berg her kommend links, d. h. südlich an der Schildmauer vorbei und mündete an der Südseite in einem Tor in den Burghof. Damit wäre die Gepflogenheit innerhalb des Burgenbaues beachtet gewesen, daß der Ankömmling stets seine rechte ungedeckte Seite der Burg zukehrte. Dem heutigen Bestand nach zu schließen, war der große rechteckige Burghof an drei Seiten nämlich nach Osten gegen die Stadt, nach Norden und nach Westen mit Gebäuden besetzt, wogegen die Mauer an der Eingangsseite nach Süden allenfalls Wehrgänge enthielt.

Wann die Rundtürme entstanden, bleibt dem Bauforscher vorläufig ein Rätsel. Vom Grundriß und von der Anordnung her scheinen die beiden Türme gegen die Bergseite, der südöstliche sogenannte Kapellenturm, der Bettenturm nach Nordosten und der Hutzelturm nach Nordwesten verwandt zu sein. Sie zeigen in ihren unteren Teilen eine nahezu gleiche Anordnung der Schießscharten. Auch liegen sie außerhalb des vorhin genannten Rechtecks, durch dieses nur mit Zungenmauern verbunden. Für die staufische Zeit wären sie, wie vorhin dargelegt, äußerst ungewöhnlich. Für die einzige in der Epoche des Mittelalters noch einiger-

90 *Hof mit Galerien und großem Treppenturm*

maßen durch Daten nachweisbare Bauphase in den 90er Jahren des 15. Jahrhunderts, also ganz am Ende des Mittelalters, sind sie ebenfalls unwahrscheinlich, da es sich in dieser Phase um Geschütztürme handelte. Die Konstruktion aber der unteren Geschosse der Türme weist durch fehlende Gewölbe sowie eine entsprechend starke Plattform und entsprechende Schießluken nicht darauf hin, daß hier Geschütze plaziert worden wären oder werden sollten. Strategisch ist dies ebenfalls völlig unwahrscheinlich. An der der Stadt zugewandten östlichen Bergseite Geschütze zu plazieren, wäre verhältnismäßig sinnlos gewesen, da das vorhandene Vorfeld, die Schied oder Schütt, für das Schußfeld für Kanonen viel zu kurz war und man sicher nicht beabsichtigte, in die Stadt hineinzuschießen. Über die vorgelagerte Stadt hinweg aber gegen einen außerhalb der Stadt gelagerten Angreifer mit einiger Sicherheit zu feuern, war bei der damaligen Konstruktion der Geschütze völlig unmöglich. Desgleichen erbringt auch der nordwestliche Hutzelturm keine Anzeichen in dieser Hinsicht. Der vierte Turm schließlich an der Südwestecke, der sogenannte Archivturm, unterscheidet sich in Konstruktion, Höhe und Einbindung in die Anlage völlig von den anderen. Er ist tatsächlich in die dortige Mauerecke integriert, was allerdings auch nachträglich geschehen sein kann. Wie die anderen ergibt auch er keinerlei Hinweise auf die Aufstellung von Geschützen. Überhaupt ist vom Strategischen her gesehen die Anordnung der beiden westlichen Türme, des Hutzel- und des Archivturmes verhältnismäßig sinnlos, da von dort und vom Tal herauf ein Angriff ernstlich kaum zu erwarten war. Wenn ein Bauteil für die Aufstellung von Geschützen errichtet worden ist, so war es die Bastion Lindenstamm ganz auf der Westspitze der Burganlage, vor den beiden eben genannten Türmen gegen das Tal vorgeschoben. Sie besitzt den erforderlichen starken, massiv gewölbten Unterbau, um schweres Geschütz zu tragen und ergibt auch strategisch einen Sinn dadurch, daß von hier, von der Bergspitze aus die gegenüberliegenden Höhenzüge nördlich und südlich über der Jagst, welche sich für die Aufstellung feindlicher Batterien anboten, zu bestreichen waren.

So wird mangels archivalischer Quellen der größere Teil der mittelalterlichen Baugeschichte des Schlosses Langenburg auch weiterhin im Dunkeln bleiben. Wir können lediglich feststellen, daß diese Epoche des Burgenbaues hier ein beachtliches und großes Beispiel hinterlassen hat, auch wenn es uns nicht möglich ist, es in allen Teilen zu deuten und zu erklären. Als einigermaßen sicher kann lediglich noch festgestellt werden, daß in der vorhin erwähnten letzten Bauphase zu Ende des 15. Jahrhunderts an der Südseite vor die dortige Ringmauer ein Torbau vorgeschoben wurde. Muß die Möglichkeit einer Schildmauer gegen die Bergseite mit einiger Wahrscheinlichkeit offengelassen werden, so ist die Existenz eines Bergfriedes mit Sicherheit auszuschließen. Die Entstehung eines nördlich vom Bettenturm vorgelegten bastionsartigen Vorwerkes, sowie des zweiten Halsgrabens zwischen Burg und Stadt, wird man wohl ebenfalls in diese letzte späte Ausbauphase der Burg verlegen dürfen. Ob die Bastion Lindenstamm ebenfalls in diese Bauperiode gehört, oder ob sie gar noch später anzusetzen ist, sei hier offengelassen.

Entscheidendes geschah für das Schloß Langenburg erst wieder, als der schon mehrfach erwähnte Graf Wolfgang II. von Hohenlohe, der den Renaissanceschloßbau im hohenlohischen Gebiet entscheidend beeinflußte, das Schloß erhielt und von 1575—1587 dort wohnte. Unmittelbar nach Bezug der im späten Mittelalter ausgebauten Burg ließ Graf Wolfgang eine Planung zur Umgestaltung dieser Burg in ein Renaissanceschloß erstellen. Er wählte dazu den kurmainzischen Baumeister Georg Robin. Soweit den bisher ausgewerteten Bauakten zu entnehmen ist, hat dieser auch einen umfassenden Modernisierungsplan ausgearbeitet, der durch den zu ihm nach Mainz entsandten Schreiner und nachmaligen Baumeister Thomas Fendrich in ein Modell umgesetzt wurde, welches dann nach Langenburg verbracht worden ist, leider aber nicht überliefert wurde. Längere Zeit später, 1583—1586, ist mehrfach Georg Stegle, der beim Schloß Weikersheim genannte planende Baumeister aus Stuttgart in Langenburg nachweisbar. Auch er muß zu den Planungen für Langenburg einiges beigesteuert haben, wobei sein Anteil nicht genau nachweisbar ist. Im Wesentlichen scheint in diesen Jahren jedoch in Langenburg die Planung für Weikersheim wenigstens in groben Zügen entstanden zu sein. Sicher ist jedenfalls und durch neueste Forschungen nachgewiesen, daß all die Planungen, die Wolfgang II. zwischen 1575 und 1587 für das Schloß Langenburg erstellen ließ, durch ihn nicht verwirklicht worden sind. Nach seinem Wegzug nach Weikersheim beschäftigten ihn neben dem großen Neubauprojekt für Weikersheim selbst die weiteren Projekte für Kirchberg, Hermersberg und viele andere Dinge. Langenburg verblieb in dem im späten Mittelalter entstandenen Zustand. Daß Graf Wolfgang neben all diesen Projekten Langenburg, das ihm weiterhin gehörte, trotzdem nicht vergessen hatte, beweisen die Stukkaturarbeiten sowohl im Bettenturm als auch im nach Süden vorgeschobenen Torbau, die von dem Gipser Schuhmacher von Atzenrodt bei Langenburg, dem Stukkateur Christoph Limmerich aus Neuenstein und dem Bildhauer Ger-

91 *Renaissance-Stuckdecke im Torbau*

hard Schmidt aus Rothenburg im Braunschweigischen ausgeführt wurden. Dies alles sind Kunsthandwerker und Künstler, welche am Schloßbau in Weikersheim tätig waren und die in den Jahren vor und nach 1600 neben ihren Weikersheimer Arbeiten auch in Langenburg, Hermersberg und Neuenstein arbeiteten.

Das wohl von Robin erarbeitete, von Fendrich in ein Modell umgesetzte und möglicherweise von Stegle modifizierte Projekt für die Modernisierung der Burg Langenburg im Sinne der Renaissance wurde erst wenige Jahre nach dem Tode des Grafen Wolfgang von 1610—1616 in die Wirklichkeit umgesetzt, als das Schloß im Erbgang dessen Sohn, dem Grafen Philipp Ernst, als Residenz zufiel. Man wird annehmen dürfen, da Philipp Ernst zu Kriegsdiensten in den Niederlanden engagiert war, daß hier wie andernorts die Gräfinwitwe Magdalena die wesentliche Rolle bei der Umsetzung dieser Pläne in die Wirklichkeit spielte. Die Verwandlung der spätmittelalterlichen Burg in ein Renaissanceschloß geschah demnach nach den inzwischen reichlich 30 Jahre alt gewordenen Plänen des Georg Robin, die möglicherweise später von Stegle aus Stuttgart modifiziert wurden. Wie Taddey durch neueste Forschungen nachweisen konnte, war der planende und ausführende Baumeister nicht, wie Grünenwald annimmt, der als Burgvogt in Neuenstein bestallte Baumeister Georg Kern aus Neuenstein, der in der gleichen Zeit das Schloß Öhringen erbaut hat, sondern diese ältere, vorhandene Planung wurde offensichtlich durch örtliche Handwerker, zweifellos unter Aufsicht der Gräfinwitwe in die Wirklichkeit umgesetzt. Das Ziel war, wie bei aller anderen Bautätigkeit der Renaissance nicht nur im Gebiet der Grafschaft Hohenlohe, zu erreichen, daß unter möglichst weitgehender Verwendung mittelalterlicher Bauteile ein Bauwerk entstand, das nicht etwa wie eingangs geschildert, den Vorstellungen der Romantik durch unregelmäßig malerische Gruppierungen entsprach, sondern das nach Maßgabe des Möglichen die Ideale der Renaissance nach regulärer Baugestaltung erfüllte. So entstanden neben den Treppentürmen in der Nordwestecke des Hofes, an der Langseite des Nordflügels, am Ostflügel der als Luginsland hochgeführte Treppenturm auch die umlaufenden Steingalerien mit ihren durchbrochenen nach Art des Beschlagwerks ornamentierten Brüstungen. Außerdem versuchte man, den Bau durch eine Reihe von möglichst regelmäßig angeordneten Giebeln in der Dachzone zu gliedern. Die Abbildungen bei Merian und anderen zeigen, daß in dieser Richtung inzwischen bereits wieder einiges verschwunden ist. Am Beispiel des Schlosses Weikersheim wurde gezeigt, daß die Ornamentik solcher Ziergiebel, einmal von einem Steinmetzen entworfen und entwickelt, beliebig übertragbar war. So ist es auch nicht verwunderlich, daß in Langenburg die dort noch erhaltenen Giebel, genauso wie die inzwischen verschwundenen, jene Ornamentik zeigen, die der Vater Kerns bereits in Forchtenberg, dem Geburtsort der Familie, verwendet hatte und die auch in Öhringen vorzufinden sind. Eine direkte Autorschaft Kerns in Langenburg daraus abzuleiten, ist keine zwingende Notwendigkeit, da solche Formen durch Modellzeichnungen überliefert wurden. So viel jedenfalls ist sicher, daß in den Jahren 1610—1616 für den Grafen Philipp Ernst, den Sohn Wolfgangs II., die Burg Langenburg nach wesentlich älteren Plänen und wohl als letztes der hohenlohischen Schlösser zu einer Renaissanceresidenz ausgebaut wurde. Der heutige Baubestand zeigt, daß auch damals nicht alles vom Geplanten verwirklicht wurde. Die von Schickhardt in seinen Aufzeichnungen für das Jahr 1612 belegte Tätigkeit in Langenburg scheint recht unbedeutend gewesen zu sein, wie überhaupt die überragende Bedeutung Schickhardts gegenüber seinen Zeitgenossen oder seinen Generationsvorgängern vorwiegend darin zu beruhen scheint, daß er genau und pedantisch über jede noch so geringe Tätigkeit Buch führte, weswegen sein Werk als Immens dasteht gegenüber dem, was von seinen Zeitgenossen und Generationsvorgängern überliefert ist. An Genialität scheint ihn manch anderer wesentlich übertroffen zu haben.

Für den sehr weitläufigen, aber recht wenig kommoden Komplex des Schlosses Langenburg ergibt sich nur noch eine nennenswerte Bauperiode, welche versuchte, dem vorhandenen Bestand wenigstens an seiner Hauptschauseite gegen den Ort zu ein zeitgemäßes Aussehen zu verleihen. Schon 1720/21 machte der Baumeister Johann Wolfgang Feuchtmeyer, damals für den Deutschorden in Mergentheim tätig, Vorschläge für einen Umbau des Ostflügels. Geschehen ist damals nichts. 1754 fertigte dann der Baumeister Wölfling, von Pfedelbach und Bartenstein her bekannt, ebenfalls einen Entwurf für die Modernisierung dieser Hauptschauseite. Die Ausführung erfolgte erst 1756 durch Christoph Schwarzwimmer, einen Polier, wobei nicht bekannt ist, welche Entwürfe dieser seiner Ausführung zugrunde legte. Auch der Hofzimmermann Koch aus Ansbach, ein enger Mitarbeiter des Leopoldo Retti, hatte zuvor einen Entwurf gefertigt und das Ergebnis fügt sich sehr wohl in den Umkreis Rettis ein, zu dem nicht nur Koch, sondern auch Wölfling zu rechnen sind. Die Ostfassade zeigt einen vornehm zurückhaltenden, mit einfachstem architektonischem Apparat arbeitenden Klassizismus der frühen Ausprägung. Sehr geschickt sind die vorhandenen überkommenen Baumassen verarbeitet. Für das Innere sind die Verbesserungen gering. Über einem starken Unterbau, dem möglichen Rest der früheren Schildmauer, wurde die Ostfront um ca. 3,5 m vorgezogen und neben einem neuen vom Erdgeschoß zum Hauptgeschoß führenden, repräsentativen Treppenhaus entstanden drei mit einer Enfilade verbundene Räume an dieser Hauptfront, ein sehr bescheidenes Ergebnis. Ansonsten verblieb die Einteilung der Räume im Sinne der Renaissance, im wesentlichen von den Galerien aus zugänglich. Mit einiger Sicherheit gehört dieser spätbarocken Bauphase auch die Galerie entlang der Südseite des Schloßhofes im zweiten Obergeschoß an. Über mächtigen, in Quadertechnik gemauerten Arkadenbögen zeigt das erste Obergeschoß eine Galerie mit Steinsäulen und entsprechender steinerner Beschlagwerkbrüstung. Darüber im zweiten Obergeschoß folgt mit korinthischer Ordnung eine Galerie in Holzausführung,

92 *Portal und Deckenfries im Bettenturm*

die sich zwar dem vorhandenen Bestand anpaßt, ihrem ganzen Duktus nach aber erst eben in jener Zeit entstanden sein dürfte.

Wenn man Hermann Heuss glauben darf, so entstand in eben jener Ausbauphase des späten Barock auf dem Massiv zwischen dem inneren und äußeren Graben eine eingeschossige Baugruppe von sehr reizvollen Wachhäusern, welche allerdings längst wieder verschwunden ist. Des weiteren wurde entlang der Schütt am Südhang gegen Bächlingen zu eine Orangerie mit Gewächshäusern und einem geometrischen Barockgarten angelegt. Mehr hat das 18. Jahrhundert in Langenburg nicht ins Werk zu setzen verstanden und auch das 19. Jahrhundert hat außer unbedeutenden Veränderungen und Vergrößerungen nichts bewerkstelligt.

Für Schloß und Stadt Langenburg sind demnach zwei Phasen im wesentlichen prägend. Einmal ist es die Entstehungszeit im 12. und 13. Jahrhundert, wo eine für diese Zeit erstaunlich große Burg und eine ebenso erstaunlich große Stadt entstand. Daß ein solches bedeutendes Gebilde im Laufe des Mittelalters mehrere weitere Ausbaustufen erfuhr, ist wohl nicht verwunderlich. Wesentlich ist schließlich noch die Ausbauphase in der Zeit der Renaissance. Auch wenn sie noch kurz vor dem 30jährigen Krieg Pläne verwirklichte, welche sehr viel weiter zurücklagen. Aus diesen vielerlei verschiedenen und merkwürdigen Bedingungen entstand das heute so beliebte und bekannte Schloß Langenburg, das nach wie vor in Verbindung mit der Stadt und ihrem an dem dortigen Halsgraben stehenden Torbau noch heute einigermaßen das Bild repräsentiert, das Merian um 1640 gezeichnet hatte.

Zu vermerken ist noch, daß der nördlich die Schütt begrenzende, in der Renaissancezeit entstandene lange zweigeschossige Marstall- und Wirtschaftsbau heute ein durch den Fürsten von Hohelohe-Langenburg eingerichtetes, bedeutendes Automobilmuseum beherbergt.

Schließlich ereilte das Schloß nach einer gerade der Vollendung entgegengehenden Renovierung das Unglück, daß in der Nacht vom 24. zum 25. 1. 1963 im Ostflügel, wohl wegen eines schadhaften Schornsteins ein Brand ausbrach, der den Ost- und den Nordflügel, sowie den Oberteil des Bettenturmes stark zerstörte. Zwar ist nicht der Verlust wertvoller alter Dekorationen zu beklagen, doch verbrannte eine große Zahl kostbaren Mobiliars. Durch den sofort in Angriff genommenen Wiederaufbau sieht der Besucher heute nichts mehr von diesem bedauerlichen Ereignis.

25 Schloß Ludwigsruhe

Wenn man von Schloß und Stadt Langenburg spricht, so sollte man das Schlößchen Ludwigsruhe nicht vergessen, obwohl — oder gerade weil — es fast niemand mehr kennt. Früher lag es an der von Langenburg über die Hochfläche nach Blaufelden zur Kaiserstraße führenden Poststraße. Da die heutige Landstraße in weitem Abstand daran vorbeiführt, nimmt niemand mehr Notiz von ihm.

Wenige Kilometer von Langenburg weg befand sich hier schon lange der Hof Lindenbrunn, der zunächst Privatbesitz war, dann zur Hälfte dem Hause Hohenlohe gehörte und 1577 vollends von Graf Wolfgang II. erworben wurde, welcher von 1575—87 seinen Wohnsitz in Lauenburg

hatte. Er baute den Hof stark aus. In weitem Rechteck entstanden Wohn- und Ökonomiegebäude, an denen noch heute trotz vieler Veränderungen und starkem Verfall zahlreiche Details der Renaissancezeit zu erkennen sind. In der Mitte des großen Hofes waren die Linde und der Brunnen, nach denen der Hof seinen Namen hatte und noch vor wenigen Jahren markierte ein aus Holzfachwerk errichteter Pavillon mit Resten barocker Ausmalung in seinem Inneren die Stelle dieses Brunnens. Heute ist er verschwunden. Unmittelbar an den Hof anschließend ließ Graf Wolfgang II. ein Tiergehege anlegen, das schon 1588 als vorhanden erwähnt wird. Noch 1847 enthielt das etwa 30 ha große Areal, von einer seit 1750 errichteten Mauer umgeben 70 Stück Damwild. Heute zerfallen die letzten Reste der Mauer.
Graf Christian Albrecht Ludwig von Hohenlohe Neuenstein-Langenburg (reg. 1715—65) ließ sich 1736 durch den markgräflich-ansbachischen Hofbaumeister und Baudirektor Leopoldo Retti einen bis in die Dekorationsdetails durchgearbeiteten Entwurf für den „Lindenbrunner Bau" fertigen, ein Schlößchen oder Palais, das — wohl an der Stelle eines anderen Baues — mit einer Schmalseite zur Poststraße gewendet errichtet werden sollte, so daß seine Eingangsfront zum Hof zeigte und die Hauptfront zu einem sich längs der Straße erstreckenden Garten. Diese Risse sind noch erhalten und wurden, da sie nicht beschriftet sind, 1930 von Fritz Scholl als „Unbekanntes Schloßprojekt" publiziert und beschrieben.
Sie zeigen einen zweigeschossigen Bau mit Mansarddach, ingesamt neun Achsen lang und vier tief. Sein Äußeres ist mit einem, gemessen an Rettis seitherigen Bauten recht reichen architektonischen Apparat gegliedert, welcher unmittelbar auf die acht Jahre später entstandenen Entwürfe zum Neuen Schloß in Stuttgart hinweist. An den Ecken wird der Bau von genuteten Lisenen gefaßt. Seine Stockwerke sind durch Gebälke getrennt, welche auch um die Ecken laufen und damit die Wagrechte stark herausheben. Zwischen den Fenstern sind flache Felder aufgelegt. Im Erdgeschoß haben die schlanken Fenster niedere Brüstungen und Segmentenschluß mit Zieragraffen, die des Obergeschosses sind als Fenstertüren ausgebildet mit geradem Sturz und ebensolchen Agraffen. Den dreiachsigen Mittelrisalit der Hofseite betont Retti, wie später in Stuttgart durch engagierte Säulen im Erdgeschoß, welche in toskanischer Ordnung einen schmalen Balkon tragen und die Rundbogentüren fassen. Das Obergeschoß hat eine ionische Pilasterordnung und die dreiachsige Attika ist korinthisch gegliedert. An der Gartenseite sollte der Risalit ohne Säulen und Balkon im halben Sechseck vortreten.

Bei der vorzüglich konzipierten inneren Disposition fühlt man sich an die allerdings wesentlich späteren Bauten von Bönnigheim, dem Seehaus oder Assumstadt erinnert, was für die großen Qualitäten des Leopoldo Retti spricht. Ein säulengegliedertes Vestibule mit geschickt seitlich angeordneter Treppe führt zur Sala terrena, die mit von außen beschicktem Buffet auch als Speisesaal dient. Auf der einen Seite sind in gewölbten Räumen Küche und Hauswirtschaft, sowie Abort untergebracht, auf der anderen Seite befindet sich das Appartement der Gräfin mit Schlafzimmer, Bibliothek, Kabinett und Diensträumen. Eine Nebentreppe stellt die Verbindung zum darüberliegenden gleichen Appartement des Grafen her, das wie in Bönnigheim ein bei der Treppe gelegenes zusätzliches Arbeits- und Audienzzimmer hat. Von der Haupttreppe erreicht man den „Grand Salon", auf dessen anderer Seite sich noch ein vornehmes Gästeappartement befindet.

94 Wappen an der Gartenseite

Der engere Dienst fand in der Mansarde Platz und ansonsten war der Hof Linderbrunn groß genug für alle weiteren Bedürfnisse des Landaufenthaltes Serenissimi.
Aus dem Schnitt der erhaltenen Originalrisse ist ersichtlich, daß die Ausstattung des kleinen Baues sehr reich konzipiert war. Im Treppenhaus stieg man von ionischer Ordnung im Erdgeschoß zu korinthischer im Obergeschoß auf. Der Garten- und Speisesaal hatte eine einfache Wandfelderung, wogegen der „Grand Salon" durch reichste Rokokodekoration mit eingefügten Spiegeln und einer in der Attika umlaufenden Galerie mit reichem Schmiedegeländer besonders hervorgehoben war.
Nach der 1736 vorliegenden Planung wurde das Schlößchen Lindenbrunn 1736—43 alsbald erbaut, allerdings wesentlich bescheidener, als es der Entwurf vorsah, doch so, daß man mit Recht annehmen darf, die Vereinfachungen seien nicht von irgend einem ausführenden Werkmeister vorgenommen worden, wie dies wohl in Kirchberg um die gleiche Zeit der Fall gewesen sein wird, sondern von Retti selbst. Der Bau, wenn auch etwas biederer, ländlicher und mehr im Geist von Dennenlohe und anderen kurz zuvor ausgeführten Bauten Rettis zeigt bei aller Reduktion gegenüber dem Entwurf noch so gute Qualität, daß diese Annahme sicher richtig ist.
Verschwunden sind der vortretende Saal an der Gartenseite, die Säulen- und Pilasterarchitektur am Eingang vom Hofe her und die tiefgezogenen Fenster; verschwunden auch die Pracht der inneren Ausstattung. Geblieben ist trotz aller Verfallserscheinungen einer leider mehr als mangelhaften Substanzerhaltung der letzten Jahrzehnte eine in allen Teilen abgewogene und wohlproportionierte Maison de Plaisance, wie sie in weitem Umkreis nicht gefunden wird.
Erst im Jahre 1761 wurde dem Schlößchen Lindenbrunn anläßlich des Geburtstages seines Erbauers, des Grafen Christian Albrecht Ludwig in feierlich-festlicher Zeremonie der Name „Ludwigsruhe" beigelegt.

26 Schloß Bartenstein

In einer ähnlichen Spornlage, wie sie in Kirchberg oder Langenburg zu beobachten war, liegt das Schloß Bartenstein auf einer von der Ette umflossenen Bergzunge. Der verhältnismäßig unbedeutende Bach dieses Namens fließt weiter zur Jagst. Auf diesem Bergsporn entstand genauso wie in Langenburg oder Waldenburg in staufischer Zeit eine Burg. Im Jahr 1247 werden erstmals Herren oder Ritter von Bartenstein erwähnt, die auf dieser Burg saßen, damals aber bereits hohenlohische Vasallen gewesen sind. Diese Herren von Bartenstein waren Verwandte derer von Bartenau, die in Künzelsau ansässig waren, und derer von Stetten ob Kocherstetten in der Nähe von Künzelsau, die alle die Barten (Streitbeile) im Wappen führen. Bis 1345 sind die Herren von Bartenstein dort nachweisbar. Im Jahr 1383 wird auf Burg Bartenstein ein Hans von Seldeneck genannt, der die Burg von den Hohenlohe zu Lehen besaß. Die Burg Bartenstein hatte ihre Bedeutung darin, daß sie in der Nähe der Kaiserstraße lag, welche von Tauberbischofsheim und Mergentheim kommend gen Süden nach Crailsheim zog und sich dort verzweigte nach Ansbach, Ellwangen und Schwäbisch Hall. Sie scheint jedoch nicht von so großer Bedeutung gewesen zu sein, daß sie das Haus Hohenlohe selbst in Besitz hatte. Nach denen von Seldeneck erscheint ab 1432 ein Conrad von Rosenberg als Lehensträger, und später sind es die Hornecke von Hornberg, welche im nahen Jagsttal auf Burg Horneck ansässig waren. Erst 1474 gehört die Herrschaft Bartenstein mit der Burg ausschließlich dem Haus Hohenlohe. Über das Aussehen der mittelalterlichen Burg ist nichts bekannt, sie dürfte jedoch, soweit sich dies aus dem heutigen Bestand schließen läßt, eine verhältnismäßig große Anlage gewesen sein, zu der allerdings höchstens einige wenige Häuser, jedoch keine geschlossene Siedlung auf dem anschließenden Bergrücken gehörten. Bei der schon mehrfach erwähnten Erbteilung des Jahres 1555 fiel Bartenstein mit den zugehörigen Ländereien an die Linie Waldenburg. Auch für sie scheint die Burg Bartenstein längere Zeit keine große Rolle gespielt zu haben, zumal damals in der beginnenden Renaissance die Kontrollfunktion der Burg über die Kaiserstraße längst hinfällig geworden war.

Schon 1525, also vor der eben erwähnten Erbteilung, wurde im Bauernkrieg die Burg zerstört, jedoch wieder hergestellt. Eine weitere Zerstörung erfolgte 1632 durch die Kroaten. Auch danach soll eine Wiederherstellung erfolgt sein. Den ältesten erhaltenen Abbildungen aus dem Ende des 17. Jahrhunderts nach zu schließen, war diese Wiederherstellung eine sehr bescheidene Angelegenheit. Eine Abbildung, welche den Zustand 1688 darstellt, zeigt einen bescheidenen, zum Teil aus Fachwerk bestehenden Winkelhakenbau, einen freistehenden Rundturm sowie eine das Burgareal umgebende zum Teil mit Zinnen, zum Teil mit Flankierungstürmen versehene Mauer, alles in allem eine verhältnismäßig unbedeutende Anlage, der zwar anzusehen ist, daß sie einstmals sehr groß war, nach den mehrfachen Zerstörungen jedoch nur noch in geringem, ja fast dürftigem Zustand wieder aufgebaut wurde. Die aus der Erbteilung von 1555 hervorgegangene Waldenburger Hauptlinie hatte sich inzwischen in die Linie Waldenburg, in die Nebenlinie Pfedelbach und in eine weitere Nebenlinie Schillingsfürst geteilt. Die beiden Linien Waldenburg, also die Hauptlinie und Pfedelbach, starben infolge Mangels an Nachkommen aus. Dadurch fiel die Gesamtherrschaft der Linie Waldenburg an die Nachkommen des Grafen Georg Friedrich II. von Hohenlohe-Waldenburg-Schillingsfürst, die Grafen Christian und Ludwig Gustav. Beide Brüder heirateten am

18. Februar 1658 auf dem Schloß Haltenbergstetten über Niederstetten zwei Schwestern, Lucie und Marie Gräfinnen von Hatzfeld. Die gemeinsame Heirat war der Wunsch des Schwiegervaters, des Grafen von Hatzfeld. Die beiden nunmehrigen Gräfinnen von Hohenlohe-Waldenburg gehörten dem katholischen Glauben an. Ihre Gatten, die Grafen Christian und Ludwig Gustav, traten im selben Jahr 1667, also neun Jahre nach ihrer gemeinsamen Hochzeit, zum katholischen Glauben über; der ältere Christian in Mainz, der jüngere Gustav in Regensburg. Der Historiker des Hauses Hohenlohe, Adolf Fischer, läßt offen, welche Gründe die beiden Brüder zu diesem Übertritt zur römisch-katholischen Kirche bewegt haben.

Durch dieses Ereignis wurde die gesamte Linie Hohenlohe-Waldenburg katholisch, was sie bis zum heutigen Tage geblieben ist, so daß die beiden Hauptlinien Neuenstein und Waldenburg konfessionell getrennt waren, was zunächst zu Ende des 17. Jahrhunderts zu ernsten Schwierigkeiten führte, so daß zuweilen der Kaiser in Wien, der ja ebenfalls dem römisch-katholischen Glauben angehörte, von der Waldenburger Linie zu Hilfe gerufen werden mußte. Unumstößlich war allerdings die Tatsache, daß die nunmehr katholisch gewordenen Landesherren die bestehende evangelische Landesreligion ihrer Untertanen nicht antasten durften. Sie hatten lediglich die Möglichkeit, in ihrem Hofstaat eine Reihe von Katholiken zu versammeln, wodurch sich dann die Notwendigkeit einer eigenen katholischen Kirche ergab, die sich etwa wie in Waldenburg oder Pfedelbach erwähnt, nur dadurch realisieren ließ, daß man sie als Schloß- und Hofkirche errichtete.

Im Zusammenhang all dieser Ereignisse rückte nunmehr Bartenstein in den Mittelpunkt des Interesses, da es der Hauptsitz des Grafen Christian wurde. Doch hielt sich dieser infolge der bescheidenen Baulichkeiten kaum dort auf. Vielmehr lebte er zumeist auswärts, da er in höheren bayerischen und österreichischen Diensten stand. Erst sein Sohn Philipp Karl nahm seinen ständigen Wohnsitz in Bartenstein. Doch auch er scheint sich zunächst mit den recht bescheidenen Baulichkeiten begnügt zu haben. Erst ab 1711 haben wir Nachrichten von einer Neubautätigkeit. Hier wiederum wurde zunächst in Verbindung mit den bestehenden Schloßgebäuden als erstes eine große katholische Hofkirche in Angriff genommen, was zeigt, wie nach wie vor offensichtlich gewisse Schwierigkeiten zwischen der evangelischen und der katholischen Linie sowie zwischen den katholischen Regenten und ihren evangelischen Untertanen bestanden. Der Architekt dieser Neubau-

96 Ehrenhof

tätigkeit in Verbindung offensichtlich mit Umbauten und Modernisierung der vorhandenen Schloßgebäude war nun bezeichnenderweise auch nicht ein Architekt, der dem Stuttgarter protestantischen Umkreis angehörte, sondern Bernhard Schießer, der bei dem Bamberger Hofbaumeister Georg Dientzenhofer gelernt hatte, lange Zeit unter ihm arbeitete und schließlich dessen Witwe heiratete. Schießer war damals in Waldsassen und im Kloster Schöntal tätig. Die von ihm geplante und gebaute Hofkirche zum Hl. Philippus wurde 1716 geweiht. Im Außenbau des damals recht unregelmäßigen Schloßkomplexes, lediglich durch große Fenster markiert, zeigt ihr Innenraum eine strenge saalartige Gliederung mit einem etwas eingeschnürten Chor, mit korinthischen Pilastern dekoriert und in der Ornamentik des Bandelwerkes oder auch des Régence mit einem reichen Hochaltar, zwei Seitenaltären, einer Kanzel und einem Deckenfresko von Schaich aus Mainz. Gegenüber dem Chor mit dem Hochaltar ist im ersten Stock die Herrschaftsloge angelegt, und darüber befindet sich die Orgel. Alles in allem eine sehr eindrucksvolle Kirche, die zur Zeit ihrer Weihe sicher in keinem Verhältnis zur Zahl der katholischen Gemeindemitglieder stand, sondern vielmehr eine Demonstration des katholisch gewordenen Herrschers gegenüber der Mehrheit seiner protestantischen Untertanen war. Der an der Chorseite der Kirche angebaute markante und heute noch die Silhouette Bartensteins beherrschende Turm der Schloßkirche, wohl aus einem älteren Burgturm hervorgegangen, wurde 1726–1728 von Johann Wolfgang Feuchtmeyer errichtet, jenem Baumeister, der damals am Deutschordensschloß in Mergentheim tätig war. Auch hier zeigen sich wieder die Fäden, die von der katholischen Waldenburg-Bartensteiner-Linie nun nicht mehr in Richtung zum protestantischen Herzogtum Württemberg, sondern nach Nordosten zu den immer katholisch gebliebenen Herrschaften des Deutschordens und des Bistums Würzburg führen. Bis zu seinem Tod im Jahre 1729 blieb Graf Philipp Carl in Bartenstein ansässig, der Erbauer eben jener erwähnten großen Hofkirche, der aber offensichtlich die sehr bescheidenen bestehenden Schloßteile nur wenig umgebaut und erweitert hatte. Sein Erbe war der 1702 geborene Graf Carl Philipp von Hohenlohe-Waldenburg-Bartenstein. Er war in erster Ehe mit Marie Sophie von Hessen-Homburg vermählt, von welcher er einige Besitzungen im Elsaß erbte. Seine zweite Gemahlin war Christine Magdalene Juliane, die Tochter des Schencken Vollrath zu Limpurg-Gaildorf, von der er die Provinz Oberbronn im Elsaß erwarb. Er wurde 1744 mit den Gliedern der waldenburgischen Hauptlinie in den Reichsfürstenstand erhoben und zum kaiserlichen und Reichskammerrichter ernannt. Schon unter seinem Vater entstand ab 1716 der Hofgarten in Verlängerung der Schloßachse an der Bergseite und der Grundstock für die Anlage eines Städtchens wurde gelegt. Doch erst die Erhebung in den Reichsfürstenstand gab den Anlaß, in Bartenstein eine Residenz im Sinne des 18. Jahrhunderts zu errichten. Dies geschieht ab 1756, und Bartenstein ist das einzige Schloß des Hauses Hohenlohe, das sich in seiner heutigen Form als wirkliche barocke Residenz im Sinne des 18. Jahrhunderts darstellt. Der Architekt dieses Bauunternehmens, das sich bis 1760 hinzog, war der Bauinspektor Wölfling, der uns bereits mit einem Projekt zur Barockisierung des Schlosses in Pfedelbach begegnete, ebenfalls im Auftrag des gleichen Bauherrn, dessen Leben und Wirken aber noch weitgehend im Dunkeln liegt. In Bartenstein hatte er die verhältnismäßig undankbare Aufgabe, aus einem Baukomplex, der mehr oder weniger zufällig aus den verschiedensten und heterogensten Teilen erwachsen war, einen modernen Neubau zu machen, wobei der erst 40 Jahre zurückliegende große Kirchenbau selbstverständlich zu schonen und zu integrieren war. Wie schon vorher erwähnt, läßt sich zwar über Wölflings persönlichen und beruflichen Werdegang bis heute leider nichts feststellen, doch kann mit einiger Sicherheit gesagt werden, daß er in den Umkreis derjeni-

97 *Doppeltreppenhaus im Corps de Logis*

gen gehörte, welche bei dem in Ludwigsburg ausgebildeten späteren ansbachischen Hofbaumeister Leopoldo Retti in irgendeiner Form geschult wurde. Retti, der ja selber mit mehreren Werken im Herrschaftsbereich der Grafen und späteren Fürsten von Hohenlohe gewirkt hatte, kehrte anfangs der 40er Jahre des 18. Jahrhunderts nach Stuttgart zurück, um dort den Neubau der Residenz zu planen und zu leiten. Das war eine Aufgabe, bei der er sich mit einer Vielzahl von Gegebenheiten auseinanderzusetzen hatte, welche der künstlerischen Freiheit gewisse Einschränkungen auferlegten bzw. wie in seinem Falle erst zu Bestleistungen beflügelten. Ähnliches läßt sich in dem 1756–1760 durchgeführten Schloßbau in Bartenstein des Bauinspektors Wölfling beobachten. Die Lage auf einem von einem Fluß umzogenen Bergsporn war für ein barockes Residenzschloß von vornherein denkbar ungünstig. Des weiteren waren wesentliche Teile einer bestehenden Anlage zu verwenden. Ein nicht in direkter Beziehung zum Schloß stehender Hofgarten und der Ansatz zur Bildung einer kleinen Stadt waren vorhanden. Betrachtet man das Ergebnis, so muß man sagen, daß es Wölfling in einer Weise gelungen ist, wie sie wohl nahezu einmalig ist, aus diesen verschiedenen Bindungen eine Konzeption zu entwickeln, die weitgehend das Ideal einer Barockresidenz im weitesten Sinne verwirklichte. Er war offensichtlich gehalten, die vorhandenen Teile so weit wie möglich und so sparsam wie möglich zu verwenden. Betrachtet man die vorhandenen überlieferten Abbildungen des früheren Zustandes und den heutigen Zustand, so kann man sagen, daß es ihm gelang, mit minimalen Abbrüchen und unter optimaler Verwendung des Vorhandenen eine Anlage zu schaffen, die als einzige im hohenlohischen Herrschaftsgebiet als Barockresidenz im wirklichen Sinne dessen, was die Epoche als Idealbau empfand, anzusprechen ist. Die Betrachtung des Grundrisses des Schlosses Bartenstein in seiner heutigen Form zeigt sehr stark und deutlich, wieviel an Bestand, der eigentlich nicht zueinander passen wollte, von Wölfling verwendet werden mußte. Trotzdem gelang ihm eine Gesamtkonzeption, die, sieht man sie heute, als ein selbstverständlich und originär konzipiertes Barockschloß erscheint. Er sah sich genauso wie sein vermutlicher Lehrer Retti vor die gleiche schwierige Aufgabe gestellt wie dieser in Stuttgart, daß das Ehrenhofschloß auf einem Gelände zu errichten war, wo die Entwicklung eines Gartens an der Außenseite des Corps de Logis unmöglich war.

So wählte er dieselbe Lösung, wie sie Retti zehn Jahre zuvor in Stuttgart verwendet hatte, daß vom Ehrenhof der Haupteingang in ein Ve-

98 Garten-Saletta vor dem Umbau

stibule und durch dieses hindurch in ein nach rückwärts in diesem Fall zum Berghang orientiertes Treppenhaus führte. Hatte Retti in Stuttgart dieses Treppenhaus achsial zentriert, so wählte Wölfling hier ein Doppeltreppenhaus, das etwa den Ideen Neumanns in Würzburg entsprach. Im ersten Obergeschoß, der Bel Etage angelangt, wandte man sich wieder zurück zur Hofseite, durch einen nur von spärlichem Seitenlicht erhellten Gardesaal in den im Mittelrisalit der Cour d'Honneur, also des Ehrenhofes gelegenen Hauptsaal. Dieser Hauptsaal in Bartenstein hat durch seine eingestellte Säulenreihe eine ganz auffällige Ähnlichkeit mit dem ebenfalls an der Hofseite gelegenen, von Retti in Stuttgart konzipierten Vestibule des Erdgeschosses. Schon beim Entwurf einer Barockisierung des Schlosses Pfedelbach wurde beobachtet, daß Wölfling ein ausgesprochener Meister der Distributionskunst unter vorgegebenen Zwangsbedingungen war. Dies zeigt sich in ganz besonderem Maße an dem Grundriß des Schlosses Bartenstein. Gelang es ihm, aus den bestehenden Gegebenheiten und unter Ausnützung des zur Verfügung stehenden Platzes eine Anlage zu schaffen, die für den Betrachter, der den Ehrenhof betritt, als eine völlig regelmäßige Cour d'Honneur erscheint, bei genauer Betrachtung aber ohne rechte Winkel, mit divergierenden Flügeln und wieder einspringenden Seitenflügeln besteht, so wurde genauso im Inneren eine Vielzahl von bestehenden Gegebenheiten so verwendet, daß trotzdem eine Flucht von repräsentativen Räumen entstehen konnte, welche auf ebenso repräsentativen Zuwegen zu erreichen ist.

Wölfling ist wohl auch der Meister, der aus den vorgegebenen Ansätzen eines Hofgartens und einer Stadtanlage verstand, das Schloß und das sehr bescheidene Städtchen zu einer baulichen Einheit zu verschmelzen, die ihresgleichen sucht. Das Schloß selbst ist mit seinem architektonischen Apparat sparsam bis aufs äußerste, eine Eigenschaft, die Wölfling ebenfalls von Retti gelernt haben könnte.

Im Hofgarten, über den ansteigenden Terrassen, entstand eine Saletta, ein kleiner Saalbau mit quadratischem Grundriß, von korinthischen Pilastern gegliedert, mit einer eingezogenen, von einem Mansardendach gekrönten Laterne überdeckt. Dieser Gartensaal, im Inneren von einer Reihe von Freisäulen umzogen, war ein Beispiel eines Lusthauses an der Wende vom Barock zum Klassizismus, wie er in seiner Qualität und Ausführung seinesgleichen suchte. Leider ist er heute nur noch fragmentarisch erhalten. Auch ihn wird man dem Bauinspektor Wölfling mit einigem Recht zuschreiben dürfen. Im Schloß selbst entstanden unter seiner Leitung neben dem in toskanischer Ordnung mit hölzernen Balustraden gestalteten Doppeltreppenhaus, welches nach den oberen Stockwerken einen von ähnlichen runden Balustraden umzogenen Durchblick zeigt, wie das Treppenhaus in Pommersfelden, der querrechteckige Gardesaal, ganz in weiß gehalten, welcher in seiner Gesamtgestaltung und auch in seiner Stuckdekoration eine auffällige Ähnlichkeit mit dem des Neuen Schlosses in Stuttgart zeigt. Daran schließt sich der durch abgerundete Ecken aus einem Rechteck nahezu zum Oval gestaltete Hauptsaal mit kräftig farbigen Stuckmarmorsäulen in römisch kompositer Ordnung. Zu den alten Bauteilen gegen die Schloßkirche hin folgt das große Vorzimmer mit einer elegant stukkierten Rokokodecke, sowie einem großen weißen Porzellanofen, danach das Audienzzimmer mit einem durch einen Bogen abgetrennten Teil, hinter dem sich dann ein Spiegelkabinett befindet. Die beiden letzteren

Räume liegen in dem an die Schloßkirche anschließenden Teil, und ihre stilistische Ausgestaltung läßt vermuten, daß sie bereits vor der Zeit Wölflings zur Zeit der Errichtung der Schloßkirche entstanden sind, somit noch dem früheren Schloßkomplex angehören und lediglich von Wölfling in die neue Konzeption integriert wurden. Auf der anderen Seite des Hauptsaales, dort wo auch unter Verwendung älterer Teile Wölfling den neuen Pendantenflügel zum Kirchenflügel errichtet hatte, folgen weitere Salons, deren Ausstattung sich nahtlos an das anschließt, was er konzipiert hatte. Mit dieser Bautätigkeit schließt die Baugeschichte Bartensteins ab.

Bis etwa 1770 zog sich die Errichtung von weiteren Verwaltungs- und Bürgerbauten in dem bescheidenen Städtchen im Sinne der Wölfling'schen Konzeption hin. Der damals erreichte Stand blieb erhalten bis in die Zeit nach dem Zweiten Weltkrieg. Bis dahin, so kann man sagen, blieb in Bartenstein die Zeit stehen.

27 Schloß Mergentheim

Von der geographischen Lage her zeigt das Schloß Mergentheim direkte Parallelen mit dem nahen Stammschloß der Grafen von Hohenlohe, dem Schloß Weikersheim. War es dort der Zusammenfluß von Tauber und Vorbach, der ein günstiges Gelände für eine Wasserburg mit anschließender Siedlung bot, so war es hier derjenige von Tauber und Wachbach. In beiden Fällen fließt die Tauber dicht unter dem steilen nördlichen Talhang und die in Flußnähe als Weideland, weiter entfernt als Äcker nutzbare Talaue öffnet sich weit nach Süden, bis dort wieder der gegenüberliegende Talhang ansteigt.

Entstanden in Weikersheim mit großer Sicherheit Burg und Siedlung gleichzeitig und bald nach 1100, so liegt in Mergentheim der Fall völlig anders. Warum der hohenlohische Stammsitz hier trotzdem zum Vergleich herangezogen wird, erhellt aus den späteren Ausführungen. In Mergentheim ist schon eine nicht unbedeutende alemannische Siedlung nachweisbar. An einer wichtigen Straßenkreuzung, siedlungstechnisch günstig gelegen, folgt eine fränkisch-merowingische, von der wohl der Name „Mariguntheim" stammt. Mit großer Sicherheit entstand schon im 6. Jahrhundert hier ein Königs- oder Reichshof, — ein Stützpunkt des Kaisers also— zu dem immer mehr an Landbesitz kam und der damit ein Reichsgut bildete.

An diesen Reichshof schloß sich einerseits eine Bauernsiedlung, andererseits ein Markt mit Händlern und Handwerkern an. Wann dann nach Nordosten, am weitesten in das vom Zusammenfluß von Tauber und Wachbach gebildete Dreieck vorgeschoben noch die „Veste" kam, ist unbekannt. Jedenfalls war hier die Burg der letzte Teil einer Gesamtheit. Da der merowingisch-karolingische Königshof für die damalige Zeit ausreichend befestigt war, entstand die Burg Mergentheim sicher erst zu Beginn des Steinburgenbaues, d. h. im 11. oder 12. Jahrhundert, womit ihre Entstehung etwa gleichzeitig mit der Erbauung von Weikersheim anzusetzen sein wird.

Der Taubergau war in karolingisch-ottonischer Zeit nicht unbedeutend. Da das Amt des Gaugrafen seit dem 9. bis 11. Jahrhundert erblich wurde, entstanden Machtbereiche, die in die Einflußsphäre einzelner Familien gelangten. So erscheint 1058 ein Graf von Mergentheim und später sind die Grafen von Lauda im Besitz des Gaues. Durch Heirat bringen die Hohenlohe das Reichsgut Mergentheim an sich. Dies muß um 1150 gewesen sein.

Es wurde anderwärts schon erwähnt, daß das Haus Hohenlohe seinen raschen Aufstieg der treuen Gefolgschaft verdankt, die es dem staufischen Kaiserhause leistete. So weisen die im heutigen Baubestand des Schlosses Mergentheim nachweisbaren älteren Teile auf die staufische Zeit des späteren 12. und 13. Jahrhunderts hin. In dieser Zeit muß die wahrscheinlich salische Burg erheblich ausgebaut worden sein.

Der heutige Bläserturm in der geraden, der Siedlung zugewandten Front war in romanischer Zeit ein Tortum. Außer den wenigen gefundenen

Architekturteilen der reifen Romanik gibt es keine Beweise dafür, daß die Burg Mergentheim in staufischer Zeit eine wesentliche Ausprägung fand, doch sind sie wohl überzeugend genug, um dies als richtig anzunehmen.

Etwa seit Mitte des 12. Jahrhunderts sind die staufertreuen Hohenlohe Verwalter und erbliche Besitzer des großen Reichsgutes Mergentheim. So ist bekannt, daß sie im Jahr 1207 den Reichshof den Johannitern schenkten, weshalb dieses beträchtliche Areal im Bereich der Innenstadt noch heute der „Hänserhof" heißt. Im Jahr 1219 schließlich treten die drei Brüder Andreas, Friedrich und Heinrich von Hohenlohe dem „Deutschen Ritterorden" bei und bringen Mergentheim samt dem zugehörigen Reichsgut dem Orden als Besitz ein. Es handelt sich um ein nahezu zusammenhängendes Gebiet von der Größe eines früheren königlich württembergischen Oberamtes. Daraus entstand die Kommende Mergentheim innerhalb der Ballei Franken, ein wichtiger Teil des Deutschordenslandes.

Vom Jahr 1219 an stand Mergentheim für fast 6 Jahrhunderte im Zeichen des Deutschen Ritterordens. Die damals noch unter den Hohenlohe beträchtlich ausgebaute staufische Burg blieb der entscheidende Kern des späteren Deutschordensschlosses. Neben zahlreichen wohlhabenden Orten im Umkreis von Mergentheim kam auch die 1282 erstmals genannte Abschnittsburg Neuhaus über Igersheim nahe Mergentheim, mit großem rundem Bergfried ebenfalls aus hohenlohischem Besitz an den Deutschorden. Sie blieb bis ins 18. Jahrhundert hinein der Aufbewahrungsort für die Wertsachen des Deutschordens.

Von der mittelalterlichen Burg Mergentheim weiß man kaum mehr als oben erwähnt. Aus dem Jahr 1252 ist bekannt, daß eine Schloßkapelle, sicher zum Zweck eines Neubaus abgebrochen wurde. Die Burg war rings von einem Wassergraben umgeben mit gerader Front gegen die Stadt, sowie unregelmäßiger, dem Gelände folgender Form gegen Norden, Osten und Süden. Frei im Hof stand der nach dem Bauernkrieg abgebrochene Bergfried. Die neu gebaute Schloßkapelle war gegen Osten neben dem Tor, wie dies die Regel war.

Der für Mergentheim bestimmend gewordene Deutsche Ritterorden wurde 1128 in Jerusalem gegründet als Bruderschaft „Zum St. Marienhospital", zur Betreuung von Pilgern. Als 1178 Jerusalem vom Islam zurückerobert wurde, war das Ende der Bruderschaft gekommen. Im Jahr 1190 wurde sie in Akkon neu gegründet als „Hospital zu unserer lieben Frauen der Deutschen". 1198 erhob Friedrich von Schwaben diese Bruderschaft zum „Deutschen Ritterorden" und erhielt dafür die Bestätigung

von Kaiser und Papst. Die Ritter dieses Ordens übten die Regeln der Johanniter, die Kranken- und Armenpflege und die Bekämpfung der Ungläubigen. Ihr Gelübde war: Gehorsam, Armut und Keuschheit. Sie trugen den weißen Mantel mit dem schwarzen Kreuz. Der Hochmeister hatte darauf noch das goldene Krückenkreuz von Jerusalem aufgelegt.
Für das Jahr 1340 ist eine wichtige Tatsache in der Entwicklung Mergentheims überliefert. Ludwig der Bayer verlieh dem Ort Stadtrecht und der deutsche Ritterorden erhielt einen Freibrief, „nach Belieben Richter, Schöffen und Räte zu setzen". Dadurch wurde die bis dahin aus dem „Königshof", dem späteren „Hänserhof", der Bauern- und der Marktsiedlung bestehende Ortschaft nun systematisch erweitert. Der Lauf der Wachbach wurde erheblich nach Westen verlegt und dadurch ein besiedelbares Gebiet geschaffen, das die bestehende Siedlung mindestens um das Dreifache vergrößerte und so befestigt wurde, daß eine Einheit zwischen der vorgeschobenen Burg und der Stadt entstand. Der Hänserhof, der ehemalige Königshof verlor seine Bedeutung. Die neue Siedlung wurde nach regulären Prinzipien angelegt. Daß die Hauptstadt der Kommende Mergentheim von einiger Bedeutung war, mag daraus hervorgehen, daß sie bei dieser Erweiterung und Befestigung neben 4 Tortürmen 22 Wehrtürme erhielt (alles ab 1795 abgebrochen). In jener Zeit wurde auch die Burg selbst durch eine gegen das Tauber-Wachbach-Dreieck vorgeschobene Vorburg mit allerhand Landwirtschaftsgebäuden erweitert, die ihrerseits durch Mauer und Graben befestigt war.

Neue Impulse für Mergentheim entstanden erst wieder durch Reformation und Bauernkrieg, beides Ereignisse, welche politisch und geistesgeschichtlich in Zusammenhang standen. Von Jerusalem nach Akkon verlegt, gelangte der Sitz des Hochmeisters schließlich nach Venedig und ab 1309 nach Marienburg in Ostpreußen. Nach der Schlacht bei Tannenberg 1457 wurde er nach Königsberg verlegt und als der Hochmeister Albrecht von Brandenburg 1525 der Reformation beitrat und sich das Ordensland Preußen von König Sigismund von Polen als erbliches Lehen übertragen ließ, war der Deutsche Ritterorden vor eine völlig neue Situation gestellt.

Neben dem in Ostpreußen ansässigen Hochmeister gab es den Deutschmeister, der die im Reichsland gelegenen Besitzungen zu verwalten hatte. Es war damals Dietrich von Cleen (1515—1526) mit Sitz auf Burg Horneck bei Gundelsheim am Neckar. Er hatte nunmehr die Aufgabe, das Verbleibende zu verwalten. Als ihm im gleichen Jahr durch die Bauern seine Burg verbrannt wurde, war Mergentheim der nächstgelegene, unversehrt gebliebene Sitz. Es wurde jetzt die Residenz des Deutschmeisters und seit 1526, als der Nachfolger von Cleens, Walther von Cronberg, zur Würde des Deutschmeisters noch „Administrator des Hochmeistertums in Preußen" wurde, da war plötzlich das Schloß Mergentheim die Residenz des neu entstandenen Amtes des Hoch- und Deutschmeisters, des höchsten Beamten des Deutschen Ritterordens. Diese Funktion behielten Schloß und Stadt bis 1806, was begreiflicherweise nicht ohne beträchtliche Auswirkungen auf deren bauliche Entwicklung war.

Schon in mittelalterlicher Zeit hatten sich neben Adelshöfen ein Domini-

100 *Hof mit Bläserturm und sog. „Reittreppe"*

kanerkloster, die noch unter den Johannitern entstandene Stadtpfarrkirche zu St. Johannes dem Täufer und ein Spital mit einer sehr alten Martinskapelle angesiedelt. Neuen Aufschwung brachte das 16. Jahrhundert, nachdem die alte noch im mittelalterlichen Zustand befindliche Burg Residenz geworden war. Zwei Projekte liefen parallel, einmal der Ausbau der mittelalterlichen Wasserburg zu einem Renaissance-Residenzschloß und die Umgestaltung der alten Vorburg zu einem respektablen äußeren Schloßhof. Der Raumbedarf eines souveränen Herrn des späteren 16. Jahrhunderts, wie es nunmehr der Hoch- und Deutschmeister war, stieg sprunghaft an. Parallel dazu entstanden auch in der Stadt eine große Zahl neuer und moderner Gebäude, bedingt ebenfalls durch den Aufschwung, den Mergentheim als neue Residenz des Hoch- und Deutschmeisters nahm.

Nachdem es Walther von Cronberg gelungen war, den Deutschen Ritterorden zu retten und die neue Würde des Hoch- und Deutschmeisters zu schaffen, wurde nach seinem 1542 erfolgten Tode sein Nachfolger seit 1543 der bisherige Landkomtur von Hessen, Wolfgang Schutzbar, genannt Milchling. Er stammte aus hessischem Uradel und unter seiner tätigen und umsichtigen Regierung gelang es, den durch Cronberg geretteten Orden in der Zeit des wirtschaftlichen Aufstiegs in der zweiten Hälfte des 16. Jahrhunderts wieder so zu festigen, daß er eine politische Größe wurde, mit der man zu rechnen hatte.

Am 11. Februar 1566 starb Schutzbar. Zu den inzwischen unausweichlich gewordenen baulichen Veränderungen und Erweiterungen kam er nicht mehr. Vielleicht war er auch nicht der Mann, der den Sinn für die allmählich von einem Renaissance-Fürstenhof erwartete Repräsentation hatte. Dies blieb seinen Nachfolgern überlassen. Der erste war Georg Hund von Wenkheim von 1566—1572. Er begann 1568 mit dem Baumeister Michael Bronner und besaß die glückliche Hand, nach dessen 1571 erfolgtem Tod den Meister Blasius Berwart zu berufen. Auch sein Nachfolger Heinrich von Bobenhausen arbeitete mit Berwart weiter und nach dessen Weggang wurde, wohl nach seinen Plänen, unablässig weiter gearbeitet bis weit in den 30jährigen Krieg hinein. Nach Bobenhausen folgte 1589—1618 der Hoch- und Deutschmeister Maximilian Erzherzog von Österreich und auch noch unter dessen Nachfolgern Karl Erzherzog von Österreich, 1618—1624, und Johann Eustach von Westernach, der bis 1627 regierte, wurde gebaut.

Ab 1568 begann die große Erneuerung zunächst unter Baumeister Michael Bronner. Ihm folgte 1571 als Bauleiter Andreas Daub (gest. 1575) und als Planer Blasius Berwart. Er war der Mann, der dem Schloß in seiner heutigen Gestalt die maßgebende Form verlieh. Unter dem Baumeister Aberlin Tretsch des Herzogs Christoph von Württemberg, zusammen mit seinem älteren Bruder Martin und anderen später zu Bedeutung gelangten Meistern groß geworden, sollte er eine ganz wesentliche und bestimmende Rolle in der deutschen Renaissance protestantischer Prägung spielen. Daß er auch Mergentheim bestimmte, mag als eine Ironie des Schicksals angesehen werden, da auf diese Weise die Residenz des katholischen Hoch- und Deutschmeisters architekturgeschichtlich der deutschen Renaissance protestantischer Prägung angehört. Als Ironie mag man auch die Tatsache auffassen, daß Blasius Berwart vor und nach seiner Tätigkeit in Mergentheim von den Nachkommen jenes letzten Hochmeisters zuerst nach Ansbach und dann nach Königsberg berufen wurde, um dem dortigen Hochmeisterschloß ebenfalls den Stempel der protestantischen deutschen Renaissance aufzudrücken.

101 *Hohlspindel der Berwart'schen Wendeltreppe*

Das unter Bronner begonnene, von Berwart großzügig fortgeführte Werk, gestaltete die stadtseitige gerade Burgfront mit dem einbezogenen „Bläserturm" zu einer prächtigen Schloßfassade mit regelmäßig angeordneten Fenstern in drei Geschossen und nach Norden und Süden mit großen Ziergiebeln, mit Gesimsen und Lisenen gegliedert, von Voluten eingefaßt und mit einer Muschel bekrönt, ganz so, wie sie der als Steinmetz ausgebildete Berwart auch anderwärts ausführte. Die innere Burg wurde vereinheitlicht zu einem Komplex mit durchgehender Traufhöhe. Der Torbau, der nach Nordosten vortritt, erhielt ein prächtiges Portal und einen ebensolchen Giebel. Im Innenhof, der ebenfalls durch Volutengiebel geschmückt wurde, entstanden mehrere Wendeltreppen, von denen besonders die in der nordwestlichen Hofecke, seit 1574 weitgehend nach Berwarts Entwürfen gearbeitet, ein Meisterwerk der Steinmetzkunst ist; frei sich windend ohne Spindel, gestützt von dünnen gedrehten Stützen. Die Unterseite des Laufes ist mit reichen Reben und Ranken in feinster Arbeit geschmückt, ähnlich wie sie wenige Jahre zuvor sein Bruder Martin an der „Rebenschnecke" im Schloß in Göppingen gearbeitet hatte. Blickt man durch die hohle Spindel hinauf, so erscheint oben an der Decke die strahlende Sonne.

1586 entstand dann die größere Wendeltreppe in der Südwestecke des Hofes. Mit einer kräftigen Spindel und einem Netzrippengewölbe an der Unterseite der Lauffläche wirkt sie einerseits altertümlicher, wogegen die vielen Wappenschilder auf den Rippenkreuzungen mit Rollwerk verziert sind, während die erstere Treppe im Detail noch viel Spätgotisches hat. Die letztere Treppe mit großem Durchmesser wird auch als „Reittreppe" bezeichnet, wobei die in der Zeit „modernen" und beliebten Reittreppen, etwa in Dillingen, Stuttgart oder Weikersheim geradläufig waren. Zum Reiten dürfte kaum eine je benutzt worden sein. Zwei weitere Wendeltreppen sind einfacher ausgebildet. Nach dem Weggang Berwarts führten den Bau die Baumeister Baltasar Reisser aus Lauchheim und Jakob Kauffmann fort.

Von der Inneneinteilung und Ausstattung jener Zeit des Hauptschlosses ist nichts mehr übrig. Mit einiger Wahrscheinlichkeit lief an der Hofseite ein Korridor um und die Räume lagen nach außen, wobei der stadtseitige Westflügel und der nach Maßgabe des Möglichen regularisierte Südflügel die Haupträume, so die neuen Fürstengemächer und ein Bad enthielten. Der Raumbedarf des Schlosses eines Ordensoberen unterschied sich einigermaßen von dem eines der üblichen Territorialherren. Neben der im Ostteil des Südflügels gelegenen Hochmeisterwohnung mit Privatkapelle gab es im Westflügel den Kapitelsaal als wichtigen Raum, in dem sich das Kapitel versammelte, dazu als weiteren unumgänglichen Raum die Kapelle. Außerdem war eine größere Zahl standesgemäßer Gästezimmer erforderlich zur entsprechenden Unterbringung der Landkomture und

Gebietiger, wenn sie sich zum Kapitel versammelten. Feste im üblichen Sinne eines Renaissancehofhaltes, die einen großen Festsaal erforderten, dürften in einem Orden, dessen Gelübde Gehorsam, Armut und Keuschheit war, kaum gefeiert worden sein.
1582—1584 wurde auch die Schloßkapelle renoviert. Da sie im 18. Jahrhundert durch einen Neubau ersetzt wurde, weiß man nur, daß sie zuletzt zwei Türme hatte, einen im Hof und einen nach außen, und ihr Chor stach über den mittelalterlichen Bering hinaus. Sie war den Heiligen Maria, Elisabeth und Georg geweiht, den Heiligen des Ordens. Die Privatkapelle des Hoch- und Deutschmeisters war eine Maximilianskapelle.

Neben diesem Ausbau des inneren Schlosses, der mittelalterlichen, vielfach veränderten Burg zu einem Residenzschloß der Renaissance, lief als weitere wichtige Baumaßnahme der Ausbau des sehr großen äußeren Schloßhofes. Hier waren schon Wirtschaftsgebäude vorhanden. Der Graben um das innere Schloß gegen diesen Vorhof blieb zunächst erhalten. Als wichtigster Bau entstand unter Georg Hund von Wenkheim 1568 bis 1571 der Kanzleibau nördlich vom Hauptzugang, die stadtseitige Front des Schlosses verlängernd. Der lange, zweigeschossige Bau mit waagerechtem Stockgesims und ebenfalls mit reichen Volutengiebeln geschmückt, enthielt auch die Bibliothek, welche den Gesamtbestand des Ordens umfaßte. Sie blieb bis zum Ende des Ordens in Mergentheim aufbewahrt.
Wie vielfältig die Bedürfnisse auch dieses Hofes waren, zeigen die weiteren Bauten im äußeren Schloßhof, die damals entstanden, so die „Neue Trapponei" oder die Kleider- und Rüstkammer, der Marstall, die große Getreidescheuer, die Junkerstallung und die Ochsenstallung mit den Fuhrställen. Über den Graben zum inneren Schloß entstand eine feste Brücke. Ferner gab es im äußeren Hof das Edelknabenhaus und des Statthalters Stallung. Nach auswärts, der Tauber zu, hatte der äußere Hof ein weiteres, das sogenannte „Hintere Tor", das 1604 neu gebaut wurde. Schließlich gab es noch das Bandhaus (die Küferei). Nicht fehlen durfte auch ein Garten mit einem Gartenbau, einem Brunnenwerk, Fischteichen und einem Fasanengarten.

Zu Anfang des 17. Jahrhunderts wurden die schon länger vorhandenen Befestigungen des äußeren Schloßbezirks, bestehend aus einem Graben und nach Norden, Osten und Süden vorgelegten Schanzen, verstärkt und wieder instandgesetzt. Schließlich entstand als Ende der Renaissance-Bautätigkeit 1626—1628 unter dem Hoch- und Deutschmeister Johann Eustach von Westernach und unter dem Baumeister Georg Ernst zwischen dem Schloß und der Bibliothek der neue Torturm, mehr ein prächtiger

Portalbau als ein Torturm. Eine triumphbogenartige Säulenarchitektur nach außen und innen macht die Wichtigkeit der Residenz deutlich. Gekrönt wird der viergeschossige Bau durch Volutengiebel nach allen Seiten, die entfernt noch an Berwart erinnern, und eine Kuppel mit Dachreiter; ein fürstlicher Abschluß des Ausbaues zur Hoch- und Deutschmeisterresidenz.

Parallel zu all diesen Baumaßnahmen war auch die Stadt zu einer respektablen Residenzstadt geworden. 1340 stark vergrößert, wohl befestigt und mit regelmäßigen Straßenzügen geplant, war sie bis dahin nicht voll gefüllt worden. So entstand auf dem zwischen alter und neuer Siedlung groß angelegten langen neuen Markt 1563—1564 unter Wolfgang Schutzbar ein großes Rathaus, im Erdgeschoß mit Handelslauben, im ersten Obergeschoß mit einem großen Saal und darüber mit Amtsstuben. Aus dem Ende des 16. Jahrhunderts stammt eine Reihe stattlicher Bürgerhäuser. So ist am reichen Giebel des sogenannten „Ritterhauses" und an der besonders reich ausgebildeten Front des „Kanzlerhauses" am Markt die Handschrift Berwarts deutlich zu erkennen. Ein Haus in der Burgstraße zeigt eine Giebelform mit S-Schwüngen und Halbbögen, wie sie Georg Beer und Jacob Saltzmann in Stuttgart verwendeten und ein weiteres Haus am Markt erinnert in seiner Giebelform an die Wolff-Schule in Heilbronn. Somit findet sich im Mergentheim der Renaissance eine Musterkarte der im Südwesten gebräuchlichen Formen von Ziergiebeln, einer Form der Renaissancearchitektur und -ornamentik, die noch ihrer kunstgeschichtlichen Bearbeitung harrt, da hier durchaus Schulen und Gesetzmäßigkeiten zu finden sind.

Interessant ist noch anzumerken, daß der Nachfolger Westernachs, der ehemalige Generalfeldzeugmeister Johann Caspar von Stadion, seit 1627 Hoch- und Deutschmeister, ein eifriger Verfechter der Gegenreformation war und südlich des Schlosses vor dem Igersheimer- oder Burggassentor ab 1628 ein Kapuzinerkloster stiftete und erbauen ließ. Baumeister war wahrscheinlich jener Georg Ernst aus Gundelsheim, der auch den Torbau errichtete. Er mußte vom Südflügel des Schlosses ausgehend auf Pfeilern und Bogen einen gedeckten Gang zur Fürstenloge der Kapuzinerkirche errichten, den sogenannten „Kapuzinergang". Der Orden der Kapuziner, zu den Franziskanern gehörend, war speziell für die Aktivitäten der Gegenreformation gegründet worden und sollte nach dem Willen Stadions nicht nur im Deutschordensgebiet, sondern auch darüberhinaus wirksam werden. Doch schon 1631 zerstörten die Schweden den kaum fertigen Neubau und alsbald ließ Johann Caspar von Stadion das Kloster wie-

der aufbauen und „dazu eine absonderliche Behausung mit dazugehöriger Notdurft und Garten". Dies war eine über den „Kapuzinergang" erreichbare kleine Wohnung mit direktem Zugang zur Fürstenloge. Hierher scheint er sich zur Meditation zurückgezogen zu haben. Die Anbauten an die Klosterkirche sind noch vorhanden.
Auch in der Hoch- und Deutschmeisterresidenz Mergentheim wirkten sich schließlich der 30jährige Krieg und seine Folgen lähmend aus. Erst zu Anfang des 18. Jahrhunderts begannen sich allmählich Erneuerungsgedanken breit zu machen, doch war es ein schwieriges, wenn nicht unmögliches Unterfangen, aus dem Renaissanceschloß eine Barockresidenz zu machen, ohne es völlig abzubrechen und neu zu bauen und dazu besaß der in seiner Bedeutung immer mehr gesunkene Orden nicht die Mittel.

So begann man bescheiden. Das inzwischen zum Priesterseminar gewordene Edelknabenhaus im äußeren Hof wurde ab 1710 in frühbarocken Formen neu gebaut, ein französischer Blumengarten mit Gartensaal und Orangerie wurde angelegt. Im inneren Schloß nahm man Modernisierungen vor, die aber alle recht bescheiden waren. Zunächst fungierte Franz Keller als Ordensbaumeister. Nach seinem Tod 1725 waren zeitweise Feuchtmeyer und Kirchmeyer als Schloßbauinspektoren tätig und ab etwa 1730 war Franz Joseph Roth Ordensbaumeister, der nicht nur in Mergentheim, sondern auch in Ellingen und anderwärts fleißig für den Orden wirkte. Er blieb bis 1752 Baudirektor des Deutschen Ordens.
Hoch- und Deutschmeister Franz Ludwig Herzog von Pfalz-Neuburg (1694—1732), der die barocke Bautätigkeit in Gang brachte, plante einen großzügigen Umbau, wozu 1726 auch Balthasar Neumann drei nach unterschiedlichen Kosten abgestufte Entwürfe lieferte. Das einzige, was Franz Ludwig an Großem in Gang brachte, war der Neubau der Schloßkirche 1730—1735. Hierzu wurde die alte Kirche völlig abgebrochen. Stieß diese mit einem Turm und einem Teil des Schiffes in den Hof herein, so zog sich der Neubau mit konkav einschwingender Front in die Gebäudeflucht zurück, um dafür um so weiter mit knapp eingezogenem Chor und paarigen Türmen in den äußeren Hof vorzustoßen. Von Neumannschen Entwurfsideen, oder gar einer Beteiligung Cuvilliés, wie man lesen kann, ist an dieser Kirche wohl kaum etwas zu finden, was ihr nichts von ihrer architektonischen Bedeutung nehmen soll, vielmehr für den tatsächlichen Entwerfer und Architekten Franz Joseph Roth spricht.

Die 1730—1735 entstandene Kirche zeigt in ihren Stukkaturen genau den sich in jener Zeit vollziehenden Übergang vom Régence zum Rokoko. Ansonsten ist sie eine einfache Saalkirche, im Westen mit Fürstenloge,

102 *Schloßkirche und Torbau zum inneren Hof*

Orgel und Seitenlogen, vom Schloß her zugänglich, am leicht eingeschnürten Chor mit Kanzel und Seitenaltären und mit einem reichen Hochaltar im Chorhaupt. Alle Dekoration beschränkt sich auf die Fensterleibungen, die Decke und die Altäre, also eine für zeitgleiche Kirchen sehr strenge, fast puritanische Anlage, was durchaus den Ordensprinzipien entspricht. Die Ausmalung der Decken besorgte 1731—1734 Nicolaus Stuber. Die Themen der Decke und der Altarblätter fügen sich den Zielen des Deutschordens ein. In der Gruft unter dem Chor wurden die früheren Bestattungen, so Wolfgang Schutzbar, untergebracht.

Daß die geistlichen Ritter nicht nur der Armut zugetan waren, zeigt die Tatsache, daß unter Hoch- und Deutschmeister Clemens August Herzog von Bayern nach dem Entwurf Cuvilliés durch den bewährten Roth 1739 bis 1745 die Sala terrena entstand, ein Bau, von dem in Mergentheim noch lange gesprochen wurde, obwohl er bald nach der Säkularisation verschwand. Es war ein Garten- und Festsaal mit anschließenden Nebenkabinetten, südlich an das Schloß anschließend. Zu seiner Errichtung mußte der „Kapuzinergang" teilweise entfernt werden. Um die von Stadion angeschlagene strenge gegenreformatorische Richtung nicht ganz zu verleugnen, ließ man den Gang durch das Dach der Sala terrena verlaufen.

Neben einer neuen Orangerie und einer Reitschule entstand unter Roths Oberleitung 1750 noch ein Komödienhaus, ein weiteres Zeichen dafür, daß die geistlichen Ambitionen des Deutschordens nicht mehr allzu hoch zu veranschlagen waren. Größere Umbauentwürfe Roths für das äußere und innere Schloß von 1750—1752 blieben auf dem Papier. Nur wenige Räume mit Stukkaturen nach Entwürfen Cuviellés sind noch erhalten. So hinterließ der Barock als baugeschichtlich interessante und bedeutende Lösung nur die neuerbaute Schloßkirche. In der Stadt entstanden unter dem Einfluß Roths und schon vorher an der Wende vom 17. zum 18. Jahrhundert einige wichtige Gebäude, die hier nicht näher besprochen werden können.

Ein letzter Anlauf erfolgte unter dem Hoch- und Deutschmeister Maximilian Franz Erzherzog von Österreich mit dem Baumeister Franz Anton Bagnato, der ebenfalls längere Zeit vom Deutschorden vielseitig beschäftigt wurde. Unter diesen beiden hielten der Klassizismus und die Englische Gartenkunst Einzug in Mergentheim. Ohne den bestimmenden Charakter des Renaissanceschlosses zu verändern, wurde eine Reihe von Räumen im Inneren Schloß neu ausgestattet. Einzig erhalten blieb der heute wieder einigermaßen in altem Glanz erstandene Kapitelsaal. Vom groß angelegten Englischen Garten, der die Bastionen und Erdwerke des 17. und 18. Jahrhunderts einbezog und eine „Moschee" und ein „Chinesisches Gartenhaus" enthielt, ist seit den Aktivitäten der Kurverwaltung und der Landschaftsgärtner in den 60er und 70er Jahren unseres Jahrhunderts außer dem „Schellenhäuschen", jenem Chinesischen Gartenhaus, kaum noch etwas übriggeblieben.

Bemerkenswert ist noch, daß Hoch- und Deutschmeister Maximilian Franz 1797—1799 ein Treppenhaus anlegen ließ, das vom alten Torbau aus seine Privatgemächer entsprechend repräsentativ erschloß. Man wird es als den Schlußpunkt der großen Treppenbaukunst des deutschen Barock im 18. Jahrhundert ansehen dürfen. Daß es nahezu unbekannt ist, rührt von seiner jahrzehntelangen untergeordneten Verwendung her. Unter dem genannten Maximilian Franz war 1791 auch die Bonner Hofkapelle zeitweise in Mergentheim, bei der ein gewisser Ludwig van

103 *Klassizistische Treppe vom äußeren Torturm zum Innenschloß*

Beethoven tätig war. Nach dem Reichsdeputationshauptschluß von 1803, der die Auflösung des Reiches zum Inhalt hatte, ging die Abwicklung dieser gravierenden Dinge noch bis 1806. Am 8. August 1804 wurde daher in Mergentheim in der Hofkirche der letzte Hoch- und Deutschmeister Anton Victor Erzherzog von Österreich inthronisiert. Seit 1809 gibt es den Deutschorden in Mergentheim nicht mehr. Die Kommende ging an das neugeschaffene Königreich Württemberg über, das äußerst rüde mit dem verfuhr, was die vertriebenen Ordensritter zurückgelassen hatten. Mobiliar, Ausstattung und Bibliothek wurden seit 1810 nach Ludwigsburg transportiert, wobei die Organisation so schlecht war, daß Wesentliches auf dem Transport verdarb oder gestohlen wurde. Nur geringe Teile des in Mergentheim angesammelten Ordensbesitzes gelangten mit den letzten Rittern nach Wien. Vieles wurde durch den württembergischen Staat an die Bevölkerung versteigert und verschleudert.
Wie viele andere Schloß- und Klostergebäude, die 1803—1806 an Württemberg fielen, so war auch das Schloß Mergentheim zunächst ein lästiges Anhängsel. Erst als es ab 1860 als Kaserne Verwendung fand, und die Gebäude des äußeren Hofes verschiedene Beamtungen aufnahmen, wurde es wieder in Dach und Fach erhalten. Von der ehemaligen Ausstattung ist außer dem restaurierten Kapitelsaal und einigen Fürstenzimmern sowie der Schloßkirche nichts geblieben. Ein seit 1924 gut eingerichtetes, jüngst modernisiertes Heimatmuseum, jetzt Deutschordens-Museum genannt, mit beachtlichen Beständen, tröstet etwas über diesen Verlust hinweg.

Personenregister

Literaturverzeichnis

Allgemeine Literatur

Borst, Otto, Stuttgart, Die Geschichte der Stadt, Stuttgart 1973

Dehio, Georg, Handbuch der Deutschen Kunstdenkmäler, Baden-Württemberg, bearbeitet von Friedrich Piehl, 1964

Faerber, Paul, Nikolaus Friedrich von Thouret, Stuttgart 1949

Fischer, Adolf, Geschichte des Hauses Hohenlohe, Stuttgart, I. Teil 1868, II. Teil 1868—71

Fleck, Walther-Gerd, Schloß Weikersheim und die Hohenlohischen Schlösser der Renaissance, Tübingen 1954

Fleischhauer, Werner, Renaissance im Herzogtum Württtemberg, Stuttgart 1971

Fleischhauer, Werner, Barock im Herzogtum Württemberg, Stuttgart 1958

Herzog Carl Eugen von Württemberg und seine Zeit, herausgegeben vom württembergischen Geschichts- und Altertumsverein, Esslingen 1907

Heuß, Hermann, Hohenloher Barock und Zopf, Oehringen 1937

Klaiber, Hans Andreas, Der württembergische Oberbaudirektor Philippe de La Guêpière, Stuttgart 1959

König von und zu Warthausen, Wilhelm Freiherr, Burgen, Schlösser und Herrenhäuser in Württemberg, Königsberg 1940

Die Kunst- und Altertumsdenkmale im Königreich Württemberg, Neckarkreis, Esslingen 1906

Die Kunst- und Altertumsdenkmale im Königreich Württemberg, Jagstkreis, Esslingen 1907

von Leins, C. F., Die Hoflager- und Landsitze des Württembergischen Regentenhauses, Stuttgart 1889

Maurer, Hans-Martin, Die landesherrliche Burg in Wirtemberg im 15. und 16. Jahrhundert, Veröffentlichungen der Kommission für geschichtliche Landeskunde in Baden-Württemberg, Reihe B, 1. Band, Stuttgart 1958

Schmidt, Richard, Burgen und Schlösser in Schwaben, München 1958

Schmidt, Richard, Hohenloher Land, München 1956

Scholl, Fritz, Leopoldo Retti, Ansbach 1930

Speidel, Wilhelm, Giovanni Salucci, Der Hofbaumeister König Wilhelms I. von Württemberg, Stuttgart 1936

Weller, Karl, Württembergische Geschichte, herausgegeben von Arnold Weller, Stuttgart 1957

Widmann, Oskar, Reinhard Ferdinand Heinrich Fischer, 1746—1812, Stuttgart 1928

1. Burg Württemberg
Bach, Max, Die Stammburg Wirtenberg, Stuttgart 1912
Beschreibung des Oberamts Cannstatt, Stuttgart 1895
2. Altes Schloß Stuttgart
Wein, Gerhard, Die mittelalterlichen Burgen im Gebiet der Stadt Stuttgart, 1. Band, Die Burgen im Stuttgarter Tal, Stuttgart 1967
3. Schloß Ludwigsburg
Schmidt, Richard, Schloß Ludwigsburg, München 1954
4. Neues Schloß Stuttgart
Fleck, Walther-Gerd, Das Neue Schloß in Stuttgart, eine noch unveröffentlichte baugeschichtliche Studie
5. Schloß Monrepos
Eugen H., Monrepos, Baugeschichte eines Lusthauses, Stuttgart 1930
Schmidt, Richard, Schloß Monrepos bei Ludwigsburg, Große Baudenkmäler, Heft 174, München, Berlin 1963
6. Schloß Solitude
Schloß Solitude, amtlicher Führer von Hans Andreas Klaiber, Stuttgart 1970
Von Bouwinghausen-Wallmerode, Tagebuch über die Landreisen des Herzogs Carl Eugen von Württemberg 1767—73, Stuttgart 1911
Fleck, Walther-Gerd, Schloßkapelle Solitude, Stuttgart 1966
Kleemann, Gotthilf, Schloß Solitude bei Stuttgart, Stuttgart 1966
7. Schloß Hohenheim
Nau, Elisabeth, Hohenheim, Schloß und Gärten, Konstanz 1967
8. Schloß Rosenstein
Gerhardt, O., Stuttgarts Kleinod, Die Geschichte des Schloßgartens, Rosensteins sowie der Wilhelma, Stuttgart 1936
9. Burg Hohenbeilstein
Hölder, August, Hohenbeilstein in der Geschichte, Stuttgart 1911
10. Burg Lichtenberg
Meckseper, Cord, Burgen im Kreis Ludwigsburg in Ludwigsburger Geschichtsblätter, Heft 24, 1972, S. 41 ff.
11. Burg Magenheim
Maurer, Hans-Martin, Burgen und Adel des Zabergäus im hohen Mittelalter, in Zeitschrift des Zabergäuvereins 1967/3, S. 33 ff.
Weitzsäcker, Joachim, Ein unbekanntes germanisches Kultbild und andere germanische Kultsymbole an Schloß Magenheim/Zabergäu, in Zeitschrift des Zabergäuvereins, 1970/2, S. 33 ff.
13. Schloß Bönnigheim
Seeger, H., Das Stadion'sche Schloß in Bönnigheim, in Zeitschrift des Zabergäuvereins, 1961/4, S. 50 ff.
14. Schloß Unterriexingen
Beschreibung des Oberamts Vaihingen, Stuttgart 1856, S. 238 ff.
15. Schloß Lehrensteinsfeld
Beschreibung des Oberamts Weinsberg, Stuttgart 1862, S. 337 ff.
Fleck, Walther-Gerd, Die evangelische Laurentiuskirche in Lehrensteinsfeld bei Weinsberg, in Jahrbuch des Historischen Vereins Heilbronn 1979
Spahmann, Wilhelm, Feldmarschall Ludwig von Schmidberg, in Schwaben und Franken, Heimatgeschichtliche Beilage der

Heilbronner Stimme, 17. Jahrgang, Nr. 1, 9. Januar 1971

16. Schloß Eschenau
Beschreibung des Oberamts Weinsberg a. a. O., S. 122 ff.
Nachrichtenblatt der Denkmalpflege in Baden-Württemberg, Jahrgang 1, 1958, Heft 1, S. 11, Georg Sigmund Graf Adelmann von Adelmannsfelden, Das Schloß Eschenau
17. Schloß Assumstadt
Beschreibung des Oberamts Nekkarsulm, Stuttgart 1881, S. 673 ff.
Reisehandbuch von Württemberg, Stuttgart 1864, S. 261
18. Burg Leofels
Schumm, Karl, Burg Leofels, in Württembergisch Franken, Band 53, (Neue Folge 43), 1969, S. 23 ff.
19. Burg Stetten
Beschreibung des Oberamts Künzelsau, Stuttgart 1883, S. 638 ff.
Die Kunstdenkmäler des ehemaligen Oberamts Künzelsau, Stuttgart 1962, S. 202 ff.
20. Schloß Pfedelbach
Beschreibung des Oberamts Oehringen, Stuttgart 1865, S. 313 f.
Grünenwald, Elisabeth, Georg Kern, Der hohenlohische Baumeister, in Württembergisch Franken, Band 42 (Neue Folge 32), Schwäbisch Hall 1958, S. 124
21. Schloß Weikersheim
Graf Adelmann von Adelmannsfelden, Georg Sigmund, Der Carlsberg bei Weikersheim, in Neue Beiträge zur Archäologie und Kunstgeschichte Schwabens, Festschrift für Julius Baum, Stuttgart 1952, S. 196 ff.
Blind, Dekan Dr. phil., Ein Grafenhof vor 200 Jahren, Bad Mergentheim 1930
Fleck, Walther-Gerd, Das Schloß Weikersheim, Seine Baugeschichte und seine Stellung innerhalb der Schloßbaukunst des 16. und frühen 17. Jahrhunderts, maschinenschriftliche Dissertation, Tübingen 1952
von Freeden, Max H., Die Weikersheimer Orangerie und ihr Meister Johann Christian Lüttich, in Württembergisch Franken, Jubiläumsjahrbuch, Schwäbisch Hall 1948, S. 145 ff.
22. Schloß Kirchberg
Beschreibung des Oberamts Gerabronn, Stuttgart 1847, S. 244 ff.
Grünenwald, Elisabeth, Schloß Kirchberg a. d. Jagst, in Württembergisch Franken, Neue Folge 28/29, Schwäbisch Hall 1954, S. 178 ff.
23. Schloß Öhringen
Beschreibung des Oberamts Oehringen, a. a. O., S. 117 ff.
Fleck, Walther-Gerd, »Die Hochgräffliche (Hohenlohe-Öhringen) Orangerie zu Cappel« in Nachrichtenblatt der Denkmalpflege in Baden-Württemberg, Jahrgang 12, Heft 2, 1969, S. 30 ff.
Grünenwald, Elisabeth, siehe den unter 20. Pfedelbach zitierten Aufsatz.
24. Schloß Langenburg
Beschreibung des Oberamts Gerabronn a. a. O., S. 291 ff.
Doerstling, Steffen, Das Schloß Langenburg in Hohenlohe, Schwäbisch Hall 1957
Grünenwald, Elisabeth, in dem unter 20. Pfedelbach zitierten Aufsatz S. 127 ff.
Taddey, Gerhard, Die Belagerung von Langenburg 1634, in Württembergisch Franken, Jahrbuch Band 58, Schwäbisch Hall 1974, S. 245 ff.
Derselbe, Noch unveröffentlichte baugeschichtliche Arbeit über Schloß Langenburg 1978

25. Schloß Ludwigsruhe
Borst, Ruth, Ein Lustschloß von einst, in Der Frankenspiegel, Jahrgang 4, Nr. 1, 1952
26. Schloß Bartenstein
Beschreibung des Oberamts Gerabronn a. a. O., S. 110 ff.
27. Schloß Mergentheim
Raupp, Emil, Die Bautätigkeit des Deutschen Ordens in seiner ehemaligen Residenzstadt Mergentheim, Mainfränkische Studien, Band 9, Würzburg 1975.

Abbildungsnachweis

Archiv, 83, 95
Fleck, Lore-Margarete, 76, 77
Fleck, Walther-Gerd, 75
Götz, Marianne, Stuttgart, 3, 4, 12, 22, 39, 40, 41, 42, 44, 45, 46, 47, 48, 49, 50,51, 52, 53, 54, 55, 56, 57, 59, 60, 62, 64, 65, 66, 67, 68, 69, 70, 71, 72, 73, 84, 85, 89, 90, 91, 92, 93, 94, 96, 97
Landesbildstelle Württemberg, 1, 2, 5, 6, 7, 8, 9, 10, 11, 15, 18, 19, 20, 21, 23, 24, 25, 26, 27, 28, 30, 31, 33, 35, 36, 37, 38, 81, 99, 100, 101, 102
Landesdenkmalamt Baden-Württemberg, Stuttgart, 13, 14, 29, 43, 61, 63, 74, 78, 79, 82, 98, 103
Müller, Öhringen, 86
Mohl, Hans, Stetten, Filder, 87
Photo-Löbl-Schreyer, Bad Tölz, 80
Schiller, Franz H., Schwäb. Hall, 88
Staatliches Hochbauamt, Stuttgart I, Foto Dürr, 17
Stadt Stuttgart, Verkehrsamt, Foto Seeger, 16
Universitätsbauamt Hohenheim, Foto Köhler, 32, 34
Württembergische Landesbibliothek, Stuttgart, 58

Bildlegenden zu den Abbildungen am Kapitelanfang